**Welfare State Transformations:
Comparative Perspectives**

"十二五"国家重点图书出版规划项目
当代世界学术名著
政治学系列

福利国家的变迁
比较视野

[英] 马丁·瑟勒博-凯泽 编著
(Martin Seeleib-Kaiser)

文姚丽 主译

中国人民大学出版社
·北京·

"当代世界学术名著·政治学系列"编辑委员会

总 主 编 华世平（Shiping Hua，美国路易威尔大学）
副总主编 吴 勇 欧阳景根 郭晓明

编　委

王浦劬	叶自成	丛日云	朱光磊	任剑涛	刘德喜	李 强
杨 龙	杨光斌	张小劲	林 冈	林尚立	金灿荣	周光辉
房 宁	胡 伟	贾庆国	景跃进	燕继荣

William A.Callahan，英国曼彻斯特大学
Lowell Dittmer，美国加州大学伯克利分校
Michael Fowler，美国路易威尔大学
Peter Moody，美国圣母大学
Lynn T.White，美国普林斯顿大学
Brantly Womack，美国弗吉尼亚大学
Quansheng Zhao，美国美利坚大学

出版说明

政治学是一门古老而年轻的学科。在西方，有关政治学思想的系统研究和阐发，可追溯到古希腊时代柏拉图的《理想国》和亚里士多德的《政治学》。几乎在同一历史时期，中国也产生了十分丰富和系统的政治学思想，孔子、孟子、韩非子等一大批思想家治国理政的学说，对此后两千多年的中国政治产生了深远的影响。然而，作为一门独立的学科，政治学是19世纪末期在西方社会中形成的，其产生和发展的历史只有一百多年。

事实上，中国现代政治学的起步并不算晚。20世纪初，西学东渐，政治学课程开始在国内少数大学中讲授，如果从1905年设立专门学习法律和政治的京师法政学堂算起，中国政治学也已有了上百年的历史，只比美国政治学的历史短二十几年。此后由于种种原因，我国的政治学学科建设和发展长期处于停滞甚至一度中断的状态。改革开放以来，我国的政治学学科建设，按照邓小平关于政治学"需要赶快补课"的意见，做了大量工作，编写出版了一批教材和学术专著，引进了一批世界各国特别是西方各国的政治学著作，培养了一批专业人才。应当说，政治学的重建工作成绩斐然。当然，在看到成绩的同时，我们也不能否认发展中的不足。与其他社会科学学科相比，特别是与邓小平提及的"法学、社会学以及世界政治的研究"相比，我国政治学的发展速度似乎更慢些，与改革开放和社会主义现代化建设的现实要求似乎还有一定的差距。中国的历史、现实和未来，都要求中国有一门成熟的政治学学科在推动中国社会全面发展中起到积极的和建设性的作用。

既然中国现代政治学是由西方传入的，那么学习、借鉴西方先进的政治学理论，并将其运用到中国问题的研究中，进而发展中国本土的政治学，是中国政治学发展的现实选择。当然，西方的理论不一定适合中国，其学术观点、理论预设等也不完全为我们所认同，但对处于相对落后的中国政治学来说，以开放的思想对待西方的理论，通过比较、鉴别、有选择地吸收，在此基础上结合中国实际进行自主创新，不失为推动中国政治学发展的一条捷径。

正是出于上述考虑，中国人民大学出版社邀请国内外政治学界的专家学者，精诚协作，组织翻译出版了这套"当代世界学术名著·政治学系列"。出版这套译丛，旨在将过去半个世纪西方政治学的经典学术著作系统地译介给中国读者，为国内政治学研究和教学提供借鉴和参考。总的来看，这套译丛具有以下几个特点：

第一，权威性。所选著作均为当今世界尤其是西方政治学界最重要、最具影响力的著作，这些著作已经得到国外学界的一致认可，并在西方主流学界被反复引用。丛书作者包括罗伯特·A. 达尔、塞缪尔·P. 亨廷顿、埃莉诺·奥斯特罗姆、文森特·奥斯特罗姆、安东尼·吉登斯、伊恩·夏皮罗、约瑟夫·S. 奈、罗伯特·普特南……一个个政治学界耳熟能详的名字，构成了这套译丛强大的作者阵容。

第二，全面性。在过去的几十年里，国外一些政治学著作被陆续译介到中国来，但这种翻译出版不是系统性的，而是零散的。本套译丛是国内系统地、大规模地翻译出版国外政治学著作的第一次尝试，它试图涵盖政治学的主要研究领域、主要研究方法，以及不同的学术流派，包括比较政治、政治学基础理论、政治学研究方法、政治思潮、政治经济学、国际关系、政党政治、政治社会学、政治心理学等领域。

第三，前沿性。本套译丛选择了西方政治学领域很有影响的学术流派，如新制度主义、后行为主义、全球治理、公共选择理论等的著作，以期促使国内政治学专业领域的学者和学生能较为及时地了解西方政治学理论研究的最新发展。

本套译丛于2008年由中国人民大学出版社开始策划和组织出版，并邀请美国路易威尔大学的华世平教授担任译丛总主编，他对部分原著的推荐、译者的选择以及译丛的编辑出版工作作出了重要的贡献，我们十分感激！参与本套译丛翻译工作的译者大多是本领域的学术骨干和中青年专家，都具有政治学博士学位，并有翻译西方社会科学著作的经验。中国人民大学、北京大学、清华大学、南开大学、复旦大学等多所高校政治学系的专家学者，以及社会各界人士对本套译丛的翻译工作给予了热情关注，并提出了宝贵意见。对此，我们深表谢意！

限于水平，这套译丛的编校工作还存在些许不妥和不足之处，敬请读者不吝指正为感。

中国人民大学出版社

致　谢

这本书首次亮相于 2006 年冬/春牛津大学社会政策和社会工作学系的一系列研讨会上。修订版本与其他工作于 2006 年秋季在牛津大学格林学院办公室获得讨论。参与一系列研讨会的研究生和同事做了很多努力，对此书的出版做出了重要贡献，在此表示诚挚的感谢。如果没有平时工作上经常的合作，例如没有资金和出版机构的支持，本书的出版是不可能的，为此我非常感谢格林学院和英国科学院。特别感谢我的两位哲学博士研究生——帕维尔·欧文森克（Pavel Ovseiko）和马雷克·纳齐克（Marek Naczyk），没有他们的研究支持和组织才能，这个项目不可能顺利完成。最后，我非常感谢写作者们的大力协作。

作者简介

于尔根·高尔·安德森（Jørgen Goul Andersen），丹麦奥尔堡大学政治社会学教授和比较福利研究中心（the Centre for Comparative Welfare Studies，CCWS）主任。主要研究领域是比较福利研究、选举行为和政治参与。最新的英文著作与合作主编的作品有：*The Changing Face of Welfare：Consequences and Outcomes from a Citizenship Perspective*（Policy Press，2005），*Europe's New State of Welfare：Unemployment，Employment Policies and Citizenship*（Policy Press，2002）；*Changing Labour Markets，Welfare Policies and Citizenship*（Policy Press，2002）；and *Democracy and Citizenship in Scandinavia*（Palgrave，2001）。

戴莉亚·本-格雷姆（Dalia Ben-Galim），牛津大学社会政策和社会工作学系哲学博士候选人。她在攻读博士学位期间主要研究工作与生活平衡的政策并涉及工作、家庭、儿童和平等方面的广泛讨论。她与人合作有论文："Equality and Diversity：A New Approach to Gender Equality Policy in the UK"，*International Journal of Law in Context*，（2007）3（1）：19-33。

保罗·布里德根（Paul Bridgen），南安普敦大学社会政策系高级讲师。他（与迈耶）是欧盟第五框架计划中私人养老金与社会融合方面的学术联合协调人，他在这方面发表了很多论文。在该计划的基础上，他主编并出版了 *Private Pensions versus Social Inclusion?* （Edward Elgar，2007），这是对欧洲六个公私养老金制度社会融合度的评估〔与迈耶和瑞德穆勒（B. Riedmüller）合作〕。他（与迈耶）目前的工作是将英国与德国的职业年金项目作为英德基金会"创建欧洲可持续增长"研究计划的一部分。他还发表了很多关于从二战结束至今英国社会政策发展的文章。

梅瑞拉·卡凯斯（Mirella Cacace），不莱梅大学597合作研究中心"国家的变迁"项目研究员与博士候选人。专业领域包括：医疗保健制度的国际比较、健康经济学与新制度经济学。发表的作品有："The Coexistence of Market and Hierarchy in the US Healthcare System"，in H. Rothgang, M. Cacace, S. Grimmeisen and C. Wendt (eds), *The Changing Role of the State in OECD Health Care Systems. From Heterogeneity to Homogeneity?* （Palgrave Macmillan, forthcoming 2008）; and with H. Rothgang, S. Grimmeisen and C. Wendt, "The Changing Role of the State in OECD Health Care Systems", in Stephan Leibfried and Michael Zürn (eds), *Transformations of the State?* （Cambridge University Press，2005）。

约翰·克拉克（John Clarke），开放大学（Open University）社会政策系教授。他的研究和教学兴趣主要集中在福利国家未来的奋斗。出版的著作包括：*Changing Welfare, Changing States* （Sage，2004）and *Creating Citizen-Consumers* （with J. Newman, N. Smith, E. Vidler and L. Westmarland）（Sage，2007）。他还被邀请参与研究期刊《文化研究》（*Cultural Studies*，November 2007）中一个特殊的问题，主题是"社会管理"。

丹尼尔·克莱格（Daniel Clegg），爱丁堡大学社会政策系讲师。他主要是从比较的视角研究劳动力市场政策与福利国家改革。其作品包括:"Beyond Activation: Reforming Unemployment Protection Systems in Post-Industrial Labour Markets", *European Societies*, Volume 8 (4), 2006 (with Jochen Clasen) and "Continental Drift: On Unemployment Policy Change in Bismarckian Welfare States", in *Social Policy & Administration*, Volume 41(6), 2007。

洛兰·弗里西纳(Lorraine Frisina),不莱梅大学597合作研究中心"国家的变迁"项目助理研究员。她较为关注医疗保健政策的比较,尤其是英国和意大利相关政策的比较。代表作品有:"The Problem of Classification in the Social Sciences", with Richard Freeman, in *Journal of Comparative Policy and Analysis* (forthcoming 2008); "Identifying Value Change in the Healthcare Systems of Great Britain, Germang and the US", with Klaus Albrecht in Heinz Rothgang et al., *The Changing Role of the State in OECD Healthcare Systems* (Palgrave Macmillan, forthcoming 2008); *Understanding Regional Development: Absorption Institutions, and Socioecnomic Growth in the European Union: A Cace Study on the Italian Regions* (Peter Lang, forthcoming 2008)。

理辰达·甘布里斯(Richenda Gambles),牛津大学社会政策和社会工作学系讲师。主要研究兴趣集中在家庭性别的影响、非正式照料和有偿服务,他在这方面已经发表了许多期刊文章,并出版了部分著作,与苏姗·路易斯(Suzan Lewis)和罗娜·拉波波特(Rhona Rapoport)共同撰写了 *The Myth of Work-Life Balance: The Challenge of Our Time for Men, Women and Societies* (London: Wiley)。

罗杰·古德曼(Roger Goodman),牛津大学现代日本研究的讲席教授,他同时在社会和文化人类学研究所与日产日本研究所工作,任跨学科区域研究学院院长,主要研究领域和兴趣是日本教育与社会政策,尤其是儿童福利,他曾对韩国和英国进行比较研究。目前研究课题包括:高等教育改革、国际教育、儿童虐待和保护。著有:*Japan's "International Youth": The Emergence of a New Class of*

Schoolchildren (Oxford University Press, 1990; Japanese version published by Iwanami Shoten in 1992) and *Children of the Japanese State: The Changing Role of Child Protection Institutions in Contemporary Japan* (Oxford University Press, 2000; Japanese version published by Akashi Shoten, 2004)。其他著作包括: *Ageing in Asia* (Routledge, 2007), *2004 and the "Big Bang" in Japanese Higher Education* (Transpacific Press, 2005); *Global Japan: The Experience of Japan's New Minorities and Overseas Communities* (Routledge Curzon, 2003); *Can the Japanese Reform Their Education System?* (Symposium Books, 2002); *Family and Social Policy in Japan: Anthropological Approaches* (Cambridge University Press, 2002); and *The East Asian Welfare Model: Welfare Orientalism and the State* (Routledge, 1998)。

安娜·M. 吉伦(Ana M. Guillén),国立奥维尔多大学社会学教授,主要从事比较社会政策的教学工作。撰写了大量关于福利国家发展、医疗卫生政策和比较社会政策的文章(被翻译成英语、西班牙语、法语、德语、意大利语、希腊语、葡萄牙语、土耳其语与韩语)。她撰写的关于西班牙对欧盟主席国芬兰的报告作为其中的一章,载于 *The Europeanisation of Social Protection*,(eds) J. Kvist and J. Saari (Policy Press, 2007)。她参与编写《欧洲社会政策杂志》(*Journal of European Social Policy*)的特殊问题: *EU Enlargement, Europeanization and Social Policy*, Volume 14 (3), 2007。1998—1999年,她参加了欧洲大学的"欧洲论坛:重铸欧洲福利国家"(European Forum: Recasting the European Welfare State),她还曾担任欧洲委员会和国际劳工组织顾问。她是扶贫生态服务系统和第19届国际社会学协会的执行董事会成员。目前她研究低收入者、俾斯麦福利国家的改革,作为协调者参与"欧盟协调工作与福利"(RECWOWE)。

彼得·A. 肯普(Peter A. Kemp),牛津大学社会政策和社会工作学系社会政策巴内特讲席教授、牛津大学圣十字学院客座教授。他的研究兴趣包括住房、社会保障和收入维持。出版的著作包括: *Pri-*

vate Renting in Transition（2004）；Sick Societies? Trends in Disability Benefits in Post-industrial Societies（2006）；Cash and Care: Policy Challenges in the Welfare State（2006）；and Housing Allowances in Comparative Perspective（2007）。

特劳特·迈耶（Traute Meyer），南安普敦大学社会政策系高级讲师，《欧洲社会政策杂志》的编辑，曾参与养老金与非正式工作领域的国际研究项目并发表了大量论文。她与他人合著的《私人养老金还是社会融合?》是关于欧洲六个公私养老金制度社会融合度的评估。

玛丽亚·派特麦斯都（Maria Petmesidou），希腊塞萨斯德谟克里特大学社会政策系教授，之前是克里特大学社会政策系主任。2002—2006年为国际社会科学理事会贫困问题比较研究项目的副主席。研究兴趣集中在社会不平等、贫穷和南欧（也包括地中海国家）社会福利的比较分析。主要著作包括：Social Classes and Processes of Social Reproduction（Exandas，1987，in Greek）；Planning Technological Change and Economic Development in Greece（with L. Tsoulouvis）（Pergamon Press/Progress in Planning Series，Volume 33，1990）；Social Inequalities and Social Policy（Exandas，1991，in Greek）；Modern Sociological Theory（ed.，Volumes I & II，Crete University Press，in Greek）；Poverty and Social Exclusion（ed. with C. Papatheodorou，Exandas，1997/98，in Greek）；Social Policy Developments in Greece（ed. with E. Mossialos，Ashgate，2006）；Poverty and Social Deprivation in the Mediterranean Area: Trends, Policies and Welfare Prospects in the New Millennium（ed. with C. Papatheodorou，Zed Books，2006）。

马丁·波图切克（Martin Potůček），布拉格大学公共和社会政策学系教授，社会经济发展战略中心主任，德国康斯坦茨大学社会科学院终身客座教授。主要研究公共社会政策的形成和实施过程，尤其是市场、政府和民间部门的管理功能以及在欧洲范围和全球维度下的公共社会政策。著作包括：Not Only the Market; Public Policy in

Central and Eastern Europe: Theories, Methods, Approaches, Capacities to Govern in Central and Eastern Europe; Strategic Governance and the Czech Republic。他协调国家层面的综合预测项目和欧盟第六框架计划中的分项计划"欧洲公民社会和新治理形式——欧洲公民社会的形成"。自 1998 年以来,他一直担任捷克共和国的总理顾问、劳动和社会事务部部长。

马丁·鲍威尔(Martin Powell),伯明翰大学医疗服务管理中心医疗与社会政策学教授。主要研究福利国家理论与历史,即混合福利经济。主编有:*New Labour, New Welfare State?* (Policy Press,1999) and *Understanding the Mixed Economy of Welfare* (Policy Press,2007)。

海因茨·罗特冈(Heinz Rothgang),不莱梅大学卫生经济学教授,卫生经济学、卫生政策与结果研究、社会政策研究中心主任,欧盟第五框架计划资助的国际研究项目家庭事业方向核心团队的成员之一,研究兴趣与研究领域集中在卫生经济学、医疗保健体系、长期护理保险及一般福利经济学。自 20 世纪 70 年代以来,在 597 合作研究中心"国家的变迁"项目中主持经济合作与发展组织(OECD)成员国医疗保健体系的变革研究。此外,他还担任了政策顾问,发表了大量关于社会政策和医疗的文章,有代表性的著作包括:*Governance of Welfare State Reform. A Cross National and Cross Sectoral Comparison of Health, Pension, Labour Market and Educational Policies* (co-edited with Irene Dingeldey Edward Elgar, forthcoming); *The Changing Role of the State in OECD Healthcare Systems. From Heterogeneity to Homogeneity?* (co-authored with Mirella Cacace, Simone Grimmeisen, Uwe Helmert and Claus Wendt, Palgrave Macmillan, forthcoming); *Financing, Service Provision and Regulation in OECD Health Care Systems. A Comparison of 12 OECD Countries* (co-edited with Mirella Cacace, Simone Grimmeisen and Claus Wendt, Open University Press, forthcoming)。

阿齐姆·施密德（Achim Schmid），不莱梅大学 597 合作研究中心"国家的变迁"项目研究员、博士候选人。主要研究领域包括比较社会政策、医疗保健体系的比较。出版的著作有：with Mirella Cacace and Heinz Rothgang "The Changing Role of the State in Health Care Financing", in Heinz Rothgang et al. *The Changing Role of the State in OECD Healthcare Systems*; with Claus Wendt and Uwe Helmert "The Changing Role of the State in Health Care Service Provision", in Heinz Rothgang et al. *The Changing Role of the State in OECD Healthcare Systems* (Palgrave Macmillan, forthcoming); with Richard Freeman "Health Care Systems of Western Europe", in Kris Heggenhougen (ed.) *International Encyclopedia of Public Health* (Elsevier)。

马丁·瑟勒博-凯泽（Martin Seeleib-Kaiser），牛津大学比较社会政策与政治系教授，格林学院研究员。他 2004 年赴牛津大学任职之前，曾在德国的不莱梅大学、比勒费尔德大学以及英国的杜克大学（美国北卡罗来纳州分校）任职。主要关注福利国家的比较分析，专注于政党和意识形态在福利国家中的作用、全球化和福利体系之间的关系，以及近期社会政策"公"与"私"的相互作用。英文版著作有：*The Dual Transformation of the German Welfare State* (co-authored with Peter Bleses, Palgrave Macmillan, 2004) and *Party Politics and Social Welfare: Comparing Christian and Social Democracy in Austria, Germany and the Netherlands* (co-authored with Silke van Dyk and Martin Roggenkamp, Edward Elgar, 2008)。部分文章发表在 *American Sociological Review*, *Politische Vierteljahresschrift*, *Social Policy and Administration*, *West European Politics*, and *Zeitschrift für Soziologie*。

目　录

1　比较视野下福利国家的变迁：社会政策中"公"与"私"的边界转化（马丁·瑟勒博-凯泽）/ 1
　　引　言 / 1
　　比较视野下公与私的社会政策 / 2
　　方法问题 / 10
　　本书的结构 / 13

第一部分　国家视角

2　英国的福利国家改革（马丁·鲍威尔）/ 19
　　引　言 / 19
　　混合福利经济和公私混合 / 20
　　公共论述及"公"与"私"之间界限的转移 / 22
　　公私混合的变化——制度的视角 / 26
　　结果：一个崭新的公私混合 / 33
　　结　论 / 35

3　福利国家在一个富裕的斯堪的纳维亚国家的变迁：以丹麦为例（于尔根·高尔·安德森）/ 38
　　引　言 / 38
　　支　出 / 39
　　失业和劳动力市场政策 / 41

  养老金和退休制度 / 48
  福利服务 / 53
  结　论 / 62

4 南欧福利国家公私混合模式：过去十年经历了怎样的变迁？（安娜·M. 吉伦和玛丽亚·派特麦斯都）/ 66
  引　言 / 66
  改革历程和关键事件 / 67
  财政收支状况 / 78
  供给与管理 / 84
  结　论 / 90

5 中欧和东欧福利国家的变迁（马丁·波图切克）/ 94
  引　言 / 94
  中欧和东欧的福利国家 / 95
  捷克的福利国家转型 / 101
  结　论 / 112

6 日本的福利社会：福利及日本国家（罗杰·古德曼）/ 114
  引　言 / 114
  社会福利的日本模式 / 115
  "日本福利模式"受到的抨击 / 120
  对"日本福利模式"所受抨击的回应 / 122
  结　论 / 125

第二部分　政策视角

7 政治性主导但社会性缺失：六个欧洲国家多支柱养老金制度风险下公民的预期养老金水平（保罗·布里德根和特劳特·迈耶）/ 131

引言：多支柱体系的政治力量 / 131
福利体系中的公共养老金与私人养老金：管理 / 133
社会福利体系中的公共养老金和私人养老金计划：
　结果 / 139
私人养老金是新型的公共养老金吗？/ 146
附　录 / 149

8　OECD国家医疗保健体系中公私混合的变迁
（海因茨·罗特冈，梅瑞拉·卡凯斯，洛兰·
弗里西纳，阿齐姆·施密德）/ 153

引　言 / 153
医疗保健领域的维度 / 154
融资方面公私混合的变迁 / 155
服务供给中公私混合的变迁 / 159
医疗保健管理的变化 / 165
结　论 / 170

9　从自由集权主义到集权自由主义：欧洲失业
政策的变迁（丹尼尔·克莱格）/ 173

引　言 / 173
自由集权主义与集权自由主义 / 175
中央集权的"彻底胜利"：以英国和丹麦为例 / 178
辅助性原则与市场：以比利时、法国和德国
　为例 / 182
重大变革：以荷兰为例 / 186
结　论 / 189

10　工作能力丧失福利的变迁（彼得·A. 肯普）/ 192

工作能力丧失是一种社会风险 / 192
变化的风险 / 195
向后工业社会的变迁 / 198
工作能力丧失福利的重组 / 201

结　论 / 210

11　家庭社会政策中的"公"与"私"：消除性别观念与假设（戴莉亚·本-格雷姆和理辰达·甘布里斯）/ 213

欧盟层面的政策话语与举措 / 214
家庭与工作和谐与英国政府的立场 / 216
"工作与生活平衡"的提议和结果 / 220
关于"公"与"私"的多维化概念 / 225

第三部分　结论

12　民族、国家与福利的重构：福利国家的变迁（约翰·克拉克）/ 231

什么是福利国家？/ 232
福利国家的集合 / 235
福利国家作为民族国家：创造民族与人类 / 238
福利国家的变迁：解构与重构？/ 240

13　多样化与多维度的福利国家变迁（马丁·瑟勒博-凯泽）/ 245

本书的总结 / 246
比较社会政策变迁 / 252
从福利国家到福利体系：结果透视 / 254

参考文献 / 258
索　引 / 288
译后记 / 292

1 比较视野下福利国家的变迁：社会政策中"公"与"私"的边界转化

马丁·瑟勒博-凯泽

引　言

"公"与"私"的划分边界不是固定的，但是通常存在争议，需要不断探讨协商（cf. Shonfield，1965）。在西欧资本主义福利国家黄金时代，公共部门直接制定的社会政策被大多数政治家和社会学家视为"实现公民社会"（Marshall，1950）与社会一体化或减少贫困的核心要素。尽管很早之前除国家之外家庭、志愿组织和市场被认定为混合福利经济的组成部分，但是公开讨论和学术分析中一直将民族国家作为财政供给者和社会政策的提供者（Titmuss，1958）。然而，在过去20年里许多国家和国际组织公开讨论的方向已经改变，呼吁更加重视私人安排，这主要是由三个方面的社会经济发展即全球化、社会快速老龄化与个性化的结合所导致的。

在此背景下全球化通常被认为限制了国家税收自主权，从而限制了财政资源对公共政策的供给。尽管社会政策仍然主要由国内因素决定，并且全球化以不同的方式影响福利国家（Brady et al.，2005），但在许多政治话语中全球化作为福利国家"不可避免的"调整已经占有突出地位，包括不断强调私人安排（Seeleib-Kaiser，2001；Schmidt，2002）。人口结构的显著变化，即平均寿命的增长和生育率的降低已被认定为促使社会公共支出水平提高的主要因素，特别是在养老金和医疗保健领域，同时也降低了劳动人口的百分比。依据这种进程，部分观察家认为，在许多国家公共养老金制度已经变得不可持续，扩大私人养老金的补充是必要的（World Bank，1994）。后工业国家的个性化过程一部分是由成功的福利国家干预导致的——据称业已将（很大程度上基于男性生活历程的）普遍的公众利益和公共服务资源转变为不再适用于养老金可持续发展的一种手段，因为人们的需求已经变得多样化且更倾向于做各种各样而非单一的选择。为了满足人们的此类需求与嗜好，社会就需要提供包括各种私人安排在内的更多选择机会（Giddens，1998）。最后，20世纪80年代至90年代，经典自由主义——私人解决方案在经济上优于政府干预——在许多国家不断扩大的政策比例中取得了相当大的政治力量（作为一个重要的评估，参见Jordan，2006）。

尽管已有多年的讨论，但大多数关于社会政策中"公"与"私"边界的讨论一直围绕着规范性或功能性的观点展开，并维持在一个相当的理论水平（cf. Pearson and Martin，2005；Gilbert，2005）。因此，我们无法凭经验判断从"公"到"私"的钟摆已经摆到何种程度，或者换言之，我们无法判断已经导致福利国家转型的社会风险是否也在日益私人化。因此，本书的目的不是进一步通过文献研究确定是否应该扩大私人供给及其在社会保障中的责任，而是关注福利经济混合体的再界定，以比较的视角实证分析社会政策的发展。

比较视野下公与私的社会政策

尽管如"公共支出下降"（Marquand，2004）或"公共责任的沉默"（Gilbert，2002）等议题表明民族国家在公共领域和公共责任方面发生了深刻重构，但路径依赖与渐进主义仍被比较视野下福利国家的学者认定为直到21世纪初福利国家发展的特征（cf. Pierson，2001a）。"冻结福利国家风景"（Esping-Andersen，1996b，p.24）观念和政权稳定（Esping-Andersen，1999；Esping-Andersen et al.，2002）在比较社会政策领域主导了学术争论多年。然而，最近来自不同国家和地区的政策似乎质疑早期的研究结论（cf. Bleses and Seeleib-Kaiser，2004；Taylor-Gooby，2004a；Clasen，2005；Streeck and Thelen，2005a）。在某种程度上，对于政策变化及其连续性的不同评估结果是由评估者所依据的理论体系的不同以及测定因变量方法手段的不同而导致的（Clasen and Siegel，2007）。

一段时间以来，公共政策支出与供给已被视为比较政策分析的黄金标准（cf. Kittel and Obinger，2003）。建立在这种方式和以公共政策支出为因变量的基础上，OECD国家公共政策的总体努力在过去20年中没有下降，而且我们正在见证开支方面的大幅收缩。而斯堪的纳维亚和全部欧洲大陆的福利国家似乎已经发展到了极限（Flora，1986），并且在20世纪90年代后期遭遇到了一些"小"的开支缩减[1]。南欧国家和日本为了社会政策已经明确增加公共支出。部分中欧国家在经历政治剧变后的十多年间其支出超过了OECD国家的平均水平，如捷克、匈牙利和波兰（见图1-1）。

然而，这张图是复杂的。事实上，最近政策的变化与经济增长不同步，并且社会公共支出数据的静态分析不能充分反映社会需求的增加（cf. Clayton and Pontusson，1998；Siegel，2002）。卡斯萨一项关于日本的研究高度表明经济增长对社会公共政策支出占GDP的比重有影响（Kasza，2006，pp.61 ff.），研究结果显示从20世纪60年代到80年代比较视野下看似较低的公共社会支出，实际上其平均增长速度远远高于实际的GDP增长速度。同等条件下，在此期间日本目睹了欧洲工业国家和北美的经济快速增长，OECD国家在社会公共政策方面将会做出更大的努力。与此类似，20世纪90年代下半叶，在两个最为突出的自由市场经济中相对较高的经济增长将极有可能对

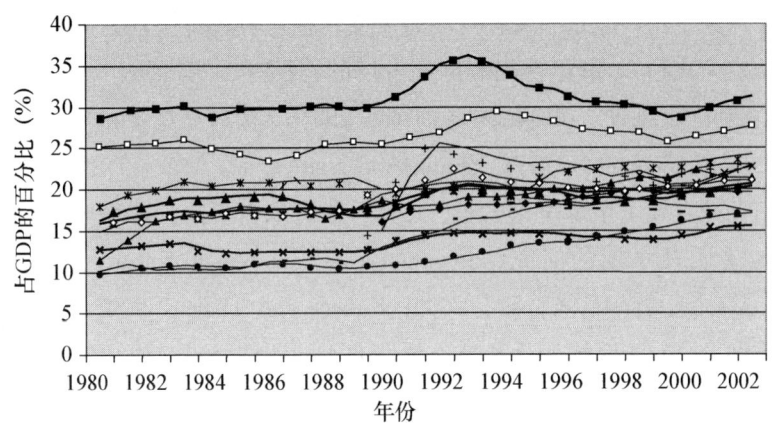

图 1-1　OECD 国家的社会公共支出占 GDP 的百分比（1980—2003 年）

资料来源：OECD（2007b）.

这些国家的社会政策支出数据产生"负面"影响。最后，在养老金政策范围内，最近的政策变化将很可能不能被反映到当前的支出数据中，因为这些政策通常需要更长的时间分阶段推进。

为了应对将支出数据作为福利国家的全部代表的局限性，奥菲（Offe，1984）提出去商品化的概念。埃斯平－安德森（Esping-Andersen，1990）在公民社会概念的基础上进一步发展了这一概念，即考虑了社会转移计划之内的资格规则和替代率。依据埃斯平-安德森的观点（ibid.，pp.21-2），去商品化是指一个人"不依赖市场维持生存"的能力。随后的比较研究提出批评并主要依靠福利国家转变的三个维度：紧缩、再商品化与重新制定标准（Pierson，2001a；cf. Korpi，2003；Korpi and Palme，2003）。紧缩主要是关于缩减开支，但不限于此，因为它旨在改变能增强福利国家剩余模式的可能性的未来政策制定条件，并成为"紧缩时代"政策的决定因素。再商品化可能在另一方面被理解为去商品化。显然，即使是在斯堪的纳维亚国家，公民也从来未完全去商品化，尤其是因为这些国家拥有具有很大影响力的工作职责的传统。然而，再商品化可以被认为是一个过程，而这个过程可能导致对市场更大的依赖，其中可能包括削减福利水平或限制申请资格标准。然而，再商品化的过程不限于减少国家干预，而且会带来新的政策方案。例如，增加低收入者或福利受助者在劳动力市场中的再商品化参与意味着新的办法，如税收激励、工作福利或其他计划（cf. Neyer and Seeleib-Kaiser，1995）。重新制定标准通常被理解为一种"更新"或"合理化"的政策方案，这种政策方案与改变的目标和社会政策规定的要求紧密保持一致。

最近，斯克鲁格斯（Scruggs，2004）构建了一个类似于埃斯平-安德森去商品化概念的度量指数，这个指数基于失业、疾病和养老计划，反映了自20世纪70年代初以来的这段时间如覆盖率、替代率与等待期限等问题（见图1-2）。

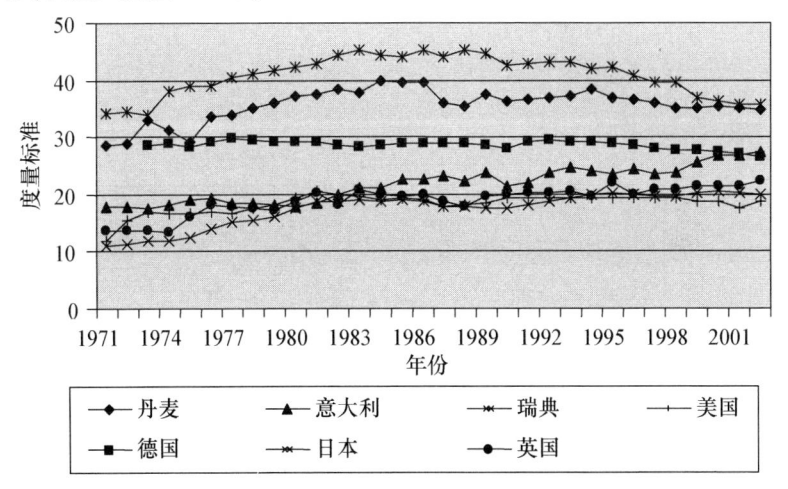

图1-2 福利国家的度量

资料来源：Scruggs（2004）.

图1-2所描述的数据类似于公共支出的数据，这些数据表明在过去对公共政策方面采取严格限制措施的斯堪的纳维亚国家中公共支出的大幅增加，瑞典最为明显。此类公共支出大幅增加的趋势揭示该地区所有国家在公共社会政策、流程、商品服务再转型等方面的策略手段的趋同，而不是明显紧缩。[2]基于这些综合的、具有可比较性的

数据,在政策领域讨论中越来越强调减少公共供给的必要性并不是很有效。而且,在一定程度上,我们甚至可以说,实际看到的却是越来越明显的趋同现象(Obinger and Starke,2007),这在一定程度上说明欧洲社会模式的吸引力(Kaelble and Schmid,2004)。然而,需要特别指出的是,该数据仅仅局限于最近的现金转移收益,而并未将医疗保健及社会服务等重要内容考虑在内。总体而言,有人认为全面福利国家中的"左翼政党"由于经济拮据而限制了福利国家的进一步发展,同时"右翼政党"基于选民对社会方案的支持并没有显著缩减社会公共政策(Huber and Stephens,2001)。

考虑凯恩斯福利国家的概念以及将充分就业作为公共责任的核心部分,我们应该在分析中考虑失业率。持续大规模的失业不得不被解释为公共福利国家供给的减少(Korpi,2003;Korpi and Palme,2003)。被选定的OECD国家的数据显示整体失业率在最近几年显著下降,但对一些国家来说仍然高于那些在"福利国家黄金时代"所达到的水平(见图1-3)。

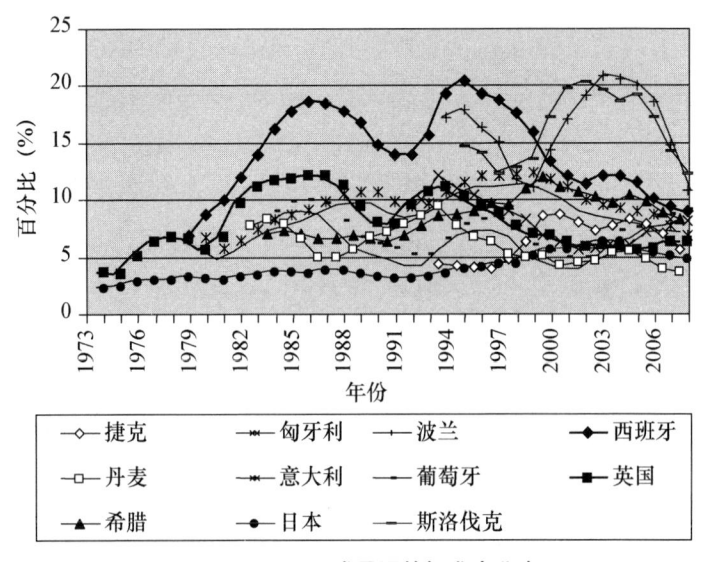

图1-3 OECD成员国的标准失业率

注:Data for 2007, second quarter.
资料来源:OECD data extracted on 2007/11/14 10:46 from OECD Stat.

1 比较视野下福利国家的变迁：社会政策中"公"与"私"的边界转化

大多数OECD国家的政府越来越认识到20世纪80年代和90年代[3]对于失业的各种补偿办法不利于福利国家的可持续发展，并推出"激励"措施（限制申请资格、执行更严格的条件和规则以及不断变化的监管框架和提供更多的服务），旨在降低抚养比，即减少接受收入转移的人口比重并同时提高就业率（OECD，2005a）。在一定程度上人们可以将"激励"归类为再商品化的过程，即增加收入对就业的依赖从而更加重视市场或"私人"领域。这种评价将很大程度上依赖于作为参照物的社会政策方案的去商品化潜力（以前存在的）。

然而，使公民能够工作也可以理解为符合公民社会的概念，这不仅赋予公民获得福利的权利，而且赋予公民包括工作职责在内的义务（Marshall，1992，pp. 88 f.；相关评论参见White，2003，p. 139）。在政策启动和执行中，"胡萝卜"和"大棒"的具体组合成为我们能否见证失业风险私有化倾向的重要决定因素。国家依赖强制再商品化的措施并迫使人们从事各种基础工作，或者也提供特定服务的支持或创新劳动力市场规则以实现更高的就业率，这些能被认为是福利国家生存能力至关重要的因素吗？如果去除被边缘化的某些社会群体面临的不利因素甚至歧视性做法是监管劳动力市场措施的核心，那么可以说通过对雇主强制执行更严厉的监管增强了公共责任。这个领域最重要的政策空间一直与就业的改善和缓解以及家庭责任相联系，其中包括儿童患病期间的育儿假或紧急事假。

管理并不局限于劳动力市场，也存在于至关重要的社会政策领域。例如，由政府提供或给予财政支持的医疗保健体系没有一系列（公开）的管理标准在任何发达的民主国家是不可想象的。假如一个国家停止公共供给，强制要求私人保险并高度调节贡献和福利，以及与此类似的已经建立的法定保险计划是私有化的构成吗？我们理所当然地认为一般公众的管理框架体系与彻头彻尾的私有化有很大不同。即使是自愿性的政策通常也被国家高度监管。尽管社会管理在社会政策的许多方面发挥了重要作用，但直到最近社会政策文献这个维度仍在很大程度上被忽视（cf. Nivola，1997；Leisering，2003）。社会管理可以从两个维度来区分：广度和强度。"广度"的概念涉及管理措施的范围，强度的概念涉及监管措施对私人提供的干预的深度（Leisering，2003，p.9）。

除了社会管理，在许多劳动力市场刺激措施和私人社会政策中，税收优惠是核心；尽管税收支出在大多数OECD国家以某种形式已经存在了几十年，但它没有成为科学研究的核心。50年前，社会政策研究的著名学者蒂特马斯（Titmuss，1958，p.44）意识到他所谓的"财政福利"的意义，同时他也批评说这方面没有充分体现公共账户，即"从所得税减免中获得的津贴虽然提供了类似的福利，并在认可相互关系时表达了类似的社会目的，但这并不是社会服务支出"。实际上，霍华德（Howard，1997）并不是基于国家的微弱干预推出了美国式的福利政策，这种模式的福利政策很大程度上依赖于税收的"隐性福利"，这种隐性福利一贯鼓励私人社会政策供给。个人、志愿组织和雇主受益于这种政策安排。为了更全面地了解并调查整个福利国家的变化和连续性，我们需要采取税收优惠并考虑私人社会政策供给，因为它涉及福利国家的混合经济。观察证明最近几年OECD国家私人社会政策供给是正确的，似乎更为重要（cf. Gilbert，2002；2005）。此外，这似乎更加符合马歇尔（Marshall，1975，p.15）对社会政策的经典定义，如采用政治权力取代、补充或修改经济系统的操作以达到经济体系自身所不能达到的效果。

尽管用于社会目的的税收支出以及私人社会供给都是重要条目，但此类事项在基于社会公共支出数据进行比较分析时并不列入其中。尽管效果不理想，OECD国家还是从净社会支出的最新研究出发，即通过比较数据对整体社会政策进行研究，包括公共支出、税收支出以及私人社会政策等。基于对数据的对比，国家之间的差异性似乎在日益消失。[4]事实上，2003年无论是奉行自由主义的英国，还是奉行地中海福利国家模式的意大利，其公共支出都超出奉行社会民主制度的丹麦（见图1-4）。[5]

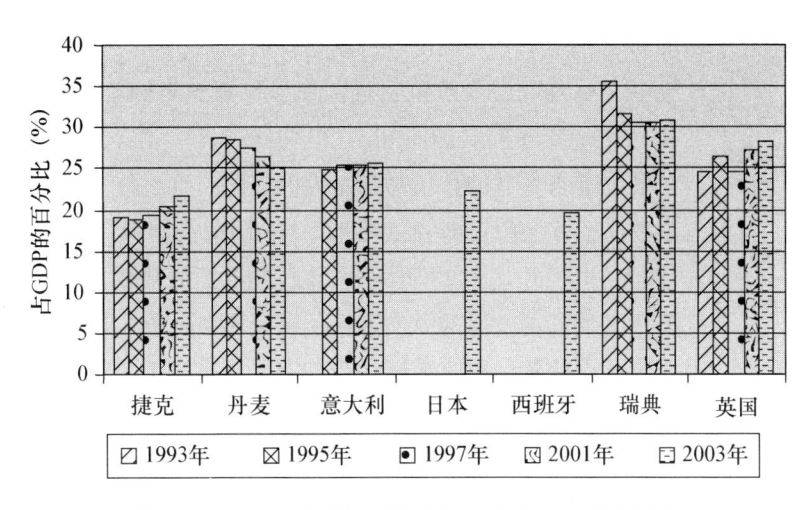

1 比较视野下福利国家的变迁：社会政策中"公"与"私"的边界转化

图 1-4 OECD 成员国的社会净支出占 GDP 的百分比

资料来源：Adema（2001）；Adema and Ladaique（2005）；OECD（2007b）。

强调必须包括私人社会政策和财政福利并不是说社会供给在现实社会生活中不重要。就结果而言，财政和私人福利被认为强化了"福利的划分"，正如蒂特马斯（Titmuss，1958）在十几年前已经指出的，现在正被卡斯尔斯和奥宾格最近主导的一项研究证明的（Castles and Obinger，2006，p.21）。他们已经表明总支出——所形成的税收率——是福利国家再分配目的的核心。因此，我们要关注通常在斯堪的纳维亚国家被质疑的社会福利总支出（在欧洲大陆程度较低），其主要依赖于公共项目，而这些公共项目导致较低的不平等和贫困。

第一，许多福利国家并不是为阶层之间的再分配目的而设计的。鲍德温（Baldwin，1990）的研究表明历史上对社会风险的保险是一个核心目标。从某种意义上说，那些认为福利国家的主要目的在于重新分配阶级收入的人将其结论建立在一个狭隘的规范性概念框架之内。此外，私人社会供给与普遍或慷慨的经济调查计划相结合必然导致更高程度的贫困，从理论上说这是一个问题。

第二，社会净支出数据表明对私人社会供给的更多依赖并不一定是廉价的。因此在经济紧缩时代且在全球化和人口迅速变化的推动下，是否缩减公共福利的供给和融资并将部分以私人安排替代，这是一个有争议的问题。这并不是说没有普遍合理的因素认同一些社群主义者提出的更多"私人"社会政策安排，如尽量减少对国家的控制，培养更多的社会公民参与（cf. Etzioni，1993）。

第三，对最近事态发展的评估是学术性的保障，这也许是最重要的。因为大多数比较社会政策研究依赖于由埃斯平-安德森（Esping-Andersen，1990）引入并基于20世纪80年代的数据的政权类别。在私人社会政策和财政福利方面的纵向数据似乎表明在过去主要依靠公共政策的国家通过支持各种税收措施和管理安排越来越依赖于私人安排。正如彼得斯（Peters，2005，p.177）正确地观察道："虽然大多数欧洲公民和他们的政府可能不想承认它的存在，但是已经有相当数量的私人部门参与提供社会福利。"现在是比较社会分析认识到这一点的时候了。[6]因此，在纵向比较政策分析中应该系统考虑已有的发展结果，因为它们不仅会影响公民，而且会影响政府治理结果和政府干预模式。要了解"公"与"私"之间转变的意义，我们就需要基于支出数据和公共社会政策度量指数超越（定量）分析。

方法问题

到目前为止，提出的论据表明需要超越公共社会政策的传统概念。国家的直接供给不仅可以作为补充，而且还可以由公共财政资金与受监管的"私人"社会福利或服务替代，从而使"公"与"私"之间的界限变得模糊。如果我们不将注意力集中在方案转移上，而是系统性地将社会服务纳入分析中，似乎是不符合实情的。威伦斯基（Wilensky，2002，p.257）已经把它雄辩地建立在一些欧洲福利国家的安排上：

> 具有强大天主教政党力量的几个国家……过度地补贴"私有化的"非营利组织，将其作为个人社会服务的主要提供者……除非我们想争辩说，政府为这些宗教和其他非营利组织

1 比较视野下福利国家的变迁：社会政策中"公"与"私"的边界转化

提供的几乎全部资金不是公共资金，否则我们必须谨慎地宣称，天主教的权力阻碍了有利于现金转移的公共服务。

这个例子使不必要的公共服务很明显地与国家服务保持一致。此外，通过观察并对比 21 世纪初英国国民医疗服务（NHS）"私有化"或"市场化"的争论，如基于"私人"供给的大部分"公共"医疗保健机构和德国的有限竞争，很明显"私"和"公"在不同的国家背景下有不同的意义。在本书中必须强调的是，供应商之间的竞争基于具体的制度设计确实能够带来更好的结果（Propper et al.，2006）。

是不是在任何有意义的比较方式中表达"公"与"私"之间的界限转移均不可能？在过去的研究中，我强调必须包括在功能上等同于国家干预的安排以处理可比性问题，并提出福利制度的概念（cf. Seeleib-Kaiser，2001）。福利制度可以与对福利的理想化理解相联系，福利制度被定义为一种政治运动，"以使个人福利和公共福利不产生分歧，并在某种程度上加强二者之间的协同效应"（Kaufmann，1994，pp. 357 f.）。基于福利的定义，福利制度可以被设想为一种社会安排，这种社会安排保障一个集体中的社会风险、高度监管或再分配方式中未来索赔的相对较高的确定性程度（希望的可靠性）。在一定程度上这种福利制度的意义与马奎德"公共领域"的概念重叠（Marquand，2004，pp. 26 ff.）。这个领域内的政府治理主要依靠民主、法制和专业同行问责。[7]在这样定义的福利制度中，社会政策可以理想地被"公"或者"私"所提供，由于利润动机的从属地位而不必违反"公共领域"的界限，在公共领域内"私人"供给最明显的例子是一些欧洲国家失业保险[8]的根特（Ghent）制度或者是与收入相关的职业年金制度，这些既不是由国家提供也不是通过追求利润的企业提供，而是由复杂的社团管理。怀特赛德（Whiteside，2006）强调英国基本上不存在这样的治理结构，这导致私人和公共之间根深蒂固的分裂。

相比之下，私人领域基于个人、家庭、社区和纯市场关系，主要依靠互惠互助、自愿服务、慈善事业以及市场和声誉负责制。因此，这一领域的社会政策在功能上不同于公共社会政策，前者不能提供确定性并且政治家只能以非常有限的方式负起政治责任。[9]此外，适应于各种关系的逻辑并不总是很清楚地有迹可循或交叉，尤其是"非营利性"的活动家似乎越来越多地融入市场问责元素。[10]这并不是说由家庭、非营利组织和营利性企业提供的私人政策安排之间没有差异。首要的重点是我们是否正在见证从"公共"领域向"私人"领域的转变。

基于这个概念可以区分"公共"领域与"私人"领域，但是没有任何经验告诉我们政治家确实是公共实体或私人实体。此外，提出的概念不容易实施，因为它最有可能依赖于具体政策和国家背景。在现实生活中，依据社会政策干预模式的不同大概会面临两个领域的分层。为了捕捉公私混合中各种可能发生的变化，建议分析三种不同政策干预模式，即融资（支出和税收）、供给和管理（或调控）(cf. Barr, 1998; 2001)[11]。"公"与"私"之间变化的不同取决于干预的模式，例如，随着政府直接公共供给的减少，可能会在同一时间推出强制私人供给的安排或通过严格的公共管理框架与私人提供者签订合同。因此，将政策干预的模式或维度想象成三维空间内的相互作用可能是值得的（见图1-5）。

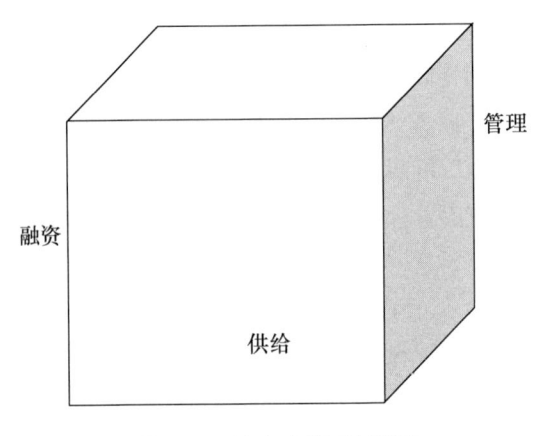

图1-5 社会政策干预模型

1 比较视野下福利国家的变迁：社会政策中"公"与"私"的边界转化

除了社会政策干预三维空间的区别，同时建议区分三种分析层面的不同：话语、社会福利机构和结论。分析层面不同可以得出不同的结论。换句话说，虽然我们可能见证了社会政策话语的显著变化，但这些可能没有触发制度变迁，或者在制度层面的显著变化可能未影响政策结果，最后的政策结果在社会政策话语体系或制度安排中可能没有变化。评估各种变化时，时间维度最为重要，尤其是变化结果往往滞后于政策变化数十年，如前面养老金改革的案例。各种分析视角的差异会逐渐提高我们对福利国家转变的本质的理解。

本书的结构

这本书将从多个角度在公私混合基础上重点明确地阐明福利国家的变化和连续性。第一部分分析了发展成熟的福利国家在南欧以及中欧、东欧和日本的经济转型。作为"成熟"的福利国家如丹麦通常被视为社会民主主义福利国家，而英国在欧洲被视为自由主义福利国家的代表，也就是通常所说的"以市场为导向的福利国家改革"推行得最深入（Taylor-Gooby et al.，2004，p.573）。比较南欧国家与中欧和东欧国家的不同时期，因为它们经历了显著的政治变革并在比较分析中经常被忽视。最后，本书的研究也包括日本，以分析我们是否在一个有着不同文化和历史背景的发达工业国家中，有着类似的社会政策发展。在理想的情况下，国家的比较和案例研究集中在福利国家整体结构的变化、连续性，并强调下列关键政策领域的显著变化：就业、收入保障、家庭与照料以及医疗。

第二部分中国家的比较由横截面分析做补充。这种方法能使我们在具体的政策领域确定更清楚的潜在因素或不同的应对政策。由于以前的研究表明某些社会政策领域会明显地背离福利国家制度框架（cf. Seeleib-Kaiser，1995；Kasza，2002）[12]，因此，从概念上讲，这些领域的变化可能遵循不同的轨迹，并对特定的公私混合模式产生不同的影响，这为我们更好地理解福利国家的变化和连续性提供更多方便。典型性分析的主要政策选择很大程度上取决于"经典"的社会风险，如失业、老年化、疾病或残疾，并将最近"新"的社会风险作为补充。

第三部分为概念性的章节，强调福利国家的变化，也是总结性的章节。理想情况下将可能回答如下问题：

● 在全球化和欧洲化日益加剧的时代，我们是在目睹公共领域的消失，还是在目睹公共领域的萎缩，从而最终迎来"新自由主义"的胜利？或者我们应该将这些变化概念化为国家的转变（cf. Leibfried and Zürn, 2005）？

● 各种政策领域和各个国家的政策变化范围有什么不同？我们可以确定国家或方案的变化和连续性的具体模式吗？

【注释】

[1] 研究强调在北欧和西欧国家中公共社会政策的微弱变化主要依赖于这种量化指标（cf. Taylor-Gooby, 2002）。

[2] 南欧国家中只有意大利出现在这个数据中，没有包括东欧和中欧的国家。此外，这些研究结论与科比和帕姆（Korpi and Palme, 2003）的相反，他们认为尽管我们在大多数国家见证了紧缩，但自由主义的福利国家也目睹了最大范围的紧缩。他们认为，英国福利国家已经倒退到前贝弗里奇时代的水平，达到或低于20世纪30年代的水平（Korpi and Palme, 2003, p. 433 f.）。

[3] 国家利用各种方法通过其他福利国家计划来"降低"失业率。特别是北欧国家和荷兰似乎有相对较高水平的劳动年龄人口支持工作能力丧失或残疾福利。在英国丧失工作能力的受益者个案在20世纪90年代稳步增加并且已经超过了失业受益者的个案，因为失业受益者个案在减少（Carcillo and Grubb, 2006, pp. 55-60）。在其他国家尤其是"保守福利国家"，如德国，从20世纪80年代中期起提前退休对于减少失业率是一个首选途径（Ebbinghaus, 2006）。

[4] 然而，必须承认的是这是一个非常粗略的图（对于私人养老金计划的税收优惠不包括在此数据中），并且系统性的比较工作仍然相当缺乏。关于公共社会支出数据的免责声明显然也适用于该数据集。

[5] 博查特（Burchardt, 1997）和史密斯（Smithies, 2005）系统性地审查

了1979—1999年英国福利国家内的转移平衡，但是没有全面分析税收支出和管理。对英国混合经济的重要评估参见 Powell（2007）。

［6］参见沙立夫（Shalev，1996）、赖因和施美尔（Rein，Schmähl，2004）的工作。

［7］对于各种问责机制的讨论见 Grant and Keohane（2005）。

［8］在根特制度内融资并提供福利依赖于工会成员，同时工会也负责管理该计划。对于芬兰根特制度腐蚀的讨论参见 Böckerman and Uusitalo（2006）。

［9］在此，我从马奎德的定义中区分了某些私人领域和公共领域的不同。然而，需要承认在发达国家私人领域可以不完全依靠国家。此外，国家确立了法律框架，在法律框架内政治家可以活跃从事政治活动（Polanyi，2001）。例如，家庭或慈善机构的构成很大程度上由国家决定。

［10］这可以很容易地通过教育领域的私人或独立大学来证明，通常将其归为第三部门的一部分。很显然，这些高等教育机构主要依靠自己的学术声誉。然而，尤其是这些不具有大量捐赠的机构越来越受到市场逻辑的支配，为了能自我融资（作为学校部门的重要评定标准，参见 Slaughter and Rhoades，2004），这些机构基于"全部经济成本"在全球市场上吸引学生（客户）并寻求外部科研经费。

［11］根据政策领域的信息这可能会变成政府干预的首选模式。这方面最明显的可能是教育政策强调在公共领域提高健康水平，比如通过运动改变行为习惯以减少肺癌或性病的传播。

［12］根据去商品化的各种最新研究的再回应，分析最根本的整体制度方式（Scruggs and Allan，2006）。

第一部分
国家视角

2 英国的福利国家改革

马丁·鲍威尔

引 言

对英国保守党（1979—1997年执政）和新工党（1997年至今执政）领导下的福利国家改革争论很多，大量专业术语和年代划分方面的争论使关于福利变迁的论述变得明晰，这也反映出目前对于福利国家存在广泛的争论，这些争论包括福利国家是否已经处于危机之中，是否遭受威胁，是否处于变迁、反弹、活力、重塑、重设、重构、存留、中止、改造、校准、变革，甚至是废除中（Powell and Hewitt，2002，p.2）。尽管如此，很少有论述倾向于吸收混合福利经济（MEW）与社会福利分配的文献（Powell，2007）以及关注"公"和"私"界限的转移。这些论述经常趋向"单维度"的分析，因此描述局限于变迁的部分内容和极具误导性的态势。许多研究注重社会供给或者"纯公共"因素（国家财政供给）（Burchardt，1997；cf. IPPR，2001；Powell，2007），强调传统"金本位制度"下的公共支出这个

"因变量"。

本部分将从混合福利经济和社会福利分配（Powell，2007；参见第1章）的视角审视福利国家的变迁。探究与公私混合变迁相联系的福利改革的话语、制度及结果，一个主要的问题是政治话语式的论述并不能准确有效地表达相关趋势。例如，无论是私有化的支持者还是批评者都不能将它们的一些形式区别开来。因此，难以评估变化和制度之间的联系，并且不太可能对公私混合变迁的结果进行审视。甚至数据也很少（but see Burchardt，1997；Smithies，2005；参见第1章）。私有化的程度与不公平的程度成正相关这个观点容易被人理解，然而这方面的论证却相当缺乏。

混合福利经济和公私混合

在英国，福利这个术语与国家供给同义。但是，"福利国家"却总是一个包含着国家、私人、非政府组织以及其他非正式元素的混合体。此外，越过直接的政府供给去观察潜在的财政机制和职业福利是必要的（see Powell，2007）。这些元素的混合已随时间逐渐改变，但是福利国家干预的观点仅仅给出了一部分解释。简言之，"社会政策"比"福利国家"的概念宽泛。甚至有的研究经常将混合福利经济限定在供给的"单维度论述"之内，不去探究具有更宽泛意义的融资和管理问题。除了支配和提供设施（比如英国NHS、国家教育）以外，国家会资助私人或自愿供给（例如提供居家护理服务），或者依据一定的标准和价格（例如在房屋用途多样性方面的立法和租金的控制）来调控供给。

最近，许多著作专注于国家向市场的转移，比如私有化、市场化或者商品化（e.g. Drakeford，2000；Leys，2001；Pollock，2004）。尽管如此，私有化是一个超出自身意义的术语，只具备有限的分析功能（Drakeford，2000）。一些研究以"单维度"的模式对"私有化"进行研究，这只适用于混合福利经济或者混合的变化，而不能详细说明其作用和特点。但是，一个单维度的"削减国家责任"或"国家转向市场"的转变不能区分商品化、融资和管理三者之间的特征。一个国家向市场的转变趋势不能区别委托、转包、准市场和代金券等这类非常复杂的策略。一个单维度的论述关注供给问题却忽略了融资的特征。此假设会出现所有权的问题：为私人提供的居家服务不同于在公共房屋提供的服务（无论谁资助）。

二维度的论述审视供给和融资。公共政策研究机构（IPPR，2001）再次宣传受公共资助的普遍服务的案例，但是清楚地区别了公共服务的资金投入和供给。它区别了方式和结果：公共服务需要依托于价值和结果而不是特殊的交付方式。NHS的基本原则是免费的、普遍的和全面的，而不是需要通过特殊的结构、过程或者固定不变的员工来提供的。它拒绝"私有者"（认为私有优于公有）和"垄断者"（认为公有优于私有）的死胡同，建立了四个公共管理模型：命令和控制、网络和托管、购买和供给、管理。

三维度的论述审视供给、融资和管理。不像其他学科（e.g. Hood et al., 1999；Moran, 2003），社会政策文献倾向于忽略管理（but see Bolderson, 1986；Powell and Hewitt, 2002）。在医疗、教育和住房这些领域忽略历史长河的审视与管理。随着评论员宣称我们生活在一个"审计社会"（Power, 1997）和一个"管制型国家"之中，管理/审视的重要性最近开始显现，二维度理论变得站不住脚了（Hood et al., 1999；Moran, 2003）。

表2-1展现出了一种审视混合福利经济变迁的方式，这种方式对变迁的考察从起源延伸至最终结果。这种意义深远的变迁应该包括三个维度（例如从1a到6b），从福利国家公共供给、融资和管理的核心或是中心区域到有限的私人融资与供给或者非公共管理的核心。因此，"私有化"同样应该涉及由上述运动（从1a到6b）所形成的三个维度，也许能够涵盖任何从上往下的移动（例如1到5，2到10，等等）、任何从第一列向右的移动（例如1到2，5到7，等等）

或者任何较高水平管理向低水平管理的移动（任何a到b）。在某种程度上，这种方式非常适合区别例如私有化（接近2列或5行）、自愿化（接近3列和9行）和非正式（接近4列和13行）的终极目标。这可能与如货币贬值、缩减财政、解除管制等方面有关，但是，"解除管制自愿化"或者"货币贬值的非正式化"是非常晦涩的术语。

表2-1　　　　　　　　　　混合福利经济的维度

		供给			
		国家	市场	自愿	非正式因素
融资	国家	1a（高管理） 1b（低管理）	2a 2b	3a 3b	4a 4b
	市场	5a 5b	6a 6b	7a 7b	8a 8b
	自愿	9a 9b	10a 10b	11a 11b	12a 12b
	非正式因素	13a 13b	14a 14b	15a 15b	16a 16b

公共论述及"公"与"私"之间界限的转移

在"经典福利国家"时期，工党比保守党更满足于混合福利经济。自然工党本能地认为国家应该针对问题"采取行动"，保守党倾向于让个人扮演更重要的角色（Finlayson，1994；Stewart，2007）。保守党的一些基本准则是减轻国家的责任（see Lowe，2004）。自20世纪60年代以来，这些基本准则被经济事务机构这类重视市场的组织进一步发展。例如，经济事务机构（IEA，1967，p.19）指出：

> 国家父权主义社会福利公平和公民权利的基本理论认为为一个腿部残疾的人配备结实有力的拐杖是社会的进步。相反的观点是除非他被允许和鼓励通过初次尝试逐渐用力下地行走，否则他

的腿将会萎缩。

在20世纪70年代，保守党内阁大臣（先前是撒切尔夫人）基思·约瑟夫（Keith Joseph）爵士意识到他"不是真正的保守党成员"，并且撒切尔夫人认为"关于政府的恰当角色、福利国家及其自身的态度这些问题，保守党与工党有了新的争论"（cit. in Timmins，2001，pp. 354-5）。1979年之前，保守党政府并不打算改变社会政策（公共房屋例外），因为撒切尔夫人认为目前的工作中心是发展经济，蒂明斯（Timmins，2001，p. 369）记载了撒切尔夫人1979年第一份公共支出白皮书的第一句话："公共支出是英国经济困难的主要问题。"然而，尽管没有左派评论家预期的那样快，但公共支出在保守党执政期间仍持续增长（再次注意到公共房屋例外），这部分是因为失业人员的快速增加需要大量失业津贴。

撒切尔日志（1993，pp. 676-7）记录了两个主要的与社会政策相关的主题。第一，在私有化方面她主张：

> 一个扭转社会主义腐蚀和侵袭影响的主要方式……通过私有化……削减国家的力量并且提高公民的能力……私有化是确保自由不受任何侵害的中心环节……现在几乎所有的口头承诺都是支持私有化的，很难回忆起在20世纪70年代末这一切多么具有革命性。

第二，她还强调购买者与供给者的分离、国内市场以及"不能提供"等内容。撒切尔夫人（Thatcher，1993，p. 572）称1987年的宣言是"保守党最好的成绩……是我信仰的中坚"。类似的，保守党大臣（原唐宁街政策组和政策研究中心主任）戴维·威利茨（David Willetts）声称："对我们来说，由于《教育改革法案》（Education Reform Act）、《NHS评论》（NHS Review）、《格里菲斯报告》（Griffiths Report）和《住房法案》（Housing Act）得以实施，1988年是社会政策'创造奇迹的一年'。"（cit. in Timmins，2001，p. 431）尼古拉斯·里德利（Nicholas Ridley）理事和国家环境局局长认为，在美国中西部几乎没有雇用任何其他人,一年仅一次例会,以奖励所有签订合约的私人部门(Timmins,2001,p.472)。这个策略的主旨亦明确地显现在有关住房和社会服务的文件之中。"地方政府应采取直接行动以满足新的或增加的需求这个类似的推定将不复存在。地方政府未来将主要扮演战略性的角色……"(DoE,1987,p.14)撒切尔夫人(Thatcher,1993,p.618)继续阐释道:"我们的教育、住房和健康政策有着共同的主题,那就是选择的延伸、权力的分散和鼓励个人责任。"然而,正如我们下面将要看到的,不包括公共房屋,"私有化"并未在社会政策中得到很好的体现(Powell,1996;but see Ruane,1997),并且国内市场上个人责任或权力分散几乎没有什么选择。"私有化"在1991年遭到首相约翰·梅杰(John Major)的抵制(Timmins,2001,p.480)。

在1997年选举中以压倒性的优势取得胜利后,新工党起初对公共支出较为谨慎。布莱尔(Tony Blair)在1997年宣布:"我们简单地通过高税收和高支出维持的未经改革的福利体系,已经达到了公众意愿的极限。"(cit. in Timmins,2001,p.559)在执政的前几年政府坚持保守党的支出限额,指出新工党将会"明智花钱而不出手阔绰"。布朗(Gordon Brown)反对"对每一个问题的解决办法是逐渐增加开支这个神话"(cit. in Powell,1999,p.22)。如果新工党在公共开支上奉行实用主义而不是理想主义,那么这就是混合福利经济(Powell,1999,2007)。在这个问题上,一些变化的迹象早在新工党上台之前就已出现,甚至早在工党演变为"新工党"之前。1989年工党的文件指出:"在'公'和'私'之间制定严格的分界线已经不可能或者不像过去那样必要。"它拒绝了"私"一定优于"公"的保守党的教条。同样地,1994年社会公平报告委员会(the Commission on Social Justice Report)否定了"完全私有化的未来",只是谨慎地接受公私合作。

吉登斯(Giddens,1998)是新工党的缔造者之一,他将"新混合经济"作为第三条道路的主要特征。这个词没有明确的定义,但似乎包含着私人部门和市民社会这两者。吉登斯(Giddens,1998, p.7）指出，在传统的社会民主主义（旧有左派）国家中，"国家对社会和经济生活的普遍参与""国家在公民社会中占主导地位""市场的作用有限"等这样的论断普遍存在。新混合经济通常需要政府和民间社会机构合作行事（p.69）并追求公共和私人部门二者的协同（pp.99-100）。福利国家应该被福利社会所替代，让第三部门机构在提供福利服务方面扮演重要角色（p.117）。总之，福利分配不应该完全通过国家，而是应该由国家与其他机构，包括商业机构展开合作（pp.127-8）。吉登斯（Giddens，2002）公开支持公私合作以及私人融资的主动性。他坚持在重要的公众服务上国家与非政府组织广泛地展开合作是必然的，前提是这些服务的标准能被提高到一个更高的水平。"公共领域并不能与国家等同。因此，合作也不意味着私有化。"（p.63）福利改革大臣菲尔德（Field）愿意看到互助的复兴，但是，

> 我想清楚地表明一点：对国家和个人责任边界的重新界定并不是一项简单的削减国家责任的运动，关键在于重新创建一个基于个人、组织和政府合作的公民社会（cit. in Powell，1999，p.20）。

在新时期，《英国的新蓝图：一种新福利契约》（DSS，1998，p.19）绿皮书将第三条道路视作公共供给和私人供给合作的一种新形式，但是由于私人供给伴随着"市场选择最佳项目"这个最大的风险，让纳税人替他人埋单（p.39），因此拒绝接受"一个私有化的未来"。它针对福利展开了一项计划，到2020年公共供给者和私人供给者可以大量地分享福利供给，特别是养老金（cf. Powell and Hewitt，2002，pp.183-5）。然而，"新合作"并不包含保守党的辅助安排计划，如托儿代金券和面向60岁以上老年人的医疗保险，可能是基于实用主义而不是理想主义的标准，这些项目都被新工党废除了（Burchardt and Hills，1999；Powell，1999）。

新工党的发展更倾向于多元化而不是集权制，并且是授权而不是直接提供福利国家（Powell and Hewitt，2002，p.185）。现在新工党反对"大一统"的服务并声称与所有制无关，例如一个NHS覆盖

范围内的病人到私立医院接受治疗是可以接受的，只要治疗是免费的且医院在管理体制的调控范围之内。卫生部国务秘书艾伦·米尔本（Alan Milburn）曾经设想他能看到所有的治疗都是在非公立医院进行的，让"NHS"成为"虚拟 NHS"的调控者，但是他的继任者约翰·里德（John Reid）建议发生在私立医院的治疗最多不能超过15%（Toynbee and Walker，2005，p.324）。新工党的口号是选择性和多样性，这渗透到许多政策文件之中。

关于论述政府财政福利和职业福利的著作非常有限。1997年新工党"为了达到增强工作动机、减少贫困和福利依赖，加强社区和家庭融合的目的"，致力于"精简和改进"税收与福利体系。税收抵免"将缴纳税费和实际工作联系起来，这是一种可能非常有效的心理工具……通过税收体系来缴纳税费并与实际工作结合起来的办法总体来讲能够很好地被社会所接受"（cit. in Sinfield，2007，p.133）。

公私混合的变化——制度的视角[1]

事后看来，在福利津贴方面，1979年之前保守党政府在社会政策方面并没有执行连贯的计划。尽管保守党在意识形态上侧重于私有化，志愿组织以及超越福利国家资源的其他非正式因素经常赤裸裸地支持私有化而反对公有化，但并没有产生任何重大的战略。除了公共房屋作为主要的例外，尽管存在新增的实例和新的收费（再商品化），但保守党趋于拒绝完全私有化（例如有用的资源从公共部门向私人部门转移——表2-1从第1行到第2行）。下面在论述老年人收入和就业变化之前，我将首先对社会服务的领域展开分析。

就所有制或供给来讲，最大的"私有制"涉及公共房屋向私人所有权转移（表2-1中从5a/5b到6a/6b）。根据蒂明斯（Timmins，2001，p.378）所论述的，"撒切尔夫人执政时期单个最大的私有化项目,在13年里增长了280亿英镑,比英国的电信、石油和电力的销售总额还多"。1980年保守党推行《购买权》(Right To Buy)法案,此法案赋予地方居住者以优惠的折扣购买住房的权利,大量房屋从公共部门转向私人部门导致了"世纪销售"。除了这种"销售"或个性化策略,保守党和工党政府主导的大规模自愿转让已经使地方政府(或"地方自治会")住房转向了社会业主(从第5单元格到第7单元格)。这涉及近100万户家庭,只留下了50%的英国地方政府住宅(Mullins and Murie,2006,p.189)。至于管理,最初一段时间保守党放松对住房的管理。比如,由于私人租赁部门创设的短租和保障性租赁,马林斯和缪里(Mullins and Murie,2006,p.119)在报告中指出,到2004年受管理的租赁占所有租赁的比例从59%下降到不足6%。1980年到1988年,保守党试图通过《住房法案》使房主和租户的权利恢复到先前的均衡状态以使私人住房租赁部门复苏。这解除了私人租赁的管理并允许租金上涨及设置租房时间限制,让业主重新获得对自己财产的控制权。保守党通过"按揭利息免税"降低税收减免在抵押贷款中的重要性,这项政策最终被新工党废除。

在保守党执政下医疗保健在公私混合方面几乎没有大的变化。1983年一项"强制竞争护理"(compulsory competitive tendering,CCT)或"外包"的政策要求医疗机构将它们的饮食、清洁和洗衣等"酒店式服务"通过招标外包。1986年,NHS停止向病人提供眼科服务并向贫困病人提供在市场上使用的代金券。在20世纪80年代能看到大量私人行医的现象,这更多是由"国家看得见的手"而不是"市场看不见的手"导致的。随着牙科和眼科领域更多的收费项目被引进,处方费用不断上涨,这导致了一定程度的"再商品化"。购买者和供给者相分离的"准市场"在1991年开始出现,但更多的是"内部"市场而非"外部"市场,因为供给者的竞争主要局限于NHS范围内的医院,而不面向私人部门开放(Powell,2003)。一些税收激励措施被给予参加私人医疗保险的病人。

1997年初新工党宣布会"废除内部市场",但未能实施;自2000年以后,新工党又宣称将不会重塑内部市场,但事实相反。实际上在这条道路上,新工党比保守党走得更远。首先,它结束了老工党与私人医疗展开的"阶级斗争",签署了鼓励私人医院与NHS竞争的协议。其次,在随后的"选择和预定"计划下NHS所覆盖的病人被允许选择在私立医院接受治疗,这迫使NHS下的医院与私人部门展开商业竞争,从而推动了独立部门治疗中心(Independent Sector Treatment Centre, ISTC)的发展,并且鼓励"社会企业"的提供方完成从保守党"铁板一块"的公共部门的内部市场到新工党外部市场的转变(see Powell, 2003)。新工党还大力提倡发展"信托基金会",支持者认为这表现了"互助"精神,而反对者将其视为"私有化"。最后,随着多家管理实体的快速发展(并重新命名),如健康改善委员会(Commission for Health Improvement, CHI),新工党增强了医疗保健的管理领域。

在教育方面,保守党在1980年推行"公助学额计划"(Assisted Places Scheme, APS)——测试方案,允许家长将自己的孩子送到私立学校接受教育。推行代金券的尝试在1983年被宣告"废止"。保守党在80年代推出助学贷款,但是因为预期中的中产阶级选举反弹而被否决。尽管如此,贷款在1990年还是被引入。激进的撒切尔政府通过一次又一次的"最后努力",于1995年在幼儿教育系统推行了每年发放1 000英镑代金券的政策,这些代金券可用于公共组织、私人组织以及志愿组织。新工党执政后的首次行动就是取消地方协助计划和幼儿代金券,但是后来推行的教育费成为针对高等教育的多种补贴费。新工党亦要求大学将增加的学费收入的一部分交给财务主管以确保贫困学生能够接受高等教育,同时设立监管机构——公平准入办公室(Office for Fair Access, OFFA)。

相反,在20世纪70年代末,撒切尔夫人谈到"维多利亚价值观"或"道德",而基思·约瑟夫爵士则痛斥"宽容的社会"。撒切尔夫人作为首相发表了她的著名言论,其中第一段话经常被引用:

社会是独一无二的，它包括独立的男人和女人，还有家庭。除了依靠公民，否则政府不能做任何事情，并且公民必须首先照顾好自己。我们的责任是照顾好自己，然后照顾我们的邻居。(cit. in Timmins，2001，p.431)

保守党将自己视为婚姻和"传统家庭"的保护者，并且许多部长批评单亲父母的增加这一事实。尽管如此，保守党却未能推行明确的"家庭政策"，一系列的发展影响了"非正式护理"，包括家庭、朋友、邻居和其他非正式社会关系。他们普遍的立场是应该增加非正式护理，1981年的白皮书将其概括为"供养和护理的主要资源是非正式与志愿组织……社区护理更应该由社区来实施"（DHSS，1981，p.3）。

大约从1979年开始，社会保障经办机构根据当地协议开始为私人和自愿居住在家中的老人支付家居护理费用。这种方式到1983年已经在全国范围内达成共识并正式实施，家居护理的数量和费用几乎以每年两倍的速度增长，成为公共支出增长最快的项目。正如蒂明斯所说的那样，"保守党不知不觉创造了一个新的国家财政供给项目，如果私人经营，那就是一个产业"（Timmins，2001，pp.414-5）。尽管如此，社会保障经办机构为选择家居服务而不是根据自己的喜好独自留在家中的老年人提供财政激励。Sainsburys的董事长罗伊·格里菲斯（Roy Griffiths）爵士由政府邀请做了一份关于社区护理的报告，这份报告通常被称为"格里菲斯Ⅱ"，这与他1983年关于NHS管理的报告——"格里菲斯Ⅰ"截然相反。他声称：

这个提议致力于刺激"混合经济"护理（服务）的发展。社会服务当局应该将自身视为护理服务的安排者和购买者，而不是垄断的提供者，这点是极为重要的。（DH，1988，p.5）

格里菲斯主张政府约定85%的预算必须在公共部门之外花费的条件下，"护理的管理者"应该帮助客户在使用公共费用购买最好的服务时做出选择。然而，这个方案是基于家庭财产调查情况的，有资产的老年人必须自己付费，而且在某种条件下需要被迫出售房屋以支付费用。1996年，《社区护理》（《直接给付法案》）授权社会服务部门对年龄为18~65岁的服务使用者以支付现金替换以前直接提供服务的方式。这部法案的覆盖范围后来通过2000年的《护工和残疾儿童法案》覆盖新的社会群体而逐渐扩大，如65岁以上的老人和护工等。尽管如此，利用直接支付受益的人数仍保持相当低的水平（Glasby and Littlechild，2002）。

布莱尔在1996年的一次会议演讲中谴责老年人不得不出售房屋用以支付药费和家居护理费用的政策。据1999年的报道，新工党在长期护理这个项目上任命了一个皇家调查委员会。大多数人建议所有的个人医疗都应该免费，但是少数人认为这成本太高。罗宾·温特（Robin Wendt）委员（多数派）曾写道："多数派建议工党政府应该做大多数人想要的事，而少数派则认为政府会做少数人所想的事。"（cit. in Timmins，2001，p.588）在起初倾向于少数派的观点后，苏格兰议会通过了个人医疗免费的议案，这表明它与英格兰有着明显的政策分歧（Stewart，2004）。

1997年新工党的竞选宣言承诺"帮助建立牢固的家庭和社区"。1998年的讨论文件《家庭支持》（*Supporting Families*）声称这是英国政府第一次发布关于家庭咨询的文件。新工党以各种不同的方式宣称"家庭友好"，尤其是在直接援助儿童的政策方面。在援助儿童政策方面产生了三个新的相关政策目标：在20年内消除儿童贫困，70%的单亲实现就业，为14岁以下的儿童提供优质的、价格合理的儿童保育（cf. Lewis and Campbell，2007）。新工党已经通过了很多旨在支持护工的法案，并且在1999年推出了《国家护理服务战略》。2000年的《护工和残疾儿童法案》授权地方政府向护工直接提供现金支付。直接支付可以使个人购买到自己喜欢的服务而不是被动接受由地方政府安排的服务，这种方式极具灵活性，它能够增加个人对服务时间、服务方式和护工的选择与支配权（Glasby and Littlechild，2002）。

20世纪90年代早期，私人融资倡议（Private Finance Initiative，

PFI）在保守党的支持下获得了发展，根据这个倡议私人供应商可以通过与政府签订合同的形式建造或者经营公共设施（比如学校、医院、监狱、公路以及铁路）。支持者认为这有利于增加公共投资的回报并且与私人部门分担风险，但是批评者认为，这个倡议很大程度上体现了大资本投资能力的价值，而没有体现"公共支出"的特征并且成本非常高昂。民间融资倡议允许"先生活，后付款"的情形。相反，工党反对这个计划，因为它看起来更像"私有化"。然而，工党在1997年大选前夕开始有所改变，并在执政期间接受了民间融资倡议，尽管有时候用公私合营的术语替代民间融资倡议。工党充分发挥了民间融资倡议的优势，比如 NHS 是历史上最大的医院建造方案（DH，2000，p.96）。

在对社会服务的主要变化进行讨论之后，接下来主要讨论养老金和就业政策。保守党切断了养老金和收入的联系，并且希望废止与养老金计划相关的二次收入（年轻人同样如此）。最终养老金计划遭到削减而不是废止，会员被鼓励退出这个方案并转向私人养老金。到1993年，已经有超过500万人而不是预计的50万人基于对养老金的乐观预测做出了这种选择。财政大臣戈登·布朗（"养老金绑架者"）在他的第一份财政预算中把每年的养老金减掉50亿英镑，这与罗伯特·马克斯韦尔（Robert Maxwell）[2]"仅仅划掉4亿英镑"形成鲜明的对比（Powell，1999，p.17）。新工党希望逆转养老基金结余40%来自私人与60%来自公共部门的平衡，即实现60%来源于私人，40%来源于公共部门。在新工党推行最低收入保障、企业年金、州立养老金、养老金信贷的情况下，养老金领域可以看到大量令人意外的举动，更不用说大量报告、调查和政府文件的发布。养老金领域并没有获得监管机制的帮助，通过如"公平人寿"公司倒闭这些问题发现监管机制似乎正处于休眠状态："将你的抵押贷款和养老金作为赌注押在金融监管的绩效上是不明智的，尽管这是你正打算做的。"（Powell and Hewitt，2002，p.137）

关于就业政策，从"再商品化这个角度来看需要着重强调'激活作用'"。两个政党分别组成的内阁都强调通过"胡萝卜加大棒"的积极劳动力市场政策增加就业。20世纪70年代末80年代初，保守党执政下的英国失业人口估计达到300万，这意味着"充分就业的终结"。保守党试图通过这样的方式应对"工作综合征"，如通过有限的混合救济金劝说失业者接受较低的工资水平进入劳动力市场，鼓励人们骑自行车寻找工作以便保持较好的机动性等。1996年求职者津贴被引入，这是福利国家历史上的一个决定性时刻（Timmins, 2001, p. 528）。这项政策基于非家庭财产调查使求职者津贴的享受资格从12个月减至6个月，并通过证明"求职积极性高"的办法提高了与津贴相关联的"制约性"程度。在戈登·布朗的"新政"或"福利工作"计划下这种趋势得以延续。如果布莱尔的口号是"教育、教育、教育"，那么布朗的口号则是"工作、工作、工作"，或比这更适合的语句："我已经看见未来，那就是工作。"布朗针对不同的群体使用不同的"胡萝卜"（通过国家最低工资制定工作薪酬，教育、就业和培训选择权，私人顾问）和"大棒"（削减津贴）。[3]

然而，福利国家的"财政"或"税收"总是十分重要的，随着保守党推行"税收抵免"政策——如儿童税收抵免和养老金税收抵免，这个特征愈加明显。这些政策以多变的名目推行，它们的复杂性使管理人员和行政官员困惑，这导致了重大的"重新调整"——过度支出和支出不足（cf. Sinfield, 2007）。

关于职业福利的研究早已展开（Brunsdon and May, 2007），但是由于私人部门与公共部门之间存在一些差距，职业福利最近成为主要讨论的议题。同时，职业年金的管理体系相当复杂，在过去没能很好地保护劳动者和退休者的利益。一些私营企业已经停止了薪金计划，而公共部门仍然继续提供丰厚的养老金（议会议员就是个例子）。此外，随着一些职业年金计划的失败，那些参与养老金缴费的劳动者在剩下的工作时间里只有极少甚至没有职业福利。为了给将来在给付确定型制度下符合资格的缴费者提供补偿，为防备养老金破产或资产不足，2004年建立了"养老金保护基金"（Brunsdon and May, 2007）。[4]

通过对各种政策领域的发展进行总结，可以说我们已经见证了许多政策领域中总体性的管理增加，并且开始走向"市场供给"和较低水平的"自愿供给"。人们普遍认为形成"管制型国家"或"审计社会"的管理的重要性上升，政府"掌舵而不是划桨"，或者说政府倾向于实现"更少控制权"的政府治理。

结果：一个崭新的公私混合

可以这样说，就收入或支出而言福利国家是弹性或扩张的。总的来说，福利国家的支出一直在增加，如医疗保健和教育是增长最显著的领域。正如卡斯尔斯（Castles，2004，p.71）所言，福利国家开支的变化是"相对温和"的，并且一些领域的削减被其他领域的扩张抵销。然而，正如上文所述，基于直接支出的分析仅仅是整体的一部分。柏查特（Burchardt，1997）提出审视混合福利经济变迁的框架，发现自1979年以来变化相对较小。史密斯（Smithies，2005）更新了这个分析：从1979/1980年至1999/2000年，纯公共项目从52%下降到49%，同时纯粹的私人项目从24%上升到29%。然而，这些数据严重地受住房的影响，住房数据在1979/1980年从18%下降到15%，在1999/2000年从58%上升到63%。这与社会保障的纯公共项目和个人社会服务项目形成鲜明对比，社会保障纯公共项目从57%上升到64%，个人社会服务项目从71%下降到42%。不考虑住房项目，整个数据变化很小，纯公共项目仅从62%下降到61%，纯私人项目仅从15%上升到17%。史密斯（Smithies，2005）认为福利领域的结构变化是相对微小和缓慢的。

尽管如此，对于这个结论有四个附加说明。第一，史密斯表明，一些政策领域比其他领域的变化更为显著（Smithies，2005）。蒂明斯声称保守党的改革仅仅使福利国家在养老金和住房领域有所退却（Timmins，2001，p.476）。保守党在求职者津贴和新工党在"工作福利"或"新福利"的推动下,政策朝"工作福利"的方向发展。埃利森(Ellison,2006,p.94)声称,过去20年来英国劳动力市场政策的转变在成熟的福利民主国家中最显著。同样地,他断言养老金已经"实质私有化"(Ellison,2006,p.74)。另外,尽管更加强调私人供给中的国家财政,但医疗保健和教育支出依然在膨胀。

第二,史密斯的数据更新到2000年,很有可能重大的变化发生在这个时间之后(Smithies,2005)。特别是在这个时间,新工党政府日益转向认可选择、竞争、多样化和多元化的优势,并且很可能纯公共项目有所下降。此外,政策改变的结果也许需要花费一些时间"深入研究"。因此,支出项目的改变反映的政策转变可能有一些滞后。

第三,柏查特(Burchardt,1997)和史密斯(Smithies,2005)的分析不考虑管理、财政或者职业福利,因此,他们的分析忽略了这些领域中的重大变化。就表2-1而言,从b(低管理)到a(高管理)是距离较远的转变。然而,有很多管理失败的例子(see Powell and Hewitt,2002),莫兰(Moran,2003,p.171)称之为"年龄的惨败"。正如森菲尔德(Sinfield,2007)所述,税收抵免政策的推行将税收福利国家从倒退推向进步,但是"税收福利的大多数因素继续在扩大不平等"(p.142)。同样地,由于职业福利很大程度上由与劳动力市场状况相关的自由报酬组成,因此,期望国家福利和服务传递公平是不可能的(Brunsdon and May,2007,p.171)。

第四,福利国家的"规模"也许并没有减小,它的结构和特征或许已经改变(Powell and Hewitt,2002)。这或许可以在机制方面或政策领域看到。福利国家已经倾向于选择性和家庭财产调查(特别是就财政福利和税收抵免而言)(see Sinfield,2007)。这样就着重强调带薪工作、激励和制约性,并且更愿意使国家和市场的界限变得模糊。所有这些表明英国福利国家的改革是多维度的并且反对简单的分类。一个三维度的描述表明用一维度的分析视角是极具误导性的,如独立的供给。这意味着简单的国家"退化"(或"前进")的论题不能客观公正地描述复杂的情形。在所有的维度中既有前进又有后退，并且整体的平衡可能在不同部门之间变化（cf. Burchardt，1997；Smithies，2005）；也许在一个领域里前进两步后退一步，在另一个领域恰好相反。

"市场社会主义"的倡导者如勒·格兰德（Le Grand，2005）认为，选择系统可以提升例如有利于穷人的特定代金券和人头税计算准则。悲观的观点认为，像所有的自己动手的工作，这可能是灾难性的错误（Powell and Hewitt，2002）。更多的选择很容易导致风险的转移和个性化，造成在优与差之间选择的不平等。然而，这不是选择破坏了现有的完美的公平状况的问题。很可能选择和发言权都与不平等有关，无论人们是否受到影响，这是一个与两种形式有关的不平等程度的经验性问题。把全部的信任都寄托在国家身上也是不明智的：很多女性退休时没有足够的养老金，部分是由于贫困或是在工作期间没有得到相关养老金选择的建议。因此难以形成关于国家控制（反对间接管理的直接所有权和融资）和任何对分配效应产生作用的明确判断。

结 论

"福利国家"在英国一直是混合福利经济（Finlayson，1994；Stewart，2007）。尽管可以公平地说，自1945年后国家因素主导着经典福利国家，但是，私人、自愿和非正式的福利从来没有消失。在很大程度上由国家提供的医疗和教育服务与愈加多元化的住房和社会服务有着明显的区别。我们应该清楚地知道经典福利国家最重要的一个组成部分植根于通过凯恩斯的有效需求管理对就业水平的管理，而不是充分就业，并且英国福利国家之父贝弗里奇勋爵总是将观察视角限定在国家这个角度（Powell and Hewitt，2002）。同样地，英国福利国家因非政府供给扮演了较为重要的角色而和其他福利国家相比在一定程度上有所偏离（e.g. Ascoli and Ranci, 2002; Bode, 2006; Hill, 2007; Shalev, 1996; Whiteside, 2006）。

正如我们所看到的，因在供给规模、融资力度和管理尺度、财政福利和职业福利等方面发生了重大改变，近来保守党和新工党政府在英国福利国家公私混合领域里做出了重大的调整。要将这些重大改变总合起来是有困难的。比如，供给方面的减少伴随着融资和管理方面的增加，但是不能简单地用"融资力度+管理尺度-供给规模"来表示。这些变化过于复杂，不能用单维度的分析视角呈现，亦不能用例如"私有化"这类术语描述。此外，转变的模式也会随着服务和时间的推移而不同。

然而，英国福利国家很可能在将来会呈现出不同的公私混合。大多数评论者也许会认为国家直接供给的比例会继续降低。尽管如此，这并不能必然说明国家责任将减少（由融资和管理的作用决定）。第一种方案是将国家作为出资者和管理者的模式。这种模式将英国传统的"福利国家""国家社会主义"形式转向另一种基于历史和比较的"福利国家"形式。第二种更加激进的方案是建立在削减"福利社会"中的国家责任之上（e.g. IEA, 1967）。这是一种大体上而非全部地与政治权利相关联的模式（see Powell and Hewitt, 2002）。比如，弗里德兰（Freedland, 1998, p. 219）把福利国家的受益者视为"被动接受者"。他声称：

> 我们需要抑制自身在解决问题时依靠国家而不是自己（民权社会）的本能……我们花了一个世纪将国家与恻隐之心等同看待……任何公共供给的削减立即会被视为对政府保护弱者神圣义务的背叛而遭受谴责……这个牢牢嵌入福利国家的目标是一个更小的福利国家。

例如弗兰克·菲尔德、保罗·赫斯特（Paul Hirst）和戴维·布伦基特（David Blunkett）指出，早在福利国家出现之前就产生了"社会主义"（Powell and Hewitt, 2002）。

目前呈现的趋势倾向于第一种模式。新工党将保守党的政策称为

"私有化"(e.g. Choose and Book; ISTC; PFI; Foundation Trusts),尽管新工党的许多政策明显类似于(或超越)保守党,但是新工党拒绝承认"私有化"。正如若干年前 IEA 所建议的,部分保守党人倡导从一系列由国家财政支付的公共、私人以及自愿资源中进行个人选择,现在看起来这是首选模式(表 2-1 中接近单元格 2 和单元格 3)。这实际上是一个代金券计划。保守党的国家教育局局长基思·约瑟夫爵士在 1981 年宣称自己"理性地被代金券的理念所吸引"。虽然由于执政问题而置身局外,但玛格丽特·撒切尔仍然被代金券计划所吸引,而奥利弗·莱特温(Oliver Letwin)(撒切尔夫人政策组成员和后来的保守党大臣)在 1993 年声称"某些事物被右派偶然地创造,但是也可能已经被左派所创造",并且"也许是由工党政府推行的"(cit. in Timmins,2001,pp. 417-20)。就目前来说,莱特温错了。新工党废除了幼儿教育和住房补助计划的准代金券制(但是保留了直接支付)。然而,从长远来看他也许是对的:英国福利国家可能建立在类似的(借用《私家侦探》[*Private Eye*]杂志起的绰号)"疯和尚"(约瑟夫)和"教区牧师"(布莱尔)的形式上。

【注释】

[1] 本部分是从制度的视角对英国福利国家在保守党和新工党领导下的主要变化的一个概述。它借鉴了总体制度(Powell,1999,2002;Powell and Hewitt,2002;Timmins,2001;Toynbee and Walker,2005)和服务供给(Klein,2005;Mullins and Murie,2006;Powell,1997),并侧重于英格兰,因为在权力下放中政府行政有一些差异,例如在苏格兰的学生资助和长期护理(Stewart,2004)。

[2] 罗伯特·马克斯韦尔是一位杰出的实业家,他从他的公司中拿出大量资金建立养老金。

[3] 从比较的视角,参见本书中克莱格所写的那一篇文章。

[4] 从比较的视角,参见本书中布里德根和迈耶对职业年金的研究。

3 福利国家在一个富裕的斯堪的纳维亚国家的变迁：以丹麦为例

于尔根·高尔·安德森

引 言

目前对于福利国家改革的评估是有争议的。从皮尔逊（Pierson，1994）的开创性著作开始，大多数关于福利国家改革的讨论聚焦于削减开支，丹麦就是开支削减幅度最大的国家之一（Korpi and Palme，2003）。然而，另一个指标表明丹麦1992年到2007年公共消费支出同比增长了35%。这提醒人们，除现金给付外，福利服务也是必不可少的。但这也表明了"削减开支"是一个极其有问题的且起保护作用的理念。就像在第1章中指出的，我们需要恰当的概念去分析福利国家的改革。在丹麦的福利国家模式中，我们发现了集体责任结构的新混合以及新公共部门管理模式的重要转变；同样也发现了开支被削减，但是不多。

这个问题超出了主要与国家开支削减指标有关的"因变量问题"（Pierson，2001b，pp. 420-2），如补偿率这个微观层面的指标，社会支出以及制度改革等宏观层面的指标（Green-Pedersen，2004）。

首先，我们需要彻底地分析混合或共同的社会责任（见第1章），而不仅仅是福利国家。其次，我们需要区分几个改革的维度（Andersen，2005；2007a）：

- 改革的方向：削减开支还是其他的？
- 改革的层次：模式、开支、制度，还是结果的改革？
- 改革的动力：休克式还是渐进式？
- 改革的程度：变革或非变革？

下面对丹麦福利国家变迁的分析主要集中在三个宽泛的政策领域：失业和劳动力市场政策、养老金和退休制度以及福利服务（医疗保健、老年护理、儿童保育和教育）。但是在研究这些政策之前，我们先对所有支出做简短的分析。由于篇幅的限制，我们主要对与其他北欧国家有很大不同的丹麦模式所在的斯堪的纳维亚地区进行分析。

支 出

与其他北欧国家不同，在1973—1974年石油危机发生后，丹麦很快遭受了大量失业的冲击，凯恩斯主义的政策危机似乎只是加剧了这个问题。到1982年，失业和通货膨胀率已经接近10%，国家赤字已经接近GDP的10%，并且外债增长很快（Andersen，1997）。这为推行资本市场自由主义化以及公共部门严格抑制成本政策的自由党（1982—1993年）执政铺平了道路。执政党还采取较为强硬的手段（从1986年开始）削减个人消费，这有助于缓解经济结构失调，但1993年的失业率上升到了12.4%。1993—2001年社会民主党的激进自由派虽然强调"经济责任"，但是也提高了短期内的支出并且更加关注就业。2001年上台的保守党政府延续了这一政策。1999—2007年经济持续恢复，1999年失业率降至5.7%，2007年降至4%以下。

根据公共支出曲线（见图3-1），我们可以推断从1993年开始有一场自由主义革命。经历过20世纪70年代的快速增长和20世纪80年代的停滞后，总支出达到了顶峰，1993年达到了GDP的60.6%。到2007年，曲线降低了近10个百分点（see also OECD，1999，p.72；OECD，2006a，p.189；Ministry of Finance，2007a，p.156）。[1]然而，公共债务利息的下降反映了斯堪的纳维亚国家公共财政的剧烈变动。当20世纪90年代初芬兰和瑞典被大量失业冲击时，公共支出飙升——仅仅4年间芬兰的公共支出占GDP的比重由44.8%上升到63.3%（见图3-2；OECD，2006a，p.189）。但是支出很快恢复正常，并且所有北欧国家都由巨额财政赤字转为大量盈余。丹麦2005—2007年的平均盈余达到了GDP的4.5%（Ministry of Finance，2007a，p.147；OECD，2007a，p.68）。

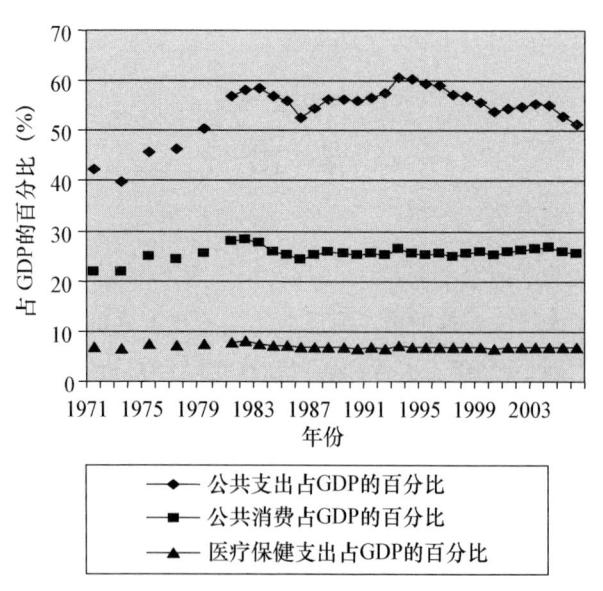

图3-1 丹麦的公共支出占GDP的百分比（1971—2007年）

资料来源：Statistics Denmark（www.statistikbanken.dk/OFF23，June 9，2007）. 2007 estimate：Ministry of Finance，2007b.

GDP的计算方式在1987年和1988年中有所改变。在1993年和1994年中，一定给付（养老金、社会救助）的支出变为税后总支出（技术增长在GDP中占比1.6%，这意味着从1993年到1994年GDP在公共支出中实际上下降了1.7%）。

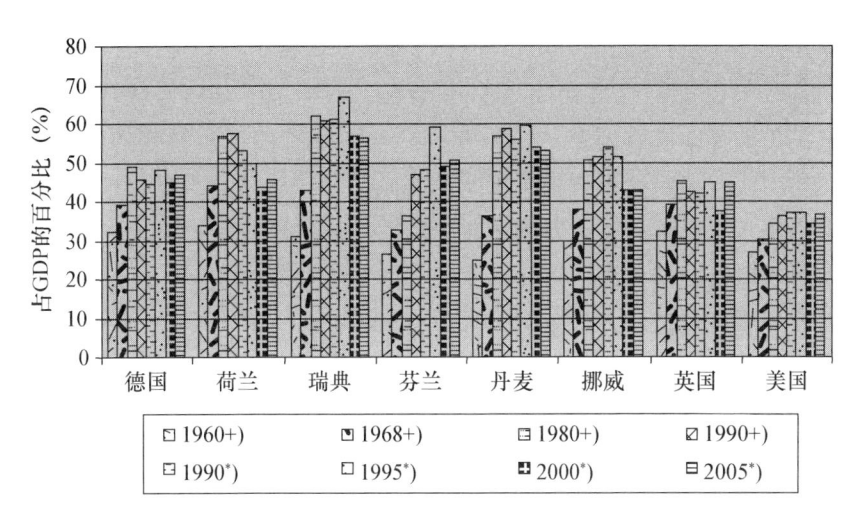

图 3-2 总支出占 GDP 的百分比*

* 总支出包括当期支出、资本支出以及资本转移，还涉及一些重复计算。
+）资料来源：OECD（1999）；Andersen and Christensen（1991）.
*）资料来源：OECD（2006a）.

丹麦的统计数字掩盖了社会服务的显著增长。剔除价格因素，从 1982 年到 1992 年的公共消费累计增长仅有 6.3%，从 1992 年到 2001 年，剔除价格因素后的公共消费增长了 24.4%[2]（Ministry of Finance，2007b，p.10）。总的来说，剔除价格因素后 1992 年到 2007 年的公共消费增长了 35%——在老年人的数量没有增长并且需要抚养的儿童数量也没有增长很多的情况下。这些数据表明用"削减开支"来说明丹麦福利国家最近的改革并不合适。然而，与 20 世纪 80 年代几乎没有机构改革的财政紧缩措施相比——实际上大多数是（针对儿童福利、学生津贴以及家政服务的）普遍性的改革，1993 年开始的影响深远的机构改革促进了经济的繁荣（Andersen，2000，2002a）。下面我们回顾主要的福利政策。[3]

失业和劳动力市场政策

失业和劳动力市场领域的模式、支出、社会福利机构和结果的改革不是同步进行的。20 世纪 80 年代补偿率大幅下降，但是社会福利机构改革促进了经济繁荣（Andersen，2000，2002a），包括悄无声息的失业保险筹资改革。1989 年，一个向供给侧视角转变的范式突然被引入。这虽然没有带来即时的影响，却影响了之后制度的进展。社会民主党根据新模式发展了新政策，却没有着手制定新自由主义的激励政策或福利制度。虽然资产阶级政府强调激励措施，但是已经接受了"弹性保障"这一概念，以使温和路线合法化。然而，从结果来看，通过 2001 年开始实施的正式和非正式改革，政府似乎已经意识到限制性条件的全部影响。

补偿率

当 1974 年至 1975 年丹麦被大量失业冲击时，丹麦的福利体系是世界上最优越的福利体系之一，补偿率是之前收入的 90%（Andersen，1996）。虽然这个数字一直没有变，但是指数化后的补偿最高限额大幅低于 20 世纪 80 年代。甚至从 1991 年开始，工资指数化已经包含了少量的、隐性的薪酬不足（Andersen，2004）。[4]

失业津贴变成了标准几乎统一的福利，因为几乎每个人都可以领到最高额度的津贴（Clasen et al.，2001；Hansen，2002）。对于高收入者来说，除英国之外，丹麦是北欧补偿率最低的国家（Hansen，2002，pp.34-5）。如果以 1975 年为参照，平均每个产业工人（an average production worker，APW）的补偿率显示了基本的开支削减（Korpi，2002；Korpi and Palme，2003；Green-Pedersen，2002a）。1983 年至 1986 年的暂停指数化降低了最高津贴实际价值的 15%。到 2001 年最高值实际上比 1982 年的水平低 10%。[5]但是，丹麦的制度对低收入群体的补偿依然很大。除了 2002 年后的新移民，社会救助水平一直相对较高（Hansen，2006；Tranæs ct al.，2006）。传统上，丹麦失业者的贫困率低于——并且生活满意度高于——其他欧洲国家（Whelan and McGinnity，2000）。

但是，比较 APW 的失业津贴补偿率具有误导性。第一，典型的失业工人的收入比 APW 的少。第二，很多国家中最重要的改革是降低失业津贴领取者的比例。在丹麦，登记失业者中失业津贴领取者的比例大幅增长，到 2005 年已经达到了 85% 左右。[6]

社会福利机构与模式的改革：结构性失业、限制性条件和激励措施

补偿率表面上没有变化，而领取津贴的年限减少到了 4 年。20 世纪 70 年代末 80 年代初，失业津贴的领取年限实际上从 2.5 年延长到 8.5 年。通常领取失业津贴的年限是 2.5 年，但是人们可以通过参加为期 6 个月的工作或者教育项目再次获得领取失业津贴的资格。获得领取 8.5 年失业津贴的资格需要有 6 个月的正常就业。这个体系最接近其他国家的"公民工资"体系（Andersen，1996），直到 1993 年才进行修改。

总的说来，直到 1989 年，资产阶级政府都受到与社会民主党政府同样的经济模式主导：对劳动力的需求增加是充分就业的关键，只不过这可能来源于更多的出口（Andersen，2002a）。然而，1989 年 5 月政府公布了《劳动力市场结构问题白皮书》（*White Paper on the Structural Problems of the Labour Market*），从此开始了休克式的模式改革。现在失业被定义为一个连出口导向的增长也无法解决的"结构"问题：由于不协调，尤其是最低工资和生产力之间的不协调，雇主会在充分就业前很长一段时间就开始争夺那些已经用高于市场价格的工资雇用的劳动力。这与结构性失业的"NAWRU"定义相符，即"非工资加速的失业增长率"（Non-Accelerating Wage Increase Rate of Unemployment）——最低失业率符合稳定的工资增长（Elmeskov and MacFarland，1993）。

1987 年工资的加速增长被看作问题的具体表现，同时也表明结构性失业率在 8% 左右。[7] 这有助于解释为什么新模式（包括在一个有关"劳动力市场结构问题"的更加模棱两可的讨论中）会被大多数政治家所接受。一个委员会报告（Udredningsudvalget，1992）指出工会也同意这个模式（Andersen，2002a；Torfing，2004）。在霍尔（Hall，

1993)的理论中这意味着第三次秩序变革,但是直到1993年社会民主党上台,它也基本上没有产生实质性的影响。此外,新政府的某些新措施延续了之前的路线:为了尽快突破失业曲线,政府不仅刺激累积总需求,还延长了家长假和教育假,推行公休假,并且通过准许长期失业者满50岁后提前退休来扩展提前退休计划(Andersen,2002a)。

从1993年开始,焦点集中于不协调、稳定性以及其他供给方面的政策问题。就业形势一有好转,提前退休以及休假安排(除了产假和家长假)就结束了(Andersen,2002c)。然而,解决方案主要是社会民主主义的:工资缺乏弹性(最低工资与生产率相比过高)被认为是个问题,但是并不应该使工资适应生产率,而应该通过激励和教育措施使生产率适应工资。瓶颈应该通过改进工作安排的合作委员会予以解决或避免,该委员会由监测就业形势以及具有优先权的地区就业办公室组成(Andersen,2002a;Jørgensen,2000)。

1995年和1998年在与资产阶级政党的妥协中——后来称为劳动力市场改革的第二阶段和第三阶段,失业津贴的持续时间缩短为4年,并且加强了积极寻找工作、上下班往返时间以及工作意愿方面的制约。1993年激励措施被提升为一种权利,比如通过制定一个针对所有失业者的"个人行动计划"。但是由于激励手段的负面影响(Ministry of Labour,2000),激励越来越被看作一种惩罚性手段。

保守党在2001年上台后加快了行动步伐。其主要措施是强调工作义务、消除制约因素以及更有效率的工作安排。有两个改革比较突出:《更多人参加工作》(More People to Work,2002),这是与社会民主党一样的措施,以及一项叫作《全体成员的新希望》(A New Chance for All,2005)的综合措施。社会民主党也被纳入了对后者的政治妥协中,但在改革即将实施时,他们撤回了支持。2002年的改革继续加强了制约性。失业者从失业的第一天起就被迫接受一个"适当的工作";在失业期间激励变成了一种责任(而不是权利);"个人行动计划"变为"工作计划",并且强制25岁以下的人接受教育(Andersen and Pedersen,2007)。[8]新的规定还包括:削减配偶6个月后所领取的社会救济金额度（每月135欧元，约21 000人）；降低高消费家庭领取社会救济金的上限（每月额度削减达380欧元，涉及1 300个家庭）——旨在消除任何对积极工作产生消极影响的可能因素。

一个二元的福利国家？

表面上《更多人参加工作》是劳动力市场的一整套措施，实际上受到削减影响的大部分是移民。2005年则正好相反：一般性措施反而包含在对移民的一整套措施之中。最重要的新规定是领取社会救助的夫妇需要参加一般性就业超过两年并达到300个小时，除一小部分被认为完全没有就业能力的人（5个"符合条件群体"的最底层）之外（Andersen，2007d）。当新规定在2007年4月1日生效时，只有大概300个人失去了社会救助，但是由于延期执行和短时间内的漏洞，这一规定的影响直到2008年才会显露出来（Christensen，2007）。

然而，最激进的措施包含在2002年的"移民措施"中。这时针对移民（非欧盟）[9]的社会救助被较低的30%～50%的"最低社会救助"或"基础救助"所替代（Andersen，2007d）。但是社会救助相对还是比较丰厚的，基础救助是北欧国家中最低的（Hansen，2006；Tranæs et al.，2006）。这体现了向移民给予更少社会救助的二元福利国家的变迁。然而，即使丹麦移民中的贫困者比瑞典更多（Morrisens and Sainsbury，2005），但最低社会救助是规定的例外：总的来说，全民性的丹麦福利国家相对来说还是将移民包含在内（Andersen，2007d）。

执　行

20世纪90年代，丹麦的限制性条件变得非常严格，2000年以后更是如此，几乎相当于"工作福利"计划（Lødemel and Trickey，2001a），但这在很大程度上取决于制度的执行。由于社会民主主义政府、社团理事会在区域层面指导实施以及20年大规模失业遗留问题，制度规定并没有运用到极致。我们也认识到津贴的领取年限被缩短到4年时，一些自治区使人们"再次陷入"丧失失业津贴的风险中。从2001年开始津贴管理变得更受限制不再受到怀疑。在斯特里克和西伦（Streeck and Thelen，2005b）的研究中，人们可能会谈到体制向新的目标发生转变，由政府明确的规定和非正式的信号引导。然而，改革最重要的驱动者是必然的繁荣和劳动力的短缺。

随着2004年至2006年地方改革的深入，积极的劳动力市场政策（active labour market policies，ALMP）管理也发生了重大变化（Madsen，2006，2007）。由各州主导的登记失业人员的办公室正式并入市政系统，这便于社会救助者进入市政就业中心。然而在大多数自治区中管理部门仍然是分裂的，很多新区域（由14个减为5个）的各阶级合作的实体只有提供建议的权利（Jørgensen，2006）。社会成员是否能够找到新的且更非正式的影响方式还有待观察。此外，政府欢迎私人供应商加入并且努力构建准市场，尽管规模比荷兰和澳大利亚的都小。公共就业机构依然对2/3的失业保险人员负有责任，并且"私人"供应商中的主要参与者是劳工运动（Bredgaard et al.，2005；Bredgaard and Larsen，2006，2007）。积极的劳动力市场政策一直是"福利"和"工作福利"计划的领地，但是从2001年开始重心偏向了"工作福利"计划。

资金领域的改革：针对社会风险的私有化？

另外，丹麦的失业津贴资金体系也在进行着一场悄无声息的改革。与芬兰和瑞典类似（直到2007年），失业保险制度是一个基于自愿加入失业保险基金会（但并不总是由工会控制）的根特制度。这种"自愿的国家补贴制度"（Korpi and Palme，1998）是基于战略原因维持的（Rothstein，1992），比如失业保险向工会成员提供选择性的激励。

从本质上讲，自愿的国家补贴保险制度是一种自由主义的遗产，且建立在社会风险私有化基础之上。然而，在社会民主主义福利国家中，筹资主要是国家的责任，成员的缴费几乎是象征性的。因此，这种根特模式的变异和强制的公共保险很相似。然而，如果通过提高参保者的缴费将筹资负担转嫁给参保者，这个体制可能会倒退回自由主义制度。这是20世纪80年代资产阶级政府尝试去做的。这证明了环境的改进（霍尔的一阶改革）如何发展成为改革性的变化。1983年、1985年、1986年和1987年分别提高了缴费。总的来说，缴费从1982年失业津贴支出的10%以下涨到了1987年的22%，并且由于失业率降低，到2006年这个比例上升到54%（Andersen and Kongshøj，2007）。出于某些原因，一些人提出了失业保险由社会民主主义模式向自由主义模式改革。毋庸置疑，失业率下降是原因之一，但可以说，决定性因素是失业率下降和决定不调整成员缴费的政策的结合。

另一个解释是失业保险和提前退休津贴之间的分离。直到1998年，失业保险和提前退休津贴都是有计划的，但是从1999年开始推行了一项不同的提前退休津贴制度，并且失业保险没有随之降低。从1998年开始，提前退休津贴参保者的缴费是总收入的40%左右（Andersen and Kongshøj，2007）。同时，到1986年，缴费的完全税收减免达到了73%。由于1993年和1998年税收改革中的扣税改革（降低税率—扩大税收基数），从1999年开始税收减免提高了33%～35%。[10]相比之下，直到2006年瑞典参保者的缴费都可以忽略不计。雇员需要支付少量管理费以及每年大约80欧元的保险费。在丹麦，管理费是瑞典的6～7倍，2006年丹麦有收入的人要支付440欧元的保险费，约为瑞典的5.5倍。[11]

小　结

"开支削减"并不足以解释丹麦失业和劳动力市场政策改革的方向；从1990年开始，缩减开支时期的改革也通常与节省费用无关。实际上，持续时间和补偿率有所减少，并且重点强调安全已被强调工作所取代。然而1975年政府从一个非常高的起点进行削减，并且对于低收入群体来说高达90％的替代率还是很丰厚的。失业津贴无意中变成了统一费率的福利，资金来源主要是参保者的缴费（而高收入者的替代也不足以弥补）。为了应对激励问题，政府采取了有针对性的措施消除抑制因素，并且减少了限制的条件（Ministry of Employment, 2005, pp.23-4, pp.70-1）。政策包含了工作福利的因素，激励变成了工作审查和处罚。除了某些移民群体，这个体系对于保护贫困者还是很有效的。政府的经济模式转变为通过减税刺激生产和投资并据此制定了政策，但是同时发现了其他新自由主义的解决方案。"弹性保障"的理念对于现状合法化起到了一定的作用，但不是改革的指导。从成果来看，由于津贴的最低值较高、激励以及较长的持续时间，对贫困者有效的保护措施大部分被保留了下来。当时的形势也很重要，由于就业形势改善，政府采取了更加严厉的措施，即使在这种情况下，它们的影响也没有那么大。

最后，关于改革的过程，有1982年、1993年和2001年快速改革的例子——延续政府间的转换。但大多数改革是渐进的，并且某些改革并没有被注意到，就像根特制度中的改革。政策也是灵活的：1993年政府推行了新的休假和退休安排来降低劳动力供给，但是由于就业形势改善，政府放弃了这些方案（Andersen, 2002c）。

在评估未来的政策潜力时，我们倾向于根据前十年的改革趋势进行推断。然而，我们倾向于认为现在的改革趋势是浪费资源。进一步加强限制看起来几乎不可能。政府欢迎作为合法化的中间道路的"弹性保障"，并且也认识到激励并不是很有效率（Ministry of Employment, 2006），激励的加强是以贫困的高速增长为代价的（cf. Tranæs, 2007）。最有意思的问题是当大规模失业卷土重来，人们是否可以预见趋势的转变。如果不能，贫困带来的影响将会非常大。

养老金和退休制度

在养老金和退休政策中我们可以发现较大的变化。与有关双向收费标准的理论相反，丹麦养老金制度的支柱在短短 15 年间由税收筹资型养老金转换为"私人的"、完全筹资型养老金。国家的税收筹资正在成为一种家庭财产调查的补充。这些转变都没有经过立法或者基本的政策讨论。照现在的情况来看，这个体制依然是世界上最具再分配性的体制之一。更多的争议集中在 2006 年对提前退休津贴（现在是 60 岁以上）和养老金（现在是 65 岁以上）年龄段的改革。2006 年改革的影响大部分在公众没有察觉的情况下消除了。在这一点上，由于劳动力市场上的弱势群体（尤其是女性）会丧失自愿提前退休的机会，因此分配结果是相当重要的。

养老金

第二次世界大战后北欧国家建立了通过税收筹资的、全民性的、统一费率的"国民年金"。然而，和其他国家不同，丹麦在 20 世纪 60 年代没有推行收入关联型的第二支柱养老金。丹麦的国民年金比其他国家丰厚很多，选民倾向于继续推行这个体制，社会民主党在此问题上分为两派。此后，北欧国家的制度开始朝不同的方向发展。瑞典、芬兰和挪威尽管保证了最低养老金，但第二支柱养老金成为用固定缴费的"社会保险"取代国民年金的第一步（Myles and Pierson, 2001; Bonoli, 2003）。丹麦没有正式的养老金改革，国民年金在形式上保留了下来。然而，事实上丹麦建立了多支柱体系，这个体系变成了——在形式上——世界上最"私有化"的体系之一。这是通过分层建立的（Streeck and Thelen, 2005b）——通过完全筹资型"私人"计划增加工会谈判，这会在一定程度上将更有针对性的国民年金排除在外。

丹麦体系一直在改革，并且目前还没有达到"深度平衡"（Pierson, 2004, p.157）。图 3-3 表现了 2007 年丹麦养老金制度的概况。第一支柱包括 1956 年变为全民性（Anderson, 2004; Green-Pedersen, 2007; Ploug, 2001; Andersen and Larsen, 2002）、1964 年完全统一费率（最终在 1970 年开始执行）的国民年金，除了一个小型的、收入审查的补充外，实际上大多数养老金领取者可享有该年金。

1993年税改，养老金也要全部纳税，养老金领取额度也有了相应提高，只是有点微妙——提高的只是根据家庭财产调查而确定的补助金一项。到了2007年，根据家庭财产调查而确定发放的补助额度与养老金基本额度相同（每个养老金领取者约8 050欧元），大多数养老金领取者仍然接受全额养老金（每人每年16 100欧元）。但是今后越来越多的养老金领取者会遭遇补充部分的削减；对于收入在7 500欧元以上的，削减个人的30%、夫妻的15%（Andersen，2007c）。

	国民年金	a) 基础数额	税收资助的/现收现付制
第一支柱A 税收筹资型公共养老金		b) 养老金补充额	
第一支柱B 仅以老年养老金领取者为目标的计划	补充的养老金福利 —对于养老金领取者的住房福利 —对于养老金领取者的供暖支持 其他私人补充 税收豁免以及退税		
第一支柱C 完全筹资型公共养老金	补充的养老金 （缴费，专款）	ATP SP（暂停）	供款：由养老金领取者供款（但是通过扣除进行税收补贴）
第二支柱 集体缴费型私人养老金	劳动力市场养老金 （集体协议）		
第三支柱 自愿参加的私人养老金	其他私人养老金		

图3-3 2007年的丹麦养老金制度

注：阴影部分＝发放救济金计划。

1964年也推行了补充缴费计划（supplementary contributory scheme，ATP）。和其他北欧国家不同的是，这是一个小型的、统一费率的完全筹资型计划。从20世纪90年代中期开始，这个计划逐步扩展到了失业者，因此实际上每个人将来都可以领取补充缴费计划养老金。1998年政府推行了另一个补充性的筹资计划，特殊养老金储蓄（special pensions savings，SP）。缴费率是所有收入的1%，和APW的补充缴费计划的缴费差不多。1999年特殊养老金储蓄变得具有很强的分配性,所有人的养老金都是相等的。这保障了养老金领取者之间的平等,但是2002年保守党为刺激消费,对特殊养老金储蓄进行了改革,2004年至2007年中止了全部计划。在写这篇文章的时候它的未来尚无法确定。2003年,在丹麦人民党限制移民之后,引入了一个小额的根据家庭财产调查确定的补充救济最穷养老金领取者的养老金福利(高达每年1 000欧元)。

然而,最重要的组成部分——经常被忽视——是分别在1978年和1981年推行的针对养老金领取者的特别住房福利计划以及供暖支持计划。尽管住房福利需要进行收入和财产审核,但大多数养老金领取者目前还是有资格领取的。相比之下,供暖支持计划只针对贫困者。这也适用于其他被认为由市政府自主建立的私人补充计划。然而总的说来,这说明丹麦有效的最低养老金非常优厚。作为房客除了基本养老金外没有任何收入、每月缴纳675欧元房租的养老金领取者和领取最高失业津贴(23 850欧元)者以及领取一般住房津贴者每年可用的收入是一样的(Andersen,2007c)。当我们考虑养老金制度新要素的影响时,劳动力市场养老金应该得到重视。

劳动力市场养老金是完全筹资的并且通常由社会成员共同管理。这种养老金在20世纪50年代以后主要被引入在公共部门工作的白领工人的集体协议中。20世纪80年代,这种扩张已经到了没有回报的地步,唯一可能采用共同的养老金收入的办法是将劳动力市场养老金谈判作为集体协议的一部分(Myles and Pierson,2001)。到1989年,劳动力市场养老金包含在所有公共雇员的集体协议中,1991年至1993年推广到几乎所有私人部门的雇员。2007年的集体协议中,缴费比例提高到12%(个人缴费4%,雇主缴费8%)。这些养老金是完全筹资的并且涵盖了对残疾风险的抵御。当被完全采用以后,它们很可能构成养老金制度的支柱。

大多数参与者起初认为劳动力市场养老金主要是作为补充,而不是作为替代(Andersen and Larsen,2004)。但这是一个分层和差别增长的实例(Streeck and Thelen,2005b),它将逐渐改变整个系统。和其他北欧国家一样，养老金制度的支柱变成了严格的缴费确定型的养老保险。劳动力市场养老金形式上是"私人的"，但是由于集体协议的高覆盖率，它和公共养老金制度几乎是相同的。国家养老金仍然是丰厚的，但会日益注重家庭财产调查。单独来看，它会逐渐变为一个补充制度。

在没有进一步变化的情况下，该制度将继续提供较高的最低收入，以及为国家提供大量税收以资助老龄化成本。由于筹资的负担由国家转嫁给社会成员，公共预算从长期来看压力更小。与新的瑞典体系相比，丹麦体系看起来同样是可持续的，但是它由于结合了保险精算的公平，而不像瑞典体系承诺（但是很低）最低养老金，因此可能产生更加平等的结果。另外，瑞典承诺的最低养老金根据价格进行指数化调整，而丹麦的国民年金根据工资进行指数化调整。

总之，丹麦的养老金制度经历了一次巨大的变革——没有立法，转向了混合责任。劳动力市场养老金使丹麦的国家福利对于老年人来说很健全，并且通过缴费计划和国民年金相结合，可以避免纯缴费确定型计划完全分配的影响。这个制度符合世界银行（World Bank，1994）建议的所有经济事务（Ploug, 2001; Green-Pedersen, 2007），并且这个制度更加平等。劳动力市场养老金形式上是私人的，但和国家养老金的功能几乎一样，都使GDP对集体社会目标的贡献比例无形地提高了。但这是一个机构脆弱松散、未来不确定的制度。由于劳动力市场的性别差异，男女不平等扩大到劳动力市场养老金中（Andersen, 2007c; see also Frericks et al., 2005）。

提前退休

1979年，社会民主-自由党政府为了向年轻人提供更多的工作，推行了一项自愿性提前退休计划，允许人们在60岁退出劳动力市场并领取一份和失业津贴额度相等的津贴。参加提前退休计划的前提是要加入自愿性的失业保险。尽管缴费时间提高到20年，但在两年时间内取消了最初的优惠。直到1998年大多数人才得到了最高的失业津贴。由于计划花费巨大，1998年政府对其进行改革。缴费年限提高到25年，并且开始推行独立的提前退休缴费。政府鼓励国民继续工作到62岁。同时，由于养老金比提前退休津贴低，为了节省资金，政府将领取养老金的年龄由67岁降至65岁。这些改革对于减少男性提前退休具有"积极"影响，但是对女性的影响较小。领取提前退休津贴的女性比例由1984年的38%上升至2004年的55%。

整个计划遭到了雇主和经济学家的批评，尤其是在讨论老龄化的背景下。最终在2006年6月的福利改革中达成了一个宽泛的协议。退休体系中最重要的要素是年龄段的改变。这个计划到2019年至2022年才会执行，届时提前退休津贴的年龄限制逐步从60岁提高到62岁。相对地，养老金领取年龄会在2024年至2027年从65岁提高到67岁。然而，这些年龄结构须按60岁时的预期寿命进行全面指数化。这说明养老金领取年龄在2025年到2030年将从63岁上升到68岁，从2030年到2035年将从65岁上升到70岁（Andersen，2007c）——这对于1970年后出生的人影响非常大。此外，缴费时间延长到30年并且要求参与者从30岁开始缴费。一些核心的产业工人群体和女性服务人员早期退休津贴将无法实现，而这些计划最初是为他们设计的。同时，1999年以后获得残疾福利的条件限制更加严格。

简言之，养老金和提前退休体制的改革构成了重大的机构改革，这些机构改革将在很多方面产生与以前类似的结果。应对预期寿命的提高，部分是通过充足的养老金，部分是通过提高领取养老金的年龄。但是，就提前退休津贴而言，最低技术工人的公民身份在下降（至少到目前为止），他们还没有完全得益于健康和预期寿命的普遍改善。

福利服务

通常福利研究领域对福利服务的关注较少。在丹麦福利服务比现金给付更加具有合法性（Andersen，2007b），并且福利服务的支出超过了现金给付的支出。2005年对家庭的现金给付花了2 560亿丹麦克朗;共计4 000亿丹麦克朗的公共支出中几乎有3/4用于社会、教育和医疗保健服务(Statistics Denmark,2006)。尽管丹麦的福利服务比大多数国家高——不像针对家庭的现金给付,但扩张的压力主要在福利服务方面,福利服务主要由公共雇员和具有增长预期的中产阶级参保者支持。

从控制成本到继续扩张

1982年资产阶级政府上台,他们最关心的事情就是:成本控制。政府除严格控制成本外,还采用了具有"总体框架"的新预算体系,从而降低了预算。其目的是保持产量的零增长和可计算的年生产率,这可能造成公共雇员数量的减少(Schlüter,1982)。尽管政府没能削减公共消费,但是实际上一直到1992年都将平均增长率保持在0.5%这个较低的水平。这些政策非常不受欢迎,之后政府的目标是保持较低的年度增长。然而,开销增速加快,1992年到2007年的累计增长高达35%。因此,丹麦福利国家改革变成了以增长为重点,而非以削减开支为重点。

模式的改革

在社会福利机构方面,对服务最重要的改革是由新公共管理模式决定的(Hood,1991;Greve and Ejersbo,2005;Ejersbo and Greve,2005;Greve 2007;Christiansen,1998),这个模式已经影响了现代福利国家,如OECD国家。[12]丹麦政策的重点是"现代化"。1983年资产阶级政府推出了第一个"现代化"项目(Bentzon,1988),2002年发起了新项目——特别老年护理改革(2002年)。这也引起了地方改革(2004—2006年)以及被提议的质量改革(2007年)。

在政府话语体系中,"现代化"作为一种庇护性的概念,涵盖了或多或少的一致想法,其植根于市场的观点应用于公共服务。基本的前提是公共服务"产品"和私人服务"产品"基本没有区别。这说明私人部门的管理原则可以移植到公共部门，并且无论在哪里，服务都可能由于准市场的产生而出现竞争和消费者选择。反之，竞争要求公共部门区分福利购买者和供给者——后者应该主要承担私人公司的职能并且根据绩效支付费用，就像在合同中达成的协议一样。如果有参保者费用的价格调节制度，根据参保者需求进行分配就会变得更简单；如果工资是更加个体化的并且有所增长，提高效率会变得更简单。此外，需要激励或控制来避免公共雇员（"代理商"）对雇主（"负责人"）的欺骗。简言之，新的模式带来了新的挑战，这更加要求社会福利机构的适应性。

20世纪80年代，现代化结果主要集中在成本控制和优化管理方面（分权化和更加强有力的管理、外包、产量控制），并且计划也包括"规则简单化"，后来称为"去官僚化行动计划"（Ejersbo and Greve，2005）。后者并不是很成功（Christensen，1991），提高参保者费用的想法也不具有可行性。然而，新公共管理理念还是对政策有影响的。社会民主主义领导者接受且发展了其中的一些理念。但是他们没有积极地推动外包在私人供应商和公共供应商之间的自由选择；由于内部阻力，主要是将私人供应商排除在核心福利工作之外。

有意思的是，20世纪80年代的现代化规划也包含了通过表达意见提升参保者影响的改革，在可能的情况下，在公共部门（首先是学校）建立选举用户委员会。这是建立在参保者意愿和参保者民主的基础之上，这个模式在"激进的"斯堪的纳维亚福利国家中是非常强有力的（Hernes，1988；Andersen and Hoff，2001）。对于资产阶级政府，这作为限制公共雇员力量的手段是非常受欢迎的。从2001年开始，政府强调福利产品市场化，尤其是自由选择：重点在于，作为消费者的公民，与其"退出"不如"提出意见"。然而，政府强调两者之间可以协调。首先，在参保者（比如医院的病人）很难组织起来的时候，"退出"是"表达意见"的一种。其次，"退出"可以通过满足少数参保人的优先权对"表达意见"进行补充。最后，"退出"可以是"表达意见"的对策：如果参保人获得批准可以用脚投票的话，他们就会拥有更大的影响力。

改变服务中的福利组合

如前所述，20世纪80年代基本没有针对国家和市场相结合的社会福利机构改革。另一个整体理念——混合国家和市民社会——的影响也有限。北欧福利国家一个基本的特征是去家庭化的程度（Esping-Andersen，1999）以及对护理功能的国家责任。这种发展看起来是不可逆转的。[13]但是由于特殊情况，在一个完全双收入的家庭模式中家庭护理需要的资金一定是很多的（Andersen，2002c）。和欧洲大陆的福利国家不同（Naegele et al.，2003），丹麦并不提倡一直在工作和护理之间摇摆。政府推行了一些改革使得人们可以暂停工作去护理重病的家人，并且将育儿假延长到了一年。照顾自己的孩子并且提供家务援助满一年后可以领取护理津贴（cash for care），但是津贴水平较低。自由主义者和保守主义者原本比较赞成护理津贴，但是由于缺乏选民支持、社会需要女性劳动力，并且这样的安排主要会用于抵御移民的风险，因而各党派的积极性在很大程度上降低了。

志愿组织的职责是所有人认可的，但是没有人认为它们可以替代政府的职能；它们的职能是补充性的、更专业的（Bundesen and Henriksen，2001；Henriksen and Bundesen，2004；see also Dahlberg，2005）。至于企业的社会责任，已日益受到重视，而不仅仅是补贴就业的委婉说法（Martin，2004）。另一个趋势是以公司为基础的医疗保健保险的扩大，政府对这种保险实行了免税政策。迄今为止，这些保险由于受益较低，都比较便宜。一旦人们学会利用这些保险并且保险费相应提高，我们就无法预计会发生什么——是否会降低雇主的积极性？国家是否会抓住这个机会节省资金？在人们不愿缴纳除了私人保险以外的公共医疗保健费用的情况下是否会产生"挤出"效应？迄今为止，免费公共医疗保健的理念已经根深蒂固，在私立医院提高了对公共医疗保健预期的情况下，"挤出"效应的可能性看起来要小于"推动"效应的可能性。

在国家和市场的新组合中有诸多影响可能性,因为将福利的管理、融资和供给结合起来的方式有许多种(Barr,1998)。从20世纪80年代中期开始对完全私有化的讨论已经极少,更不用说强制性私人保险。由于在选民中不受欢迎,政府取消了这些新的或者更高的参保者缴费(Andersen,2007b)。具有讽刺意味的是,1992年推行的普遍性免费家务援助以及2005年后降低儿童保育的参保者缴费变成了资产阶级政府的任务。

服务外包或签订合同意味着供给是私人的(营利的或非营利的),但融资和管理还是公共的。与参保者缴费不同,这没有立竿见影的广泛影响。选民的抵制力度大幅度下降,但是公共雇员的抵制还很强烈(Andersen,2003,2007b)。相比瑞典的社会民主党,丹麦的社会民主党接受了将其政府作为委托人将服务外包,但是没有很强的意愿去实施(Green-Pedersen,2002b)。另外,资产阶级政府努力推动服务外包——2007年在和地方政府的经济协定中中央政府同意在2010年之前将服务外包比例由20%提升到25%。对于政府来说,20世纪80年代关于服务外包的关键性讨论强调服务外包是为了提高质量而非节省资金,这很重要。此外,服务外包通常会遭受很多负面的报道和政府控制,这导致很多公司认为这个市场并不吸引人。在有过负面的经历后,公司几乎完全退出了儿童保育市场。

代金券允许参保者在私人供应商和公共供应商之间进行选择(就像在老年护理中一样),或者只在公共供应商之间选择(就像在医疗保健中一样——除非等候名单太长)。代金券是"自上而下"扩展的,并不是根据需求"自下而上"扩展的。消费者甚至需要"习惯"成为消费者(Rostgaard,2006)。但是那些将代金券看作社会权利延伸的选民非常欢迎它。

医疗保健

直到2000年中期,丹麦在控制医疗保健的成本方面才获得成功。

20世纪70年代，医疗保健支出上涨得非常厉害，甚至按相对价值计算也从1971年GDP的6.8%上升到1982年GDP的8.0%。然而，尽管经济增速很低并且人口持续老龄化，但资产阶级政府仍然使支出由1982年GDP的8.0%下降到1992年GDP的6.6%（见图3-3）。这说明成本控制是非常严格的。表面上看这也对生命质量甚至预期寿命产生了负面影响（Andersen and Christiansen，1991）。在随后的几年中，虽然支出的增长要快于GDP的增长（尽管经济高速增长），但实际上在过去的35年中，医疗保健支出占GDP的比例并没有增长（Andersen，2002d）。

这并不是筹资私有化的结果。除了医药和牙科保健的（相对较大的）联合筹资，医疗保健依然是完全免费的，但是北欧国家有少量费用。[14] 从2002年开始，政府给予病人在公共系统选择任何治疗的权利，以及给予如果在两个月（2007年改为一个月）内无法接受治疗，可以前往私立医院进行治疗的权利，这增加了对私立医院的外包。医疗保健过去是由国家筹资的，但是从2007年开始改由5个没有征税权的区进行筹资；比如等候名单担保，就可能会增加支出。私人健康保险和等候名单担保的扩展引发了私立医院的扩张。起初丹麦强烈反对建立私立医院，但是从20世纪80年代中期开始，私立医院已被大多数人所接受。然而，免费的普遍性医疗保健的原则并不是竞争产生的，并且私立医院对医疗保健支出更可能有"推动"效应而不是"挤出"效应。

老年护理

和瑞典不同，丹麦没有像瑞典那样将推行老年护理的参保者缴费作为20世纪90年代的危机政策的一部分（并且保留下来），而是在1992年废除了家庭财产调查的参保者缴费。挪威的参保者缴费更具象征意义（Szebehely，2005）。与其他国家相比，丹麦可以享受老年护理的比例（65岁及以上）通常较高——约25%。只有挪威和冰岛接近这个比例，瑞典的比例为15%左右。简言之，丹

3 福利国家在一个富裕的斯堪的纳维亚国家的变迁：以丹麦为例

麦是斯堪的纳维亚地区普遍实行老年护理主义的先驱。

有时，政府也会讨论是否应该再次推行参保者缴费，约有一半的人赞成这项提议（源自 2000 年一项未发表的调查结论）。同时 1997 年至 2005 年，政府对"实际援助"（清洁援助等）实行 1/3 的限量供给（Nielsen and Andersen，2006）。由于优先分配给那些需要私人护理的人，通常人们仅享有每两周 1 小时的清洁服务。此外，养老院即将被养老中心所取代，在养老中心，人们有自己的、设备齐全的两室公寓，并且中心可以提供他们所需要的护理。公寓按照正常条件出租（由于特别住房福利计划，因此对领取养老金的人是有利的），老年人都需要支付餐费和其他服务费用，但护理是免费提供的。这些优先权违反了开支削减的理性选择理论。即使表面上维持了普遍性，但是对实际援助的削减表明丹麦和瑞典在实际上的差别要比看起来小得多。

然而，最重要的改革是家务援助服务的市场化。2002 年政府计算出一个单价并且强制私人生产商按照同样的价格提供服务，这实际上使老年人可以在公共供应商和私人供应商之间自由选择。因此需要组织部门将提供的部门服务和公共权力职能分开。原则上供应部门是由和政府签约的私人生产商组成的。私人生产商（典型的"营利性"生产商）得到了不断提高的市场份额——到 2005 年约为"客户"的 20%，但是由于它们主要提供实际援助，它们所有工作时间占有的市场份额只有 3%（Nielsen and Andersen，2006）。那些选择私人供应商的参保者满意度更高，他们认为私人供应商反应更加迅速并且更加灵活，即使合同是基于家务人员每分钟工作内容的规范建立的。私人供应商之所以具有较强的竞争力，主要是因为它们忽略了这些规范并且向客户提供他们想要的。最后，私人供应商可以通过提供有偿的附加服务进行竞争——一个政府非常想要的机会。但这是被担心竞争的私人供应商和担心市政府会优先考虑为状况较好的老年人提供附加服务的人所反对的。

自由选择是否有任何行为和观念上的影响（如规范制度主义建议的）以及私人公司是否成为这一政策领域一个新的强大的利益集团

59

(如历史上曾经有的社会福利机构)还有待于观察。然而,从短期来看,主要的效果是赋予用户权利,这是这项改革普及的主要原因。从长期来看,或许会收到公共机构的反馈结果,但是系统性的削减费用并不会成为一个令人满意的标记。

儿童保育和家庭政策

和瑞典不同,私人的"营利性"供应商在丹麦的儿童保育领域失败了(Udliciteringsrådet,2004,2005)。公众的注意力和限制使它对生产商失去了吸引力。然而,政府通过其他方式努力推动选择的自由,通常在自治区的社会福利机构(或者公共儿童看护所)之间进行选择是自由的,但是从2001年开始,政府试图推行跨区选择的自由(即使由于等候名单,通常没有完全执行这一政策)。另一项改革是在公共支持下建立私人儿童保育的可能性。这已成为一种满足特殊需求的灵活方式,例如营业时间。

然而,最重要的改革是政府为任何有需要的人提供公共儿童保育的责任,而不是增加选择的可能性。和20世纪80年代不同,这也包括了对父母没有工作的儿童的保育:失业者和移民受到了较大的鼓励,为了让他们的孩子能够更好地学习语言以及缓解"社会继承的负面影响"而让他们的孩子进入托儿所和幼儿园。此外,参保者缴费由最高给付限额的1/3减少到1/4,并且对第二个孩子和其他兄弟姐妹有50%的减免(然而,这引起了20世纪90年代参保者缴费的实际增长)。政府削减人员或者推行按小时付费以削减开支(通常是被强烈反对的)是可以被察觉的,但是整个政策依然是扩张的,而不是紧缩的。

当涉及现金支付时,儿童津贴从1985年就开始普及,这被证明是对减少利息支付扣除额的税制改革的损失的补偿(这对年轻家庭来说是最大的)。奇怪的是,这是在打算再次推行家庭财产调查的选民比例较高的地方才有的情况。然而,政府及其反对者在拒绝这项建议上达成了一致,这主要是由于惧怕对工作激励的反作用。

教 育

和儿童保育一样，教育属于福利国家的"社会投资"部分，并且除了少数经济学家，甚至顽固的新自由主义者都没有质疑过任何层次的教育都应该是免费的这个观点。甚至连20世纪80年代中期推行的普遍性的学生津贴也没有受到质疑。到2007年，20岁以上并且没有住在家里的学生不论父母的收入是多少都可以享受每月650欧元的津贴（除此之外还可以在有利条件下贷款）。此外，政府还推行了廉价交通运输以及支持有抚养子女需要的学生的新计划。和儿童保育领域一样，学生津贴方面很难削减很多开支，即使生产率的提高，有时也是在教育体系公共部分的预算的前提下实现的。

按照传统，丹麦的教育是由受教育者主导的（OECD，2004）。第一，所有学校是由参保者委员会管理的，委员会主要由家长组成。第二，参保者不仅可以在自治市的公立学校中自由选择（最近扩展到各市之间，但是在执行方面有所欠缺），并且可以在公立学校和私立学校间自由选择。从19世纪50年代开始，丹麦就有了国家支持的"免费学校"这一独特的传统，这是出于教学、宗教、政治或者民族的原因而建立的。父母缴纳的费用约为平均每月100欧元（OECD，2004）。也有少数招募上流社会学生的寄宿学校，但这是例外。即使社会对于进入私立学校存有偏见，但它反映的是教育的差异，而不是收入的差异（Jørgensen，2007）。通过观察结果可以发现，积极的方面是对丹麦的父母有独特的影响，甚至与其他朝同样方向发展的北欧国家相比（Andersen and Rossteutscher，2007）；消极的方面是产生了分离的趋势，主要是在移民比例较高的地区。

总 结

从1992年开始公共服务部门基本没有削减开支，并且在一段几乎没有人口压力的时间内开支累计增长了约1/3，开支削减的说法具有误导性。没有人对普遍性和国家责任提出质疑，而且这是一个强调权利而不是规避责任的领域。主要的机构改革，尤其是从2001年开始，按照保守党政府的现代化规划是扩大在公共部门选择的自由。尽管有些内容是根据新公共管理理念确定的，但是它们和节省资金以及减少政府责任没有一点关系；消费主义（"退出"）是与正式或非正式的参保者影响（"发言权"）结合在一起的；选择革命实际上是在为不满和个人偏好提供一种发泄渠道，而不是将服务部门转变成一个市场。后者对于消费者来说更有难度。从结果看，毫无疑问，我们面临的是赋予公民个人权力。目前似乎没有从福利国家的规范性的副作用（Blomqvist and Rothstein，2000；Blomqvist，2004）中脱离出来，此外，他们还着手进一步提高预期。

结 论

丹麦的经验强烈否定了有关福利国家"黏性"的观点。根据其他文献，我们可以说"改革已经变成了惯例"（Brunsson and Olsen，1993）。虽然已经有很多改革，但是很少有起到改造作用的，有些是休克式的，有些是渐进式的。除了少数例外，相对宽泛的协议会通过改革或者很快被反对者所接受。但是20世纪80年代改革的共同点是削减开支和控制成本，之后的改革更具机构特征，并且很少出于对短期控制成本的考虑，相反，以让更多人工作、维持长期可持续性以及提高效率和影响力为目标。

直到开始考虑改革的方向，我们才发现一些典型的朝着更加自由的方向并且脱离原点的改革（特别是供给经济和新公共管理）。但总的说来，除了保守党政府偶尔的激励和竞争的困扰，大多数解决方案是务实的，并且基本上与社会民主主义或社会自由主义的传统保持一致。机构改革的规模很大，在很多领域起到了改革作用，尤其是养老金和劳动力市场政策；社会投资一直优先向年轻人提供。政府对国家和社会成员之间的劳动力分配以及国家和市场的福利供给方面做了大量的修正。从以将人们带回工作岗位为重点这个意义上说，提出"社会保障的激励"是合理的。最重要的改革是使福利国家符合市场的努力。

然而，几乎没有人质疑国家对最终结果的责任。因此，公民权的恶化是很难显示出来的，尽管有一些实例表现出了这种趋势。这也是为什么我们不使用"再商品化"这个关键词来描述市场导向型改革。确实，失业工人，尤其是依靠社会援助生活的移民，其境况有所恶化，条件限制规则也有所增加，在某些情况下几乎扩展到了工作岗位，但这些变化应在就业形势改善的背景下进行观察。这也是紧缩政策的一个重要推动因素（尽管一些经济学家可能声称这是反向因果关系）。

不断加剧的不平等和贫穷——对结果的基本测量——有清晰的指标，如与贫穷有直接关系的政策改革，例如对激励的重视。不断加剧的贫穷是一项严峻的挑战，而且最关键的问题应该是它对未来的影响：当失业率下降的情况出现逆转，这对社会保障的管理会有什么影响？对那些努力工作但是没有资格领取残疾人养老金以及在2019年达到60～65岁的老年人会有什么影响？让税收体制的再分配性大幅下降的契机是什么？如果工资差距持续扩大，国家是否有能力保持相对高水平的分配？所有这些问题都是不确定的。但是根据前20年的经验，我们可以断定福利国家进行的大幅度机构改革（甚至是系统性改革）对于维持甚至确保有关成果的现状是有实际意义的。

【注释】

[1] 当社会保障支出数据（从净支出到应纳税所得额）发生变化并相应提高时，实际上下降比例更大，正如在1993年技术增长占GDP的1.6%没有被实事求是地反映出来。

[2] 根据现行价格中的公共消费支出和源自基本价格中公共服务国民账户信息的公共消费平减指数，以现行和固定价格自行计算（Statistics Denmark，2003）。财政部（The Ministry of Finance，2003，p.35）报告的同一时期数据为"几乎达到了25%"。

[3] 由于篇幅所限，我们未能包括公共财政账户中的税收。1985年、1993

年和 1998 年进行了三次大规模税收改革。所有的改革都扩大了税基并降低了税率。最高边际所得税率从 73% 下降到 62%～63%。2003 年采用的唯一的税收减免政策是针对低收入和中等收入的就业人群。

[4] 此外，灵活就业人群的退休金不包括在内。例如，目前 GNP 的价格从 1994 年到 2003 年增加了 44%，个人收入增加了 39%，但是养老金和失业救济金仅仅增加了 22%（资料来源：Statistics Denmark）。

[5] 由劳工部在 2001 年根据市政政策的要求计算出（http://www.folketinget.dk/Samling/20001/spor_sv/S3584.htm）。

[6] Statistical yearbook, various issues, and www.statistikbanken.dk（table AB61107）。然而，当失业人数显著低于 150 000 时，所占比重有所下降。到 2007 年年中，78% 的公民领取失业救济金。除了 21 000 名失业者没有失业保险（通常接受社会救助），大概有 70 000 名公民没有登记失业而接受社会救助，因为他们只是"遇到其他社会问题而不是失业"此后，接受社会救助的总人数一直相当稳定，直到 2006 年才开始下降。

[7] 基本上这是一个误解：1987 年工资的增长是通过在集体谈判中的工会动员和政府为公共雇员提供高工资增长的意愿的政治性决定的。极少有底层工资的浮动（Ibsen, 1992；Andersen, 1993, pp.297-300）。

[8] 第三个大的改革，建立在包括社会民主党在内的广泛妥协的基础上，福利改革在 2006 年加强了工作测试，甚至进一步通过每三个月工作的有效性评估和失业人士每周在互联网上寻找工作加强。

[9] 这也同样包括从这些国家返回的丹麦公民。

[10] 2000 年年中，私人失业保险突然增加，一些保险公司认为这是一个很大的市场。这与最近的关于几乎不可能实施的私人失业保险的理论恰好相反（Barr, 2001）。因为竞争的恐惧，工会进入企业从而发展了新的模式，这个模式可能是持续的，因为可以规避通常使私人保险不可行的风险群体的分离。瑞士有类似工会安排的补充保险（瑞士私人福利的概括参见 Lindqvist and Wadensjö, 2005, 2006）。

[11] 2006 年执政的资产阶级政府承诺以强制性失业保险取代根特模式（这种制度在挪威也有）。然而，委员会的授权是失业保险基金应该被维持的前提条件（Andersen and Kongshøj, 2007）。

[12] 应该强调的是丹麦的政策几乎都是高度务实的，很少直接联系理论。

[13] 不像许多欧洲大陆国家，人们对工作和家庭护理的新组合几乎没有争

论。但在少数情况下，这种工作和家庭护理组合的特点是配给制和高报酬的，如改善孕产妇或育儿假以及护理重病的家庭成员等（Andersen and Johansen, 2006）。人们对家庭提供家务助理服务存在争议，一般情况下北欧国家双收入家庭模式和劳动力的强烈需求倾向于排除这种解决方案。保守党和自由主义者都曾倾向于给予家庭照顾孩子非常有利的政策，这种可能性确实存在。但是由于采取这种方式的可能性远远高于在移民中采取这种方式的可能性，并且由于政府希望移民能够融入劳动力市场，同时孩子们应该通过各种方式在幼儿园就读，所以这个问题很少再被讨论。

［14］在市政改革（所谓的"结构改革"）中，将县市合并成5个具有保健作用的区是主要任务。与县市所不同的是，区无征税权。其他事情都是平等的，这会将区政治家转变为"支出的倡导者"。20世纪90年代，丹麦、挪威、瑞典和芬兰是唯一没有经历医疗保健支出占GDP的比重增加的国家——在当时医疗保健都由各县管理并且资金由各县拨付。

4 南欧福利国家公私混合模式：过去十年经历了怎样的变迁？

安娜·M. 吉伦和玛丽亚·派特麦斯都

引 言

由于社会经济快速变化以及政治改革带来的巨大压力，福利国家进入了一个不断变革的阶段，其"公"与"私"的平衡随之得到重构。20世纪80年代的大部分时间南欧国家社会福利快速膨胀，但很快面临严重的财政问题，因而这些国家加入欧洲货币联盟的进程困难重重。正因为如此，始于80年代的福利国家蔓延的趋势才得到遏制，全社会对彻底改革才达成共识。在这一改革历史进程中，诸多欧洲一体化政策领域（如机会均等、就业政策及社会融合、养老金和医疗）产生了一些涉及制度和政策改革的公共术语，如包容准则、战略选择、标杆，以及其他绩效指标，对相关研究工作和政策变革的进程产生了深刻影响。然而，不同起点、不同社会文化模式、不同制度结构及改革能力的国家，其改革成效也不同。在西班牙、意大利及国土小一些的葡萄牙，各方协商一致达成共识已经成为重要的组织变革手段。意大利和西班牙地方分权式的多级管理及各种全国性、地区性的公共组织广泛分权有力地推动了政策创新。[1]而希腊却未能建立类似的平台以便社会各界针对各种激进改革问题、长期以来的分配不平衡问题、管理及政策合理化问题等展开协商，这导致希腊在社会政策和保障计划方面的地方分权改革进程十分缓慢，实现多级管理的机会渺茫。希腊传统的中央集权、家长式的社会结构[2]导致社会运行高度政治化，劳资关系冲突不断，不过这恰好非常有利于政策改革僵局的破解。

本部分的主要内容并非对南欧国家政策改革进行详细考察。其目标在于回顾福利体系的财政、组织及管理的变化趋势，重点关注希腊和西班牙的情况，并适当地对意大利和葡萄牙进行一些比较分析。第一部分简要介绍了过去几年这些国家改革所面临的挑战和阻力；在第二、第三部分，我们考察了财政收支状况和制度模式，以及四个主要社会政策领域的服务供给。我们特别感兴趣的是南欧国家如何应对社会福利调整和财政收支结构变化带来的紧迫挑战，因为这些问题在欧洲国家普遍存在。

改革历程和关键事件

南欧四国的社会保障（支出和制度建设方面）在20世纪80年代都获得了很大发展。由于西班牙、葡萄牙和希腊的社会公众与政治权力的平衡发生了显著变化，民主政治在70年代中后期得以回归。南欧的社会保障体系选择了社团保守派所主张的收入保障作为制度外形，同时在医疗保健（和教育）体系中坚持了社会民主主义原则。从70年代后期开始，南欧四国都不同程度地建立了普惠性的全民医疗服务体系（Guillén，2002）。然而这些社会保险制度在建立初期，就面临着严重的碎片化和两极分化（这个问题在意大利和希腊特别严重）。为解决碎片化和制度体系内的特权问题以提升整个社会保障体系的管理效率，四个国家在过去二十几年中都进行了不少改革，但范围和效果都不一样。不过，当前最为紧迫的改革目标却是解决长期以来人口迅速老龄化带来的财政收支严重失衡的问题。

南欧四国面临的另外一个非常重要的问题是，如何在制度运营层面更为科学合理地管理社会保障资金以及提升财务透明度。一个可行的措施是通过严格区分缴费型福利和包含一系列现金、福利服务（主要是医疗保健和教育）的再分配（以税收为基础）手段以促进公平和提升效率。此外，在社会福利服务供给（为家庭、儿童、老年人、需要服务的特殊群体）方面，虽然自90年代以来南欧四国加大了财政支出，但与具有完善的服务供给体系的其他欧洲国家相比还有相当大的差距（Petmesidou，2006b，pp. 325–9）。在劳动力市场和就业政策方面，南欧四国明显地出现了自由化和灵活化的趋势，与此相对应的灵活保障也正式进入了理论探讨和政策实践范畴。

希腊：波动式应对改革挑战

(1) 20世纪90年代初：新自由主义时期。

泛希腊社会主义运动党政府由于陷入政治和经济丑闻于80年代末下台。90年代初希腊政局一直不稳，这对其社会政策取向产生了深刻影响。90年代初期，上台的希腊新民主党在其短暂的执政期间沿用新自由主义路线，试图运用财政危机和马斯特里赫特需求来推动改革。而欧洲货币联盟却要求将私有化（特别是公共品的私有化）作为公共部门优先考虑的融资途径（这一政策一直延续到现在），在其他领域（如劳资关系、就业和收入政策）取消政府对集体协商的直接干预（希腊对这一政策期待了好几十年），放弃与通货膨胀指数自动挂钩的薪酬体系，实行鼓励临时就业、固定期限就业、允许弹性工作时间的政策。

90年代初，希腊社会保障危机不断深化，以私人部门雇员为参保人的最大的一家社会保险机构出现巨额财政赤字，同时劳工或退休者比例快速下降、公共债务规模庞大、预算赤字快速增长，这使得希腊养老金制度改革迫在眉睫。希腊为此通过了一项旨在解决这些财政问题的法令,其主要措施有:延长公务员退休年龄,提高私人部门雇员社会保险参保者退休的最低工作年限,提高费率,取消养老金与工资挂钩,降低新参保者(1993年以后的参保人)的待遇[3];此外,严格审核病残福利的申请资格,但保持社会救助力度不变,同时放弃对资金结构合理化(使缴费型福利和税收型福利的界限及相关规则透明化)的努力。这项法令一方面导致消除社会保险碎片化的措施被延期,另一方面进一步恶化了社会的不平等,导致养老金领取者中陷入贫困的人数显著增加(Petmesidou, 2006a, pp. 41-5)。

至于医疗保健,泛希腊社会主义运动党几年前建立了免费的NHS以增进公平和效率。然而,当初有关NHS的许多设想难以实现,如统一主要医疗保险基金[4]、建立初级保健体系、下放权力、提升有关组织运行效率等。其原因主要有三个:一是这些设想得不到主流社会的支持,二是医药界与医生自由裁量特权的利益冲突,三是公共部门和私人部门的复杂裙带关系。1992年新民主党政府通过了2 071号法令,对1983年支持私人部门提供医疗服务的立法做了重大修订。新法令规定在公共部门临时就业的医生可同时进行私人行医,同时明确了药费共担原则,允许保险基金与私人诊所和诊断中心签订合同,实行个人保险费税收减免的同时提高每日住院费用报销率。[5]

(2)加入欧元区:进一步推进改革。

20世纪末到21世纪初的几年,执政的泛希腊社会主义运动党一直致力于降低通货膨胀率以实现财政预算的合并。同时,泛希腊社会主义运动党一直谋求在希腊建立战略性社会改革问题协商机制(1997年春),但无疾而终。在促进劳动力市场自由化和灵活就业改革方面政府单方面采取一些重大措施,制定了一些规范非典型就业形式(灵活就业)的条例,鼓励灵活就业的规范化。[6]此外,政府开始推进积极的劳动力市场政策,重组公共人才雇佣组织(OAED)并允许设立私营就业服务机构。

20世纪90年代,政府面临着失业率迅速攀升、贫困率持续升高和大量老年人收入水平严重下降等诸多问题。然而此时，工资限制措施、自由化措施却与温和的福利增长及相关政策取得平衡。1996年政府削减了对低收入退休者的社会救助及政府所负担的费用，以及对青年和长期失业老年人的医疗保险补贴。

2000年7月，泛希腊社会主义运动党宣布了一项新的雄心勃勃的NHS改革方案，并计划在6年内实现目标。通过随后的两项法案建立了卫生督查部门，并将NHS管理权限下放到对医院管理及医疗服务负有监督责任的16个卫生行政区；同时改革了医院管理和行政体制。然而，城市地区初级医疗保健体系的发展、综合医疗保险基金的合并等许多重大改革问题并没有被纳入立法计划之中。这使得希腊的NHS依然缺乏公平和效率，成本控制能力也很弱（see Davaki and Mossialos，2006），与西班牙和意大利的NHS存在很大差距。同时，这也是过去十年希腊私人医疗支出迅速增长的原因之一。

希腊政府的当务之急是解决社会保险的宏观经济问题。到2050年不断严重的老龄化将使希腊的养老金支出占到GDP的24.8%（欧洲25国当时平均水平的两倍）。2001年春季政府果断提出了减少养老金待遇和延长退休年龄的计划，但遭到了贸易联盟的强烈反对并最终被迫放弃。一年之后改革计划的修订版本得到通过并上升为法律，其主要内容有三项：一是将公共事业部门及银行职员养老基金纳入统一的社会保险基金（5年内强制执行），明确了国家每年按照GDP的1%对社会保险基金进行补贴；二是对1992年社会保险立法规定的最低养老金条件进行了某些调整[7]；三是通过建立职业年金基金来开展第二支柱计划，并在国家精算机构的控制下进行运营[8]。

2000年希腊颁布了关于促进就业的法案，目的是增强就业的灵活性和弹性。新法案使兼职工人工资增长了7.5%，并为从事临时工作的长期（12个月以上）失业工人提供工作福利。新法案还放宽了小企业的解雇条件，重新规定了弹性工作时间安排并制定了削减加班费的规则。政府还对OAED进行广泛重组，新成立了就业促进中心（大概80个），它们与本地OAED（大概40个）系统一起负责执行与

"绿色通道"相关的就业促进政策,并为求职者提供个性化服务。然而,政府将职业培训和劳动力市场监测职能完全转交给了依据私法而新成立的两家公司。

(3) 2004年至今:保守派重新掌权。

新民主党在希腊2004年的大选中获得胜利,紧接着便致力于削减庞大的财政赤字。在养老保险方面,新政府限制执行前任政府通过的立法,却又迟迟不肯推出新一轮改革。为了争取时间以寻求更有利的改革时机,政府最近委托国际劳工组织的专家对希腊养老保险进行审查。[9]在医疗和社会保健方面,新民主党对于新立法一直很积极,但是已颁布的改革措施对制度体系的结构影响甚微,其改革重点放在重新划分行政部门的职责上。

对社会服务开支的分类分析表明,静态条件下公共福利服务事后反应模式存在严重不足(Petmesidou, 2006b)。公众对福利服务日益增长的需求以及欧盟提供的资金支持有效促进了新计划(如家政服务、老年人日间护理中心、残疾人援助中心)的制定与实施,但是新政策"将最贫困者和弱势群体作为社会服务重点"以及"服务对象以家庭为单位"的做法,引发了几乎全民参与的大讨论。此外,社会福利服务系统的第一层级——地方政府相关部门几乎没有发展。同样不足的是,缺乏一个能够整合公共部门、私人部门以及志愿团体的制度框架。迄今为止,在公私混合制方面最重要的改革是根据2005年3 389号法令,引入民间融资,根据该政策制定了针对社会基础设施(学校、医院和福利中心)建设和维护私人基金的规范措施。

与其他南欧国家相反,在过去十年间希腊的社会救助制度没有发生大的变革。希腊未建立最低收入保障制度,现金形式的转移支付表现出强烈的"养老金偏好"(意大利同样如此,但在西班牙、葡萄牙较少),在社会救助制度中基本不存在。仅有的一些非缴费型(其中一些免家庭财产调查)福利,其覆盖面严重不足且高度碎片化。从20世纪90年代中期到21世纪初,希腊的社会保障体系与其他高贫困率国家（还有西班牙）一样，运行效率极其低下。

总而言之，种种现实困境要求希腊必须在较短时间内达成限制工资、减少赤字的目标。虽然希腊实行的一些零碎的改革大部分在方向上没有问题，并且有效缩短了其法律和政策框架与欧盟有关制度在硬件和软件方面要求的距离，但是这些小范围的调整不能像大规模改革那样极大地改变整个游戏规则（西班牙以及20世纪90年代意大利的情况正是如此），也解决不了在传统家长式的基层社会中福利分配明显失衡的实际问题。然而这些现实情况显然有利于维持（甚至不断增加）正式和非正式的私有化（这在医疗和社会保健领域得到了有力的证明）。

西班牙：一段并非零成本但还算顺畅的改革历程

（1）20世纪90年代：提升制度运行效率。

相比其他南欧国家，西班牙的特殊性在于其较早进行了养老金制度的合理化改革（1985年），并采取重大举措缩小家庭和保健政策、残疾人及老年人非缴费型养老金和社会救助（1989年至1994年间开始推行地区一级最低收入计划）三大领域的待遇差距。西班牙从20世纪80年代中期开始推行劳动力市场鼓励措施。虽然西班牙工人社会党执政一直到1996年才结束，但《马斯特里赫特条约》还是对公众的思想和舆论产生了重要影响。90年代初期西班牙一方面在经济上面临衰退，另一方面民众仍然希望办好塞维利亚世界博览会和巴塞罗那奥运会，这使得缩减开支、厉行节约变得更加困难。为应对挑战，政府做了很多有效的工作，1996年之后成功推动了西班牙有序、顺畅、平稳地加入欧洲货币联盟。然而，这一时期社会政策改革的主要目的是控制成本。

从1992年开始西班牙取消了失业保护政策，将最低缴费期限从6个月增加到12个月，缩短了失业补助时限并降低了替代率。这些措施导致西班牙失业保险的覆盖率从1992年的80.3%急剧下降到1995年的50.7%（Ministerio de Trabajo, 1996, p.803）。此外，

4 南欧福利国家公私混合模式：过去十年经历了怎样的变迁？

西班牙于1983—1984年开始引入固定期限劳动合同，这导致临时就业显著增加，其占所有劳动合同的比例在30%以上。临时就业的劳动者频繁变换工作，大大提高了自然失业保护政策的成本，以至国家失业中心几乎面临破产并不得不裁员。随后几年在刺激就业政策上西班牙政府支出增速有所放缓（Gutiérrez and Guillén，2000）。2000年西班牙推行一项针对长期失业老年人的综合补贴计划；两年后，一项具有较大争议的提案的简化版本获得通过，该提案旨在增强劳动力流动性并限制劳动者拒绝工作的机会（CES，2001 and 2003）。

20世纪90年代，西班牙劳动力市场经历了两次解放浪潮。第一次发生在1993—1994年，其主要改革内容有：第一，政府通过对雇用年轻人、长期失业工人、45岁以上工人和残疾人企业实行新税收政策并免除应缴社会保险费以创造就业岗位；第二，政府为劳动者积累工作经验提供机会、开展职业培训以及放宽企业解雇员工的限制条件；第三，政府通过加大公共补贴有力地推动了兼职合同的发展，这与1984年引入固定期限合同的改革措施恰好相反（CES，1994）；第四，政府于1993年打破国家就业中心职业中介业务的垄断，将私人非营利职介机构合法化。1996年工人社会党结束了16年统治之后，西班牙劳动力市场的第二次解放浪潮由新当选的人民党政府发起。这是第一次通过各方一致协商而进行的劳动力市场改革，它推动了开放式合同的应用并修订了兼职合同；自民主制度确立以来，第一次大大降低了企业的解雇成本（Gutiérrez and Guillén，2000）。

到20世纪90年代中期，西班牙越来越担心经济紧缩、人口快速老龄化背景下公共养老金制度的可持续性，于是在议会成立了专门的委员会。经过一年的调查咨询，该委员会认为不应该对现有的公共养老金制度进行根本性改革，并对其未来安全运行提出建议。1995年委员会提出了著名的《托雷多条约》（Toledo Pact），并迅速得到了工会和雇主协会的支持。根据《托雷多条约》，西班牙各界于1996年达成了一项完善社会保障的协议（1997年上升为法律）。在众多实践层面的改革措施中，有一项是紧缩缴费型养老金的计算方法（这方面的第一个比较大的改革是在1985年通过的）。与此同时，提高寡妇和孤儿的抚恤金（Chuliá，2006）以及为数众多的临时合同工人的福利，旨在减少核心工人权利的同时改善非核心工人的条件以缓解福利减少的整体效应。历史经验表明，一旦某项成功的社会契约大大加强了对非核心工人（如西班牙南部地区的农民、兼职及临时工人）的保护，更多新的养老金法案（1999，2001，2006）便会沿着相似的路线跟进（CES，2000，2002；CES August-September 2006）。西班牙此轮改革的重要成果体现在三个方面：首先，1995年的平均退休金超过了最低工资。其次，建立了一个储备基金。[10]最后，1989年为私营企业建立了各种个人计划，从那以后个人计划无论在覆盖面方面还是在资金累积方面都发展迅速，相反，作为第二支柱的职业年金还不成熟（CES，2006）。

　　西班牙医疗保健服务的发展却走了一条完全不同的道路。虽然到20世纪90年代初期，西班牙医疗保险已经完成了从局部覆盖到全民覆盖的改革——西班牙NHS已成为现实，但随着医疗保健费用的迅速增长，人们早在20世纪80年代末期便开始担心支出问题，并因此在议会成立了一个专门委员会（Abril Committee，AC），负责提供完善的医疗保健支出机制和成本控制方面的政策建议。专门委员会确实提出了一整套改革议案，但是遭到民众的反对。其"将药费共担扩展到领取养老金人员"的建议更是成为众矢之的，因为传统上这部分人是不用支付药费的。在此情况下，改革措施不得不悄悄地推进落实。随后几年西班牙NHS通过采取诸如签订计划协议、在医院设立储备基金、扩大全科医生和专家的选择范围等措施进行改革（Cabiedes and Guillén，2001）。总体而言，所有改进措施都将以需求方因素为重点，同时力求保证公平。事实上，到目前为止西班牙的NHS没有成功地实施任何费用共担政策，这与其他欧洲国家医疗保健体系相比显得尤为特别。

（2）近期的发展：增进公平并保护供养人。

在保守党执政时期，2001年西班牙完成了医疗保健职责的下放。目前，所有17个自治区都拥有各自的医疗保健体系；同时，中央与地方签订了一项新的关于地区财政的协议，制定了新的有关医疗保健的法规。2003年西班牙通过一项新的法案，旨在增强医疗保健供给的公平性并提升服务质量。在养老金方面，政府于2002年通过增加免税额度加强了私人养老金的支柱作用（CES，2003）。在就业方面，2006年工人社会党通过了一项新的劳动力市场的重大改革方案，其目标是减少临时就业（CES，June-July 2006）。此外，最近西班牙还通过了另外两项非常重要的法案。第一项是于2007年获得批准的性别平等法案，该法案严格按照欧盟相关要求和建议，确保妇女在就业、社会保障以及获取实物和服务方面享受平等的权利。第二项是2005年达成的《供养人保护协议》，这是现阶段西班牙社会协商所取得的最为突出的成就。这份关于供养人的法案旨在建立全国供养人公共体系，全面覆盖需要照料的人口。

总之，西班牙的福利制度发生了巨大的变化，医疗保健方面的医疗保险变成了NHS就能充分说明这一点。养老金领域的变化可能不是特别明显，OECD国家甚至欧盟发布的关于西班牙养老金制度演变的报告都只是讨论成本控制措施调整时的路径依赖问题。尽管如此，西班牙20世纪80年代初期的养老金制度与现在的养老金制度还是绝对无法相提并论的。如前所述，旨在减少第一支柱养老金的改革确实产生了效果，但是从20世纪80年代开始的改革明显地体现了加强国内再分配力度的倾向；90年代中期的改革加强了对非核心工人的保护；劳动力市场政策也经历了大范围的改革；弗朗西斯时代的刚性劳动力市场仅仅在人们心中留下一些模糊的记忆。

葡萄牙和意大利的情况

葡萄牙和意大利国内的社会合作协商机制，在应对福利体系和财务困境、内部差距以及加入欧洲货币联盟过程中的挑战等问题时都发挥了重要作用。1996年葡萄牙通过的战略协议（当时的工人社会党政府是经过了10年集权统治之后上台执政的）非常具有里程碑意义。该法案包括了收入政策、工作时间规定、低收入者减税措施、加强失业保护政策以及为各社会阶层量身定制的就业政策（Guillén et al.，2003，pp.258-61）。迄今为止，葡萄牙最为重要的一项改革措施是20世纪90年代后期开始实施的全国范围内的最低收入保障计划。它不仅具有很重要的象征意义，而且是推动90年代中期开始的路径转移运动的典型（Adão e Silva，2003）。

21世纪初葡萄牙的改革引入了自愿性质的私人养老金，政府通过财政对私人养老金进行奖励。同时政府对公共养老金采取一些成本控制措施（对养老金收入实行更加严格的规定，实行紧缩的指数化规则和养老金领取规定以消除公务人员的特权），目标是至少在2015年之前实现公共养老金的财政平衡。[11]即使有这些积极的改革措施，有关专家仍然担心养老金制度对葡萄牙老年人贫困率的影响，因为2001年葡萄牙老年人贫困率达到了20.8%[12]，与欧盟15国16%的平均水平相比显得非常高。与希腊的情况相似，1979年葡萄牙建立的NHS并不十分成熟。尽管公共财政支出很多（在欧盟国家中，葡萄牙用于医疗的财政支出占GDP的比例算是非常高的），但是覆盖私人部门从业人员的医疗保障制度依然很分散（尤其是在基本医疗服务方面），不同职业类别分属不同服务系统（Oliveira et al.，2005）。此外，80年代开始实行的费用共担机制在1993年得到了加强；与西班牙相比，葡萄牙的NHS既没有从长期的社会主义统治中受益，也没有从分权过程中受益。

意大利在90年代进行的改革，无论是制度框架方面还是实质内容方面都具有里程碑意义。通过十年的改革，意大利传统的充满冲突的劳资关系第一次得到协调，各利益集团经过协商，针对政策实践及相关规则进行了大幅度的改革。[13]尽管意大利过去十年的改革都是建立在广泛社会协商的基础上，但它们是为了应对日益严重的财政失衡状况，因而都比较激进，体现了从传统的渐进主义改革模式到激进主义改革模式的重要转变。意大利围绕解决制度体系的极端碎片化和待遇不平等的问题，极大地改变了养老金制度安排。虽然暂时保留了现收现付制，但正逐渐向（名义上的）缴费确定型模式（适用于所有1996年开始工作的劳动者）过渡。

在新的养老金制度下，政府给未参保的老年人和少量低收入退休人员发放一份平均水平的养老金。由于众多专家委员会在过去十年提交的议案都强调实行更加全面、全民覆盖的保障计划的必要性，意大利在90年代后期沿着这个路线推出了具有试验性质的最低收入保障计划（RMI），但在2001年右翼政党执政之后该项计划未能继续实施，而是将所有社会救助方面的政策倡议都完全留给了地方政府（Saraceno，2002）。

此外，NHS（建立于1978年）一直是过去十年间意大利政府优先考虑的改革重点，其目标是在维持成本不变的前提下提升服务质量和效率。具体措施主要是制定和实施各类标准，如运营费用标准、向地方政府移交权力细则、医疗设备运行管理标准等。此外，在实行"有管理的竞争"模式下对医疗保健机构进行督导（Anessi-Pessina et al.，2004）。

虽然从70年代后期开始，意大利就启动了"社会福利供给权力下放到地区和市级政府"的改革，但是直到世纪之交才制定出综合的权力下放的政策框架。从那时开始，地区和市级政府在医疗保健、社会救助甚至社会保险方面[14]的责任才迅速扩展，这对全国范围内标准化模式的社会权力结构产生了重大且具有挑战性的影响（Ferrera，2003）。和西班牙一样，日益重要的各级地方政府增加了意大利的福利体系的复杂性，特别是在向地方政府管理过渡过程中出现了各种不同的机构、规章和试验性做法，而这种过渡仍在进行中（Natali，2006；Bifulco and Vitale，2006）。

财政收支状况

总体趋势

虽然所有四个南欧国家国情不同，但四国的社会保障资金都主要来自公共财政。在葡萄牙和意大利，用于社会保障支出的税收收入（作为社会保障基金的主要资金来源）从20世纪90年代中期到21世纪初一直在大幅度增长，占2003年社会总支出的比例超过40%。与此同时，希腊用于社会保障的一般政府拨款占到了总支出的29%左右（大大低于欧盟15国37%的平均水平），而西班牙的该项支出比例在此期间稍微有所下降（从30%下降到28%）。

与欧盟其他国家相比，间接税收在葡萄牙和希腊的总税收收入中占了很高的份额（21世纪中期，两个国家的间接税收与直接税收比为3:1；西班牙和意大利的这个比例更加平衡，其间接税收只稍多于直接税收）。希腊的个人所得税收入在欧盟15国中最低，2004年只占GDP的4.8%（西班牙、意大利和葡萄牙的该比例分别为6.4%、10.4%和5.5%）。此外，希腊地方政府所征税收只占GDP的0.3%，这在过去十年中没有发生明显的变化，从而使得希腊与西班牙、意大利形成鲜明的对比。在费用分担方面，1993年西班牙和意大利雇主缴费水平大大高于欧盟15国的平均水平，而到2004年意大利的雇主缴费水平大幅降低，葡萄牙也有较小幅度的下降，但西班牙的缴费水平依然很高。相反，除了唯一的例外——希腊（2004年希腊的工人缴费超过了欧盟15国的平均水平），雇员的缴费水平一直保持平稳。

南欧四国的社会保障支出在GDP中所占比例以及人均水平都有所不同。意大利的社会保障支出所占GDP比例较好地反映了欧盟15国的发展，发展步调基本一致；葡萄牙的该比例则出现大幅度的增长，只在90年代后半期发生了少许逆转；希腊的该比例虽然本来就高于其他三国，但其增长幅度依然非常明显；西班牙是唯一一个出现并一直保持社会保障支出占GDP比例下降的国家，这使得西班牙21

4 南欧福利国家公私混合模式：过去十年经历了怎样的变迁？

世纪的社会保障支出仍未恢复到 1993 年的水平（见图 1-1）。在人均水平方面，在意大利和希腊人们可以明显看到人均支出紧缩产生的显著影响，在西班牙这种影响稍弱（见图 4-1），而这种影响在葡萄牙并不明显。如果按不同功能来划分社会支出的份额，我们可以发现南欧福利国家以家庭和失业为代价（西班牙在后一种情况下是例外），将公共支出集中到了老年和医疗保健方面（见图 4-2）。

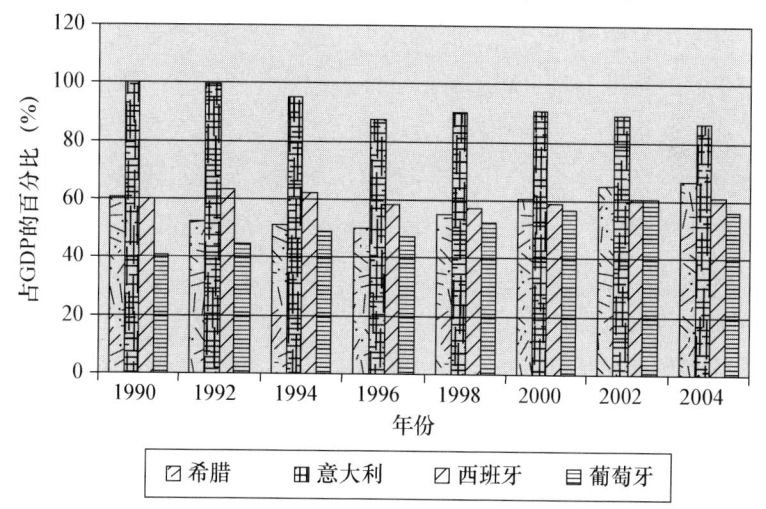

图 4-1　每人社会保障的社会总支出占欧盟 15 国平均值的百分比

资料来源：ESSPROS data base of Eurostat（electronically accessed at http://europa.eu.int./comm/eurostat/）.

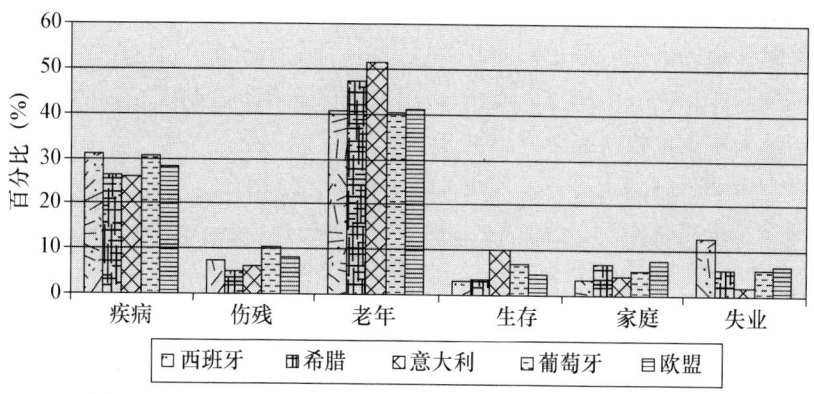

图 4-2　2004 年按功能分类的社会支出占社会总支出的百分比

资料来源：Own elaboration, based on European Commission（2007）.

值得注意的是，南欧国家在社会保障方面的支出水平与它们的富裕程度并不匹配。例如，西班牙1997年的人均GDP是欧盟15国平均水平的79.9%，但社会保障方面的人均支出只占欧盟15国平均水平的61.81%，其他三个国家也存在类似的差距。

社会保障

南欧国家的养老金主要依靠公共支持。希腊养老金制度的主要问题在于保障水平不足，缺乏可持续性，碎片化程度在南欧国家中也最为严重，为数众多的主要养老金和辅助养老金、一次支付型养老金和附加收益共存，缴费率不同、待遇水平不同以及国家津贴的差别待遇使得不平等现象广泛存在。虽然希腊的养老金制度理论上的平均总替代率较高（1993年之后的参保率将会降低），但由于制度本身的众多漏洞加上自雇人员往往低报其收入水平，因而逃费现象大量出现，理论上的高替代率无法实现，结果众多退休人员只能领取到很少的退休金。[15]

西班牙在1995年签订的《托雷多条约》及其2003年修订版本的指导下，所采取的改革措施有效增强了第一支柱养老金的可持续性。此外，过去6～8年不同来源资金的分账管理（社会缴费严格用于缴费型待遇），以及大量移民和就业增长都有效促进了西班牙社会养老保障基金的平衡。截止到2007年3月，基金结余40.334亿欧元（*El Mundo*，1 March 2007，p.45），这足以保证养老金制度在2020年之前都不会出现财政赤字（CES，2006，pp.591-2）。

由于希腊的最低养老金待遇非常低，因而退休人员尤其是老年妇女的贫困率较高：2001年以退休金为主要经济来源的家庭贫困率达到30.2%，独居老年妇女的贫困率为33.0%，而同期全国平均贫困率为21.8%（Papatheodorou and Petmesidou，2006，pp.70-2）。葡萄牙退休人员的贫困率也同样很高：2001年以退休金为主要经济来源的家庭贫困率为24.2%，独居老年妇女的贫困率为37.7%，同期全国平均贫困率为20.8%。由于意大利和西班牙在90年代对养老金制度进行了大量的改革并扩大了保障范围，两国的老年贫困率非常低（意大利为13.4%，西班牙为20.7%）。

希腊的职业年金（第二支柱）并没有发展起来，目前第二支柱养老金总量占GDP的比重还不到0.3%，葡萄牙和西班牙也同样如此。与此相反，意大利的第二支柱养老金却占到了GDP的8%。[16]对于第三支柱，首先，由于各国制度模式不同，很难对南欧国家私人养老储蓄的重要性做出评估。其次，人身保险业务在四国都不发达，其他形式的储蓄工具相对而言似乎更受重视。意大利的人身保险业务总额只占总储蓄的8%，西班牙为10%，而相互债券及直接股权投资分别占到了70%和49%（Association of British Insurers，2004，p.13）。在西班牙和意大利，最近推出了一些诸如资助型（采取EET模式[17]，在英国已经发展起来的一种产品）个人养老金产品，但它还未在希腊和葡萄牙出现（ibid.，p.12）。不过，南欧四国对于人身保险计划都倾向于一次支付型而非分期支付型。

南欧四国的劳动者参加个人养老金计划的比例相差较大，意大利、葡萄牙和希腊为2%甚至更低，西班牙大概为22%（ibid）。2005年希腊养老金总缴费占GDP的比重为2.17%（2005年欧盟25国平均为8.5%；Association of Greek Insurance Companies，2006，pp.13-4）。虽然目前四国的人身保险业务发展水平很低，但发展速度很快：2005年希腊人身保险费总额比2004年实际增长了8.1%，意大利为9.7%（大大超过欧盟25国6.5%的平均水平），更令人惊讶的是葡萄牙增长了43.1%（European Insurance and Reinsurance Federation，2006，p.29）。此外，未来南欧四国的私人养老储蓄需求很可能进一步增长，但这在很大程度上取决于各国养老金制度未来的改革情况，亦取决于对现行现收现付制养老金制度的削减程度以及与中长期储蓄产品相关的财政状况和相关税收激励政策。

医　疗

在过去十年间希腊和葡萄牙两国的医疗支出都保持了稳步增

长，21世纪初达到10%，但意大利和西班牙没这么高，分别只有8.7%和8.1%（见表4-1）。进一步研究其增长结构，我们发现希腊医疗支出的增加很大程度上源于私人医疗支出的增长，其占GDP的比例从1980年的2.9%增长到了2004年的近5%，而其他三个国家的私人医疗支出占GDP比例保持在2.2%~2.7%的水平。

表4-1　　　　　　　　　　医疗支出趋势

年份	1990		1995		2000		2004	
医疗支出占GDP的百分比（%）								
	总额	私人	总额	私人	总额	私人	总额	私人
希腊	7.4	3.4	9.6	4.6	9.9	4.7	10.0	4.7
意大利	7.7	1.6	7.1	2.0	8.1	2.3	8.7	2.2
西班牙	6.5	1.4	7.5	2.1	7.2	2.0	8.1	2.4
葡萄牙	6.2	2.1	8.2	3.1	9.4	2.6	10.1	2.7
人均医疗支出（以美元的购买力为基准）								
	公共	私人	公共	私人	公共	私人	公共	私人
希腊	453	391	650	600	850	766	1 141	1 021
意大利	1 097	290	1 104	430	1 521	562	1 852	615
西班牙	688	185	861	332	1 055	465	1 484	610
葡萄牙	442	232	686	410	1 145	479	1 335	489

资料来源：OECD（2006b）.

如表4-1所示，从1990年到2004年，西班牙、意大利和希腊人均私人医疗支出（以美元的购买力为基准）的增速高于人均公共医疗支出，葡萄牙的人均公共医疗支出增长了很多。90年代意大利的私人医疗支出与总医疗支出之比一直保持增长，在2000年稍微有所下降；西班牙的这一比例也有所增长，而且到2000年这种增长的态势并没有发生逆转；与此同时，葡萄牙医疗支出中个人所占比例却出现了非常明显的下降（见图4-3）。

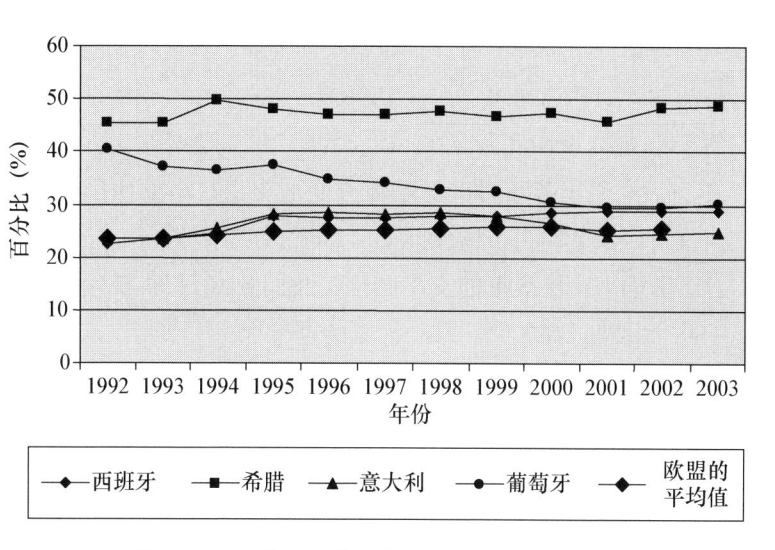

4 南欧福利国家公私混合模式：过去十年经历了怎样的变迁？

图4-3 私人医疗支出占总医疗支出的百分比

资料来源：OECD（2005）.

2004年希腊的医疗支出大约20%来自税收（其中间接税收占了很大比例），而在其他三个国家税收对医疗支出的贡献都超过了2/3。希腊46%的医疗支出来自参保人先期的现金支付（事后可能可以报销），该比例与其他三个国家相比低得多。如此依赖于参保人的先期现金支付和间接税收使得希腊的医疗保健体系具有高度的税负递减性。社会保险缴费是希腊医疗保健体系的一个重要资金来源（占29.5%），但在意大利和葡萄牙却显得微不足道。从1998年开始西班牙实行不同资金来源的分账管理，目的是使医疗保健体系在财务上完全脱离税收，该改革仍在继续，但已接近尾声。

劳动力市场政策

希腊在劳动力市场政策方面的支出占公共支出的比例在欧盟15国中最低，2003年仅为0.5%。[18]在四国总的劳动力市场政策支出中，希腊用于被动失业保护措施的支出最多。[19]从1998年到2003年，希腊在激活劳动力市场政策方面的人均支出每年平均实际下降10%，同时对失业人员的人均综合救助平均每年增长0.15%。那段时间内失业率持续走高,而且主要是长期失业。其他国家对劳动力市场的激活政策似乎更加明显:从1998年到2003年,西班牙在这些措施上的人均支出年均实际增长6%,意大利和葡萄牙大约为10%。2000年意大利用于劳动力市场政策方面的支出在南欧四国中所占份额最高(占四国劳动力市场政策支出总额的52%)。

对于劳动力市场政策的支出结构,我们观察到90年代末期以来的以下几个趋势。在希腊,培训计划的重要性有所下降,这方面的支出在2003年只占29%;就业促进方面的支出占16%;助残支出占20%;相当大的支出份额(35%)用于促进自主创业(主要因为在劳动力大军中自雇者所占比例较高,2006年占25.5%)。在其他三个国家中,用于就业促进和培训计划方面的支出所占份额最大,西班牙为63%,意大利为87%,葡萄牙为82%。毫无疑问,在过去十年间四国的培训课程资源和就业津贴都有所增加,原因是欧盟结构性资金的资助,加上欧洲就业策略指导方针为缺乏规划经验的国家制定了具体的应对措施。然而,由于希腊政府在就业方面的投入严重不足,其政策效果令人非常失望。[20]

总之,南欧国家的财政改革一直矛盾重重,一方面需要削减支出,另一方面面临完善和改革收入分配结构及公共支出结构的艰巨任务,同时需要谋求资源,扩大风险保障范围以处理对各种或新或旧的社会风险保障不足的问题。

供给与管理

经过对社会福利服务的供给和管理机制改革的尝试,南欧国家在过去15年中对社会福利服务的范围、可获取性及普遍性进行了重大改革(Capano, 2003; Torres and Pina, 2004; Ongaro, 2006; Tavares and Alves, 2007; and Borghi and van Berkel, 2007)。不过,意大利和西班牙的权力下放及其相关制度的改革是为了适应一些地区特殊的政治历史形态,而不是像英国和其他盎格鲁-撒克逊国家那样是由效率和灵活性推动的(Torres and Pina,2004,pp.452-3)。此外,南欧国家的非政府组织对福利事业的介入通常被视作公共福利供给不足(甚至缺位)的解决途径,而非社会福利领域"政府干预过度"的反应(Borghi and van Berkel,2007,p.99)。

然而,南欧国家认为新型管理技术能够有效实施的关键在于充分挖掘和发挥制度潜在的功能,在政策实施过程中激发公共机构的创业精神,实行自主经营和问责制度。然而,南欧国家沿着这条路线的改革走了一条缓慢而艰难的道路,这很大程度上是由于根深蒂固的法制传统限制了公共部门实施战略管理、评估和系统控制机制的能力。尽管如此,意大利和西班牙社会福利服务权力的下放还是增加了公共部门进行战略创新的机会。需要强调的一点是,新型管理方式中的管办分离原则,以及通过独立机构进行监督和审计的做法,只在南欧国家部分施行。另外,社会福利服务供给的公共规范和管控能力日益跟不上私人提供福利服务业务(如医疗和社会照料)的扩张速度,这一点在希腊尤为突出,西班牙同样也还未制定系统的监管和评估程序(Torres and Pina,2004,pp.454-5)。[21]

社会保障

南欧国家中,在社会福利服务权力下放给地方政府方面的改革西班牙走得最远,但是缴费型收入保障体系仍然保留在中央政府手中,该体系由一个独立的国家社会保障机构运营,其财政部负责所有社会缴费的征收。[22]从发展历程来看,西班牙养老金制度经历了一个明显简化的过程,80年代为了缩小覆盖面,曾经合并了数不清的保险基金("特殊制度")。从那以后基金数量大大减少,并且基金间有合并的趋势。目前,西班牙的社会保障体系包括七个基金(一般制度、自雇者、农业工人、矿工、海员、家政服务和工伤事故),消除了之前存在的自雇者的参保条件和待遇水平的差别。正如前文所提到的,西班牙第二、第三支柱都获得了充分发展,原因主要有两个:一是

1985年和1997年颁布的限制性改革措施降低了替代率；二是80年代引入税收激励措施之后，在90年代末期和2003年加大了对个人养老金计划的税收激励的力度。

相反，希腊的公共养老金制度由近130个基金组成，各个基金的运营规则五花八门，支付方式各不相同。由雇员、雇主及政府代表组成自治组织，并由劳动和社会团结部进行监督。根据最近立法而建立的职业年金基金（第二支柱）只有四个，由各出资方共同运营，国家精算机构进行监督和规范。和其他南欧国家一样，希腊的个人职业年金计划能否发展，很大程度上取决于未来公共体系的慷慨程度，即是否会给个人职业年金释放足够的发展空间。

医疗和社会保健

西班牙的医疗保健体系走的是全民保健的路线，并将实施权力下放给地方政府。虽然覆盖范围是100%，但是并没有将享受医疗服务视作国民权利，因此体系偏离了"全民保健"的本质。首先，参保（或贫困）事实上仍然是获得医疗服务的前提条件。其次，公务员可以自己选择公共或私人提供的医疗服务，但都由财政负担，而其他人却没有这种选择权。最后，大概20万名最高收入阶层仍被排除在制度之外。

西班牙从1981年开始向地方政府下放提供医疗保障的权力，到2002年才完成。权力下放意味着一个积极创新的过程。大部分地方政府直接负责服务供给，有些地方是通过间接的或者"合同制"管理方式（如加泰罗尼亚，两种方式都存在）供给，服务供应商按照合同为一定规模人群提供医疗服务，并根据所负责的人头数获取资源。所有医生都由国家雇用，患者可以在基层医生那里获得更高水平的诊疗服务。1995年，西班牙建立了公费医疗服务目录，一些地区会在此基础上增加一些免费医疗服务项目。国家会定期对医疗服务进行调查统计，将服务质量差距控制在低水平，同时也会对收支失衡的情况进行调查。虽然西班牙的医疗保健体系被誉为世界上最好的医疗保障制度之一，但牙齿护理（除为14岁以下儿童和孕妇提供的拔牙和服务之外）并未包含在公共医疗服务中，精神病护理服务在准入和协调方面也表现出严重不足。另一个问题是等待期过长，这很可能是导致90年代后期私人医疗支出大幅增长的主要原因之一。[23] 90年代开始，公共医疗支出增速放缓，这不利于最新医疗技术的应用，很可能会在近期引发一系列问题。从90年代到2000年，尽管在药品价格控制方面成效不大，但还是采取了一些措施以提升管理水平，扩大患者的选择范围，控制医疗服务和药品价格。而如前文所述，西班牙并未实行费用共担。

希腊正好与西班牙相反，基本医疗服务和第二层级医疗服务都是由公共部门和私人部门共同提供，具有明显的混合特征。基本医疗服务大部分由私人医生提供，他们主要是专科医生。全国全科医生非常少，没有一个健康"看门人"的体系。在公共部门中，社会保险协会为其参保人管理和运营初级卫生中心（大概100家）。社会保险协会卫生中心的医生一方面从中领取薪酬，另一方面可以进行私人行医。其他社会保险基金通过与医生（收费性服务）签订合同，提供基本医疗服务。医院的门诊部门——1 000个乡村卫生站和200家城镇和城市医疗中心——也提供基本医疗服务。

由于服务购买方极度分散，且未能找到有效规范交易行为的解决之道，希腊的NHS在服务供给和监管方面的改革未能取得明显进展。同时，私人医疗市场却稳步增长，医疗保险基金、NHS和人身保险公司都从私人医疗服务供应商那里购买种类多、范围广的医疗服务，付费方式为按服务项目付费和按病种付费两种。此外，希腊的NHS的大部分非核心服务项目（如餐饮、洗衣、维修和安保）都外包给了私人供应商。参与社会保险计划的患者可以选择在公立医院或在已订立合同关系的私人医院接受治疗。

更为重要的是，在希腊，私人部门控制了该体系内大部分的新型医疗技术（84.4%的放射学实验室，74.7%的核医学实验室；Davaki and Mossialos，2006，p. 297）。通过签订合同参加NHS的患者所需的高科技诊疗服务大部分从私人供应商那里购买。这些交易由于没有受到系统的监管和控制，助长了进行酌情处理的特权以及交易双方复杂的利益关联。由此导致的医疗资源浪费、需求膨胀以及低效率成为该体系的主要困境。

在社会福利服务方面，尽管希腊和西班牙的社会福利服务都发展很快，但两国都未建立覆盖全民的一站式服务供给体系，服务供给的水平和其他南欧国家一样都相对较低。面对如此复杂的问题，政府通常试图通过制度化措施解决问题，而忽略了由于资源缺乏导致的机构设置严重不足，结果并不理想。在社会福利服务中，特别需要提供的服务项目是疾病预防、危机应急、家庭照料、社区中独居老人和残疾人士的照料（Petmesidou，2006b；Rodríguez Cabrero，2004）。西班牙和希腊的社会福利服务体系的主要区别在于，西班牙的社会福利服务由地区（地方）政府主管，这有利于福利服务范围的扩大和创新，但同时也导致各地的差异化。[24]

过去几年间社会福利服务行业发展很快，出现了各种各样公共或者私人的、营利或者非营利的机构，这些机构的活动主要靠当地政治人物和团体发起，也与社区、非政府组织及其他地方人士的积极程度相关。另外，泛欧盟政策方向，如家庭与工作和谐政策以及鼓励妇女工作等，在"社区支持计划"（如建立全日制学校，学生日托照料活动中心，体弱老人日托中心，早期诊断中心，辅导、援助服务机构，以及残疾人教育培训中心）的引导下，推动了最近很多改革措施的实施。

希腊和西班牙的长期护理服务体系都是混合式的。希腊的社会保险运营机构无论在服务范围方面还是在服务质量方面都存在严重的不平等。例如，社会保险协会通过有合同关系的私人诊所为长期病患提供治疗服务，每天的费用控制得很低，但服务质量不高，因此家人必须亲自照料患者，或雇人（通常是非正式的）照看并自行承担相应费用。除了有些地区制定了具体的方案之外，西班牙的情况也差不多如此。

在南欧，虽然大多数人的时间非常紧张，但照料服务主要还是由家庭成员提供，不过这些国家非正式的照料服务市场发展非常迅速。由于家庭结构的变化和妇女就业率的增长，再加上人口老龄化加速、独居老人数量不断增加,照料服务需求日益旺盛,女性移民劳工恰好能够满足这一需求。因此,在照料服务市场出现了一种非正式的私有化模式,虽然家庭成员仍然分担一部分,但大部分照料工作是由雇用的外国人负担。特别是在意大利和希腊,来自阿尔巴尼亚、保加利亚、波兰和罗马尼亚[25]的女性移民组成了廉价照料服务工人的庞大后备军(Bettio et al.,2006;Cavounidis,2006)。西班牙的外国照料服务工人主要是来自拉丁美洲的女性移民。然而,目前的制度安排和发展现状不仅涉及公平问题,而且也不具有可持续性,更何况法定的护理服务未形成体系,重点的专门护理服务未能发展起来,也未能建立有效的监管和协调机制。

就业政策

欧盟对就业政策方面的影响非常明显。部分原因在于欧盟制定的各项规章制度和指导意见(以及欧洲法院的行为)对南欧国家产生了实质性影响,尤其是对假期培训及就业服务的组织、供给等方面的改革发挥了重要作用。此外,灵活就业的观念或多或少地影响到了南欧国家的就业政策选择,这些国家也已经适应了欧洲以"就业"和"激活"为核心特征的就业政策。

南欧四国对就业服务框架的改革减少了通过私人部门和公共部门提供服务的混合模式。21世纪初,希腊对OAED进行的改组彻底改变了就业服务的提供方式,而这项改革的意义不仅在于完成了欧盟的改革任务,更是为寻求有效管理欧盟基金以促进就业和社会包容做出了有益尝试。通过改革,希腊私人就业机构数量迅速增加;此外,希腊于21世纪初通过了改革法案,放宽了公司从临时就业机构雇用短期工人的条件。[26]

在西班牙,紧随第一次劳动力市场解放浪潮之后,在1985年出现了一些私人的非营利临时就业机构,与公共中介组织效率低下相比,这些机构的优势在于反应迅速(CES,May 2005)。到2004年私人的非营利临时就业机构办理了14.6%的固定期限劳动合同业务。

西班牙于1994年结束了公共部门对工作派遣业务的垄断，但这并没有带来私人就业机构的蓬勃发展。相反，由于法律和政策的限制、公共派遣服务供给的不足以及非国有部门还未完全发展成熟等诸多原因，西班牙和希腊的职业中介业务整体上没有发展起来。由此导致在某些社会群体中，非正式的接洽和个人的社会关系在就业过程中仍然发挥着最基础的作用。

在培训方面，希腊的OAED新成立了一个私人子公司，负责经营各种职业教育培训业务（受到欧盟和国家资源的扶持），但这些培训服务主要是由私人机构（获得认证资格的职业培训中心）提供的。直到21世纪初国家认证机构才开始针对私人职业培训机构的业务质量制定和实施认证标准，然而，对职业培训行业的监管制度迄今仍未完全建立起来。这些培训计划是否能够有效促进就业，目前还缺乏一套收集和整理与此有关信息的制度。例如，目前并没有有效收集企业内部培训效果的评估资料，也没有对中学教育、中学后的职业教育与劳动力市场相关关系展开研究，亦缺乏相关资料。总之，希腊的职业教育培训评估制度尚未定型，仍处于初级阶段。[27]

与希腊相比，西班牙的公共职业培训体系有明显的发展，西班牙对其进行的改组增强了劳动力市场的灵活性，也为学生合理制定职业生涯规划提供了可供选择的路径。西班牙的企业内训（给职工提供的）和职业培训（给失业者提供的）由社会机构负责运营，欧盟提供部分资金支持，其主管权限下放给了地方政府，即便如此，这些计划却未取得很大发展。由此导致主导西班牙经济的中小型企业从企业内训和职业培训计划中获益甚少。

结　论

从90年代初开始，南欧的公私混合式福利发生了非常重要的变化。但其变化趋势与北欧国家完全相反，北欧国家政府不再担任福利供给的直接责任人（这一度作为福利国家过度膨胀的应对措施），但我们在南欧却看到相反的情况。一方面，大量未满足的需求（反映了相对较高的贫困率）给政府大规模介入某些福利领域造成了巨大压力，由此扩大了制度化权力的范围（如葡萄牙90年代后期实施的全国范围内的最低收入保障计划，西班牙通过的有关体弱者和供养人保障计划的法案），这一过程可以被形容为一个追赶的过程。另一方面，超国家的财政公约、国内经济紧缩的现实情况以及新自由主义思潮都对社会公共支出趋势产生了消极影响，但我们可以看到，这些因素越来越多地造成特别是社会保障领域的私人支出日益增加、私人购买及非正式私有化行为日益普遍。这里所说的非正式私有化，是由在公共保障覆盖面较低而家庭保障功能日益弱化的情况下日益增长的福利需求造成的。

在本章第一部分，我们主要回顾了导致南欧四国不同混合式福利的一些政策变迁。第二部分我们跟踪考察了财政收支情况，也关注了南欧四国从90年代初期开始为解决四国支出规模过大、社会保险碎片化和分配扭曲等问题而进行的效果不同的财政改革。通过改革，严格区分了缴费型福利和全国性的非缴费型福利，并为长期未能得到发展的社会服务和社会救助寻求了资源。我们也重点考察了尤其是西班牙和意大利地方政府日益扩大的财政基础。四国将公共设施进行彻底的私有化，重组各种类似全国就业服务中心的公共机构，在不同政策领域或多或少建立了一些具有规划、研究和监察功能的自治机构。其重新定义政府职能的意图不言而喻。在西班牙和意大利，政府权力下放的趋势也非常明显。第三部分，我们主要考察了一些关于公私混合式福利供给者及新管理策略的政策发展情况（市场准入、业务外包、业务标准等）。在南欧不同国家和地区，这些战略措施引发的对福利安排进行大范围的系统性改革及在日常管理中加入监管机制的程度都大不相同。此外，由于对变化中的混合式福利安排的监督需求日益增强，墨守成规的行政文化（特别是在希腊）变得不再适宜。

南欧国家面临着一项艰巨的任务：消除不公平现象，解决政府运行的低效率问题,同时要面对全国不同地区多元化高度混合式福利体系的状况。未来这些问题的解决成效还有待观察。但是在现阶段这些国家都对影响社会福利各方面的理论(和实践)产生了担忧,这些理论说辞包括需求、脆弱性、工作福利形式的再分配以及市场竞争。在发达的社会安全网和普遍保障缺位的情况下,这种趋势可能有损社会公平和再分配力度,从而对社会凝聚力产生不利影响。

【注释】

[1] Cf. Ferrera and Gualmini, 2000, 2004; Graziano, 2003; Guillén, Álvarez, and Adào e Silva, 2003.

[2] Cf. the contributions in Petmesidou and Mossialos, 2006.

[3] 主要养老金替代率将下降到60%,并指的是过去五年的总收入(几年后这种情况得到改善)。

[4] 现在大约有30个。

[5] 在80年代,泛希腊社会主义运动党政府保持非常低的税收减免以减少在次级医疗保健的私人投资,每日住院费用报销率的突然提高导致医疗保险基金赤字迅速攀升,但1992年的法案很难理顺资金,也很难解决资源分配的平衡问题。

[6] 然而,灵活就业所占比例仍然较高(21世纪初大约占GDP的30%)(Schneider, 2002)。

[7] 通过该法案,到2007年最低养老金将汇集所有的资金达到退休收入的70%。

[8] 与欧盟2003年至2041年的指令一致的一个关于职业年金资金和监管的规定。

[9] 在希腊如果考虑相对较低的整体就业率(60%),到2050年养老金支出的爆炸性增长会使我们更加吃惊。

[10] 目前最低养老金福利已达到最低工资的水平。

[11] 席尔瓦(Pereira da Silva et al., 2006)估计2002年的改革与基金稳定(那时达到GDP的4.3%)将确保社会保障预算在2020年达到平衡。

[12] 贫困线被确定为国家中等家庭收入的60%; cf. Papatheodorou and Petmesidou, 2006, p.65。

[13] 考虑到欧盟制度内部运行的动力和外部压力,费雷拉(Ferrera)和瓜米尼(Gualmini)将这种变化解释为"被欧洲拯救的"意大利契机。

[14] 例如,根据20世纪初通过的法案,建立了特定区域的补充养老基金。

[15] 在雇员社会保障服务协会所提供数据的基础上,2005年大约有2/3的退休人员(不包括农民)领取大概500欧元的养老金,其中附加了最多达到149欧元的社会救助金(http://www.popokp.gr/deltia_typou/syntakseis2005.html),在2007年后社会救助金提高到195欧元。

[16] 1993年意大利进行了职业年金的重大改革,而2004年进一步的税收优惠政策得到施行,它使雇员的缴费从国家遣散费基金(TRF)转移到一个职业年金。

[17] 捐赠免税(E),投资增长免税(E),福利税项(T)。

[18] 在本节中我们提到的OECD福利国家数据电子访问地址为: http://www.oecd.org/statsportal/。

[19] 这一比例从20世纪90年代末的70%上升到21世纪初的79%。

[20] 也就是说,我们发现活动率非常低,特别是妇女和年龄为55岁至64岁的人,大多数妇女和年轻人有较高的失业率以及高得惊人的长期失业。

[21] 一个全国性的评价机构已于2007年在西班牙建立。

[22] 非缴费型残障和退休养老金是地方政府的责任。

[23] 同样,私人保险已经从1993年医疗总支出的3%上升到2004年的4.3%(OECD,2006)。

[24] 类似的趋势同样也在意大利出现(参见Bifulco and Vitale,2006年意大利南部和北部地区的监管混合体系在社会服务方面表现出不同的特征)。

[25] 对于希腊还应加上来自苏联和阿尔巴尼亚的希腊裔遣返者。

[26] 2006年,公司"租用"的临时工中,有80%以上是19~35岁的年轻失业者,其中50%以上是为期一个月的临时工(来自劳工部数据)。

[27] 2005年成立的全国职业教育和培训理事会期望未来能在就业方面做出贡献。

5 中欧和东欧福利国家的变迁[1]

马丁·波图切克

引 言

本章主要介绍中东欧剧变后持久的社会政策变迁过程。与之并行的政治民主化进程、市场经济的制度化、全球化和欧洲一体化构成了国内真实的决策和政策实施的相关背景。从学术的角度看，这些国家的社会转型过程一直以来是一系列激动人心的自然实验。正如埃斯平-安德森（Esping-Andersen，1996a，p.267）所评论的："中东欧显然是定义最不明确的地区，它事实上是一个实验室。"

本章的第一部分分析了2004年5月之前成为欧盟成员国的8个中东欧国家（捷克、爱沙尼亚、匈牙利、拉脱维亚、立陶宛、波兰、斯洛伐克、斯洛文尼亚）的融资、管理、供给。另外，还将仔细研究与最近的转变有关的一些社会政策结果变量。第二部分将详细分析捷克福利国家的发展历程。

中欧和东欧的福利国家

自中东欧剧变之后，影响社会政策制定的核心背景改变为：从中央计划经济突然转向市场经济，从专制转向民主和多元化政治体制。相应的国家管理权减弱，而市场力量急剧增强。本节的第一部分在强调结果这一维度之前，将讨论福利国家政策的制度变革。

制度的维度

市场经济体制通过受管制和不受管制的方式作用于福利供给。受管制的供给渠道包括公共、部分私人化的保健组织和社会看护机构，以及各种各样的社会保障计划。不受管制的供给渠道对于社会和医疗保健的双重体系来说是稀缺的，在这种体系下正式普遍提供的服务受到不充分的公共资源的制约，这迫使人们向专业人员行贿以获得及时、充分的服务。虽然公共（非营利）部门的影响力和活动范围有了较大的发展，但由于种种原因其地位仍然十分边缘化（Kendall et al.，2000）。

不同国家的社会和医疗政策都受到了强烈的外部因素的影响。最初欧盟在社会政策制定领域对未来的成员国家并没有做出强有力的、明确的规定（Potůček，2004；Horibayashi，2006）。尽管奥伦斯坦和哈斯（Orenstein and Haas，2003）证实了这些后来加入欧盟的中东欧国家与未能很快加入欧盟的国家相比，受到了更积极的影响。欧盟起初采取的迟疑政策为其他国际政治组织，比如世界银行和国际货币基金组织提供了相当充足的政策空间（Potůček，2004）。

然而，2000年以来随着欧盟在政治议程中对社会政策事务的日益强调并通过转移技术和资金为制度的建设提供支持，这种情况正在逐渐改变。开放协调方式（OMC）业已成为欧盟新加盟国的社会政策"欧洲化"的主要手段。但是用以筹备和推行政策的全国纲领性文件的标准并不高。目标和责任界定的不清、项目评估的缺乏、部门间协调的欠缺以及与预算资金衔接的缺失等状况都需要进一步大幅改进（cf. Atkinson et al.，2005）。

进一步分析欧盟新加盟国（NMS）劳动力市场的发展，整体趋势是受雇者数量的稳步下降和失业率的上升。中央计划经济体制通过人为地创造需求使劳动力膨胀，1989年以前失业在这些地区事实上成为一个不为人所知的现象。经济体制转型带来了失业率的急剧增长——从接近于零到某些国家两位数的失业率。除波兰、斯洛伐克、匈牙利这些失业率明显过高的国家，现在的失业率降到了原成员国（OMS）平均水平之下（见表5-1）。

表5-1　　　　　　　　　　NMS的失业率

国家	2000年	2007年
斯洛文尼亚	6.7%	4.8%
捷克	8.7%	5.3%
斯洛伐克	18.8%	11.1%
匈牙利	6.4%	7.4%
波兰	16.1%	9.6%
爱沙尼亚	12.8%	4.7%
立陶宛	16.4%	4.3%
拉脱维亚	13.7%	6.0%
OMS	7.7%	7.0%

资料来源：Eurostat，2008.

尽管在这些地区与市场经济相匹配的劳动力市场政策也在发展，但是财力和可使用的劳动力市场服务仍然十分短缺。整体上用于劳动力市场政策的公共支出与OMS相比保持很低的水平。就积极的劳动力市场政策而言，我们可以发现NMS之间存在巨大差异（见表5-2）。

表 5-2　　　　　　　劳动力市场政策的公共支出

国家	2004年劳动力市场政策措施的公共支出占GDP的百分比	积极的劳动力市场政策支出占总劳动力市场政策支出的百分比
捷克	0.39%	34.0%
斯洛伐克	0.39%	18.4%
匈牙利	0.59%	35.3%
爱沙尼亚	0.23%	19.0%
立陶宛	0.26%	58.3%
拉脱维亚	0.46%	18.3%
OMS	2.11%	30.5%

资料来源：Eurostat，2006.

养老金政策方面的改革同样影响深远。由营利性的私人养老基金所运营的、强制性的第二层次养老金制度的引入表明了再商品化的明显趋势。朝此方向改革的步伐是相当大的：匈牙利、波兰、拉脱维亚、爱沙尼亚、斯洛伐克、立陶宛分别在1998年、1999年、2001年、2002年、2003年、2004年引入了强制性的第二层次计划。同时，为当期养老金受益者所提供的公共养老金的购买力继续维持在极低水平（见表5-3）。

表 5-3　　　　　　平均每月养老金（以欧元计）

国家	2003年
斯洛文尼亚	420
捷克	223
斯洛伐克	138
匈牙利	176
波兰	222
爱沙尼亚	108
立陶宛	95
拉脱维亚	94

资料来源：CANSTAT（2004）.

医疗保健方面的改革大体上可用紧缩这一特点来概括。弗格（Ferge，2001）提出："公共医疗基金现在几乎按照公共保险方案来操作，这严重限制了其购买服务。许多预防、筛查、医疗干预、牙科服务和一系列的药品都被排除在公共资金之外。"医疗保健领域的紧缩很大程度上导致了NMS民众对（公共）医疗保健体系的高度不满（见表5-4）。

表5-4　2003年新旧加盟国医疗保健体系的满意度比较

	OMS	所有NMS以及土耳其、罗马尼亚和保加利亚
非常满意	56%	32%
不满意	42%	67%

资料来源：Alber，2003，own calculations。

在一些NMS中，正式、普遍性提供的医疗保健的中等或低等质量导致了病人共同向医生以现款自付方式进行筹资的"非正式"或"私人"保健体系的产生（Leven，2005；Bolanowski，2007）。遗憾的是，关于这些非正式支付规模的系统性数据无法获得。尽管政策如此发展，但以出生时的预期寿命衡量，NMS人口的总体健康水平自转型开始便在提高。[2]

在机构化的社会保健能力和质量方面，OMS和NMS存在着相当大的差距。OMS中只有4%的成年人报告有"额外的"家庭责任，而在NMS中，有超过28%的被调查者反映有这样的责任（Alber，2003，自己计算所得）。这种结果部分可能是由NMS中对社会服务极低的满意度所驱动（见表5-5）。这项数据反映了家庭照料者极为沉重的负担。机构化保健能力不足给大多数女性造成了一种负担性的依赖，并以复杂的方式助长了她们对制度的依赖。

表5-5　2003年新旧加盟国社会服务满意度

	OMS	所有NMS以及土耳其、罗马尼亚和保加利亚
满意（取值在6～10之间，10分制）	52%	24%
不满意（取值在1～5之间，10分制）	43%	74%

资料来源：Alber，2003，自己计算所得。

在转型期间，对有儿童的家庭提供的传统公共支持明显减弱：托儿所或幼儿园至少被部分地再商品化了。同时许多之前的公共设施也被私有化，相应的公共补助也被废止。20世纪90年代，除了斯洛文尼亚以外，所有国家的家庭津贴都降低了（见表5-6）。这可以理解为私有化很大程度上经历着（再）家庭化的风险。

表5-6　　　　　　家庭津贴占家庭总收入的百分比

国家	1991年	1999年
斯洛文尼亚	0.6%	1.4%
捷克	4.7%	1.6%
斯洛伐克	6.4%	4.3%
匈牙利	8.1%	3.8%
波兰	4.2%	1.2%

资料来源：UNICEF，2001.

总之，与之前的福利体系相比，公共责任对社会风险的覆盖明显减少。同时，由于重要福利部门的再商品化，私人筹资供款增加。然而，转向市场经济并没有使公共部门变得多余。在NMS中，公共部门仍主导着医疗和社会保健的筹资。与OMS的公共社会支出相比，NMS的公共社会支出，无论从相对量上还是从绝对量上说都更加适度（见表5-7）。

表5-7　　　2003年NMS总的公共社会和医疗支出占GDP的比重

	斯洛文尼亚	波兰	匈牙利	捷克	斯洛伐克	立陶宛	拉脱维亚	爱沙尼亚	EU-27
总的公共社会和医疗支出	23.4%	19.6%	21.9%	19.1%	16.9%	13.2%	12.4%	12.5%	27.2%

资料来源：Eurostat，2008.

社会政策结果

1989年之后的政治和经济变革给NMS的人民带来的普遍影响是：一些人的生活水平有所提高，然而更多人的生活水平停滞甚至降低。高阶层和低阶层之间的差距快速拉大。在波罗的海国家不公平现象迅速加剧,波兰也不例外。这些国家的收入差距在发生政治剧变前相较于大多数的欧盟成员国低得多。然而,到20世纪90年代末期,中东欧和波罗的海国家的平均基尼系数约增至欧盟成员国的平均水平(UNICEF,2001,p.26)。转型伴随着贫困的大幅度增加(Orenstein and Haas,2003)。尽管欧盟的官方数据显示,这些国家的相对贫困率与OMS相差无几(见表13-1),但一些NMS的绝对贫困率很高。报告称在21世纪初,国民日生活费低于2美元的比例为:匈牙利7.3%,拉脱维亚8.3%,立陶宛7.8%,爱沙尼亚5.2%(GVG,2002,p.27)。[3]在其他大多数国家中儿童比其他人群更为脆弱。在这些国家中,只有两个国家未表现出儿童极端贫困的迹象:斯洛文尼亚和捷克。NMS中,约有44万儿童在千禧年末每天的生活开支低于2.15美元。除斯洛文尼亚和捷克外,其他国家没有试图界定和提供足够的最低生活费用。[4]在波兰,资格审核标准十分严格,以至于将大部分的穷人排除在外(cf. Ferge,2001)。

表5-8展示了社会排斥和社会剥夺的三种不同变量。第一列反映了由七种耐用消费品(电视机、录像机、电话、洗碗机、微波炉、轿车或货车、个人电脑)组成的清单中,匮乏物品数量的平均值。第二、三列展示了成年人中承认自己存在债务问题或者没有储蓄的比例。

表5-8　　　　　　　　　NMS的人均剥夺比例

国家	指数	偿付能力百分比	没有储蓄的百分比
OMS	0.64	—	—
斯洛文尼亚	0.54	5.2%	67.7%
捷克	0.80	4.0%	63.2%
斯洛伐克	1.29	7.3%	72.9%
匈牙利	1.37	14.3%	87.5%

续前表

国家	指数	偿付能力百分比	没有储蓄的百分比
波兰	1.52	11.3%	86.1%
爱沙尼亚	1.54	18.8%	85.5%
立陶宛	1.79	21.7%	84.0%
拉脱维亚	2.07	24.2%	88.2%

资料来源：Russell and Whelan，2003.

福利国家变迁的共性与个性

由于改革进程不同和相关数据缺乏，很难得出关于NMS典型福利分类的一致性结论，也很难界定一个明确的新兴公共或私人混合模式。尽管如此，我们还是尝试着提出一些普遍性趋势的特征、相似和不同之处，这些还有待进行深入的学术研究。斯洛文尼亚的情况与传统的西欧大陆模式最为相似。捷克遵循核心社会和医疗服务、最低生活津贴的普及性原则，但是社会福利津贴较少，更多地关注较次要的领域。匈牙利和波兰致力于解决主要困难，将某些领域的普及性和另一些领域的剩余约束方式结合起来。斯洛伐克在21世纪初接受社会福利准入设置的条件比较苛刻，因而它正在由西欧大陆模式转向自由福利国家模式，该模式也在所有三个波罗的海国家占主导地位。与此同时，波罗的海国家——与波兰、匈牙利、斯洛伐克相反——保持了相对较高的就业率和更加灵活的劳动力市场（和OMS的平均水平相当）。在中东欧国家并没有一个单维度的福利国家转型，福利国家转型的确非常复杂。为了更好地理解NMS的福利国家变迁，我们将更加详细地分析捷克的福利国家的发展。

捷克的福利国家转型

捷克现行的福利国家制度设计的历史元素可追溯至首位社团主义

者俾斯麦。强制性的医疗和社会保险体系在19世纪末产生并发展。内战时期捷克斯洛伐克民主党实行了一套相对而言更为先进的社会法规,这也被其他国家——比如希腊——所效仿。1989年以前的宣传通常展示了捷克斯洛伐克组织有序的医疗和社会服务,因而,政治剧变的原因与平庸的、技术上过时的、有时可用性受限的社会服务并没有多大关系,而是与经济状况欠佳、政治合法性的丧失有着更密切的关系。在1989年政治剧变后几年动乱的日子里,普遍性和统一性的社会保障体系成为国家社会政策的核心。伴随着新自由主义和保守主义政党在1992年大选中获胜,自由主义和保守主义的残余倾向开始在这一领域得到更为有力的主张。这样的社会改革观念开始对社会保障政策施加更多的限制,并进一步催生了三层体系的设想:第一层以强制性的公共社会保险为基础,以应对公民生活中可预测的状况,同时遵循现收现付的原则;第二层由国家社会支持组成,以应对不可预测的事件,由一般性财政供款;第三层依赖于社会救助原则,以支持处于紧急状况的公民,由中央、地方政府、非营利组织和委托人共同出资。

捷克的社会政策发展历程可以划分为三个阶段。

第一阶段:新制度设计(1989年12月至1992年6月)

社会政策在联邦(捷克斯洛伐克)层面(联邦劳动和社会事务部)和国家层面(捷克劳动和社会事务部)都得到了发展并体现在立法中。尽管两部间的合作并非总是理想的,但是从政治的角度看,它们以及各自政府的立场总是相容的。它们所做的工作可被很好地描述为:努力引进与进行中的经济改革相适应的更有弹性和分散化的机制,以系统性替代原有的国家家长制的做法。这些机制只有在必要的情况下才受制于国家的调控和行政权力。从政府普遍性的政治哲学角度看,这种方式是社会自由主义和社会民主主义的结合。

捷克社会政策改革以三个基本的组成部分为基础:第一,积极的就业政策;第二,自由化和多极化的社会福利,这是基于从19世纪末起就深深植根于国家现代历史的俾斯麦保险体系;第三,为有需要的人提供的社会安全网的发展。由联邦政府起草并实施的《社会改革方案》成为指引社会部门改革的核心概念性政策文件，它同时受到社会民主主义和社会自由主义意识形态的重要影响。一个关于普遍和统一的社会福利体系的方案被采用，该方案将提供普遍性和强制性的医疗和社会保险（为个人和团体提供自愿补充保险），这是基于家庭财产调查的国家社会保险。后者只在以下情况发生时提供：公民没有能力为自己提供各种福利，以及其他可能的福利和救助方式也穷尽了。

第二阶段：紧缩时代（1992年7月至1998年6月）

由于政府的变革，强调经济改革优先的新自由主义政策在接下来的几年中占据主导地位。政府不仅宣称将会在社会保险方面限制国家的作用和消费力，而且据此实施了一些法规，尤其是在定向的和基于家庭财产调查的儿童津贴方面。很多本着多元化和社团主义设计的社会政策制度，仍牢牢地处于国家的控制之中（比如社会保险制度），这是因为政府对公民社会机构的中介作用不信任。捷克的新自由主义和保守主义政府忽视了实现长期目标的思维活动和一个实际的方向，尤其是预防性的社会政策（Potůček，1999）。最终，政府并不热衷于本国加入欧盟，随后也在执行欧盟要求方面滞后。这些都在欧盟委员会的年报中有所反映。

第三阶段：社会政策重返政治议程（1998年7月至2006年6月）

继任政府的政策核心是以社会和环境为导向的市场经济，这是由捷克社会民主党主导的。这与之前政府推行的或多或少强调剩余的社会政策的做法形成了鲜明的对比。然而，这些社会政策项目的实施却受到了以下情况的严重制约：由国家严重的财政问题引起的预算约束、由政府的弱势地位引起的立法延迟、国家执行能力的缺乏、公共管理旷日持久的改革。

社会政策管理的一个重要方面体现在加入欧盟的准备过程中，这一过程由明确的亲欧洲的政府政策加速。欧盟的开放协调方式伴随着国家就业行动计划每年度的细化和实施开始被运用，该行动计划是由

20世纪90年代末的欧洲就业战略（Ministry of Labour and Social Affairs，2004a）所指导的。2002年欧盟委员会要求所有申请国政府详细制定社会融合的联合备忘录，以确认反贫困和社会排斥的关键问题及政策措施。伴随着这份文件的筹备和获准，一个社会融合议程由欧盟委员会和捷克政府代表于2004年正式签订（Ministry of Labour and Social Affairs，2004b）。社会融合国家行动计划在2004—2006年的筹备和批准工作也随后展开（Ministry of Labour and Social Affairs，2005a）。尽管取得了一些进步，但这些文件的缺陷在于缺乏明确的目标，实施过程中的责任定义不清，缺少与预算过程的联系（Potůček，2007）。

尽管在社会民主主义者及其社会政策模式的引导下，政府由自由保守型（1992—1997年当权）走向联合型（1998—2006年当权），然而社会公共开支的总体趋势却出人意料地保持稳定（见表5-9）。

表5-9　公共社会和医疗体系支出占GDP的比重（1992—2006年）

年份	1992	1997	1998	2006
养老金福利	7.6%	8.0%	8.1%	8.3%
病假和产假福利	1.2%	1.1%	0.9%	1.0%
失业和就业政策支出	0.4%	0.2%	0.3%	0.4%
家庭津贴（国家社会保障体系）	1.8%	1.6%	1.6%	1.1%
社会保健福利及社会服务体系	0.8%	0.7%	0.8%	0.9%
其他	1.8%	0.1%	0.1%	0.2%
行政支出	0.2%	0.3%	0.3%	0.3%
社会保障体系总支出	13.7%	12.1%	12.1%	12.2%
医疗保健体系支出	5.4%	6.7%	6.6%	6.8%
总支出[5]	19.2%	18.8%	18.7%	19.0%

资料来源：Research Institute for Labour and Social Affairs，2007.

这些开支中的大部分是通过雇主和雇员对社会和医疗保险的强制性缴费获得的。国家为儿童、病人、处于产期或陪产假期的父母、失业者、残疾人、军人和囚犯等人群向基金供款（见表5-10）。

表 5-10　　　　　强制性社会保险缴费占总收入的比重

捷克，2007	雇员	雇主	总雇员人数	自我雇用者*
养老保险	6.5	21.5	28	28
医疗保险	4.5	9.0	13.5	13.5
疾病保险	1.1	3.3	4.4	4.4（或 0）
国家就业政策缴费	0.4	1.2	1.6	1.6
总计	12.5	35	47.5	47.5（或 43.1）

* 自我雇用者按扣除开支后 50%的最低水平自行计算基础缴费，但至少是他们月均水平的 25%，以 40 500 捷克克朗为上线，约是月均工资的 2 倍。他们的医疗保险基础是按月平均工资的 50%计算。他们可以自行决定从疾病保险中退出，并私底下为自己安排疾病保险。

尽管私人向社会和医疗保健的缴费份额仍然相对较低，但一些领域的私人缴费份额有缓慢和稳定的增长（例如，处方药的分担付款）。

就业和失业政策

在过去几年中根据各届政府不同的政治导向，对积极和消极就业政策的关注也存在明显波动。右翼导向更加倾向于消极政策，而左翼导向支持积极的就业政策，这些也反映在支出水平上（见表 5-11）。

表 5-11　　积极的劳动力市场政策支出占总劳动力市场政策
　　　　　　支出的百分比（捷克，1991—2004 年）

年份	1991	1992	1993	1994	1995	1996	1997	1998	1999	2000	2001	2002	2003	2004
百分比（%）	31	55	35	28	26	21	14	18	25	37	43	44	N/A	34

资料来源：Ministry of Labour and Social Affairs, 2006; Eurostat, 2006.

积极就业政策支出的份额稳定地保持在劳动力市场政策总支出的 1/3 左右。2006 年欧洲组织基金注入捷克的财政拨款额约占 1/3。然而 OMS 中，财政拨款支出占 GDP 的比例只占分配给 OMS 这些政策的资源的 1/3 左右。不出意料的是只有 8%的失业者以个人形式加入，服务对象和社会工作者的比例在250∶1至400∶1之间波动（Sirovátka，2007a）。1999年初政府（议会也接受了）启动了首个全国性的就业计划。在欧盟委员会与捷克劳动和社会事务部的支持下，国家就业行动计划在2004—2006年（Ministry of Labour and Social Affairs，2004a）也被详细制定出来。

在这些进展中，失业保险体系仍然只是提供极为有限的保险金。失业保险金净替代率的平均水平为2005年估计净平均收入的28.5％。50岁以下的失业工人有权领到6个月的保险金，50岁至55岁的失业工人可领到9个月的保险金，55岁以上者可领到1年的保险金。有4％~6％的家庭申领社会救助金，大部分（62％~63％）的社会救助申领者为失业人员（Sirovátka，2007b）。

捷克的就业政策通过指定的公共机构得到了有力执行，如劳动办事处。通过执行1991年的就业法案，区域性的公共劳动事务办公网络被创建以执行国家就业政策。除了设在地区首府的办公室，在较大的城镇也设立了分支机构。全国各地的求职者能相对容易地得到它们提供的服务。私人公司几乎将所有的服务集中于为跨国公司的高级执行职位寻找优秀的候选人。由于分配给积极就业政策的资源稀缺，因而私人企业和公民协会在提供劳动力市场服务方面的参与空间相当有限。然而，利用欧洲社会基金（European Social Fund）的最佳时机明显到了。

养老金

养老保险包括了养老金、残疾人养老金、寡妇和孤儿养老金，缴费用于家庭成员的照顾和行政管理费用。1995年随着新的养老金法规出台，强制性社会保险在立法方面发生了显著的变化。根据新法规，女性法定最低退休年龄由53岁升至57岁（实际界线取决于孩子的数量），男性法定最低退休年龄由60岁升至62岁。这些改革将会以12年为期来推行。2003年男性和无子女女性的退休年龄将会进一步提升至63岁。同样，年龄的提高将会在较长时间段内分阶段进行；2016年男性新的退休年龄完全生效，女性则是在2019年生效。根据基本养老保险法律，养老金由两部分组成：一是面向所有老年公民支付的固定份额，二是基于工作年限和收入所得的部分。法律所遵循的基本原则是，将所筹资金更多地面向低收入人群的实质性再分配。高工资收入人群的养老金受到一个递减计算公式的影响。2006年养老金的平均净替代率由66%（1990年）下降至52.7%。同一时段，毛替代率由52.7%下降至40.8%，在2010年将会进一步减至38%，2015年减至35%。2006年，实际每月平均养老金为8 173捷克克朗（约合290欧元）。这一下降的结果是由保守-自由型政府所施行的各种改革造成的。低替代率明显地反映了养老保险的剩余概念，这与欧洲大陆的实践有明显不同。另外，也不排除公共养老金未来降低至最低生活水平之下的可能性。养老金的融资和管理完全由国家掌控，而非由原先设想的独立的公共机构——社会保险基金机构掌控。

尽管强制性的公共社会保险在捷克的养老保险体系中仍然占据主导位置，但1994年引入的自愿性私人养老保险吸引着越来越多的人。在雇员同意的情况下，雇主可以代表被保险者缴纳一部分或者全部费用。国家通过提供补助和收入税津贴来支持人们参加私人养老保险。该方案展示了福利供给公私混合的一个普遍和极为成功的范例。随着公共养老金可预期地减少，此方案对于中、高阶层的吸引力将会进一步增加。2004年末捷克共有近300万单自愿性私人养老保险合同，大约覆盖了37%的18岁以上人口。自2003年以来参保率增加了8.2%（Úřad státního dozoru v pojišťovnictví a penzijním připojištění，2005，p. 25）。在所有的自愿性私人养老保险合同中，雇主所占份额约为27%（ibid.，2005，p. 36）。然而，很多合约人仅仅是将这一方案作为短期储蓄的获利机会。

1995年起展开了关于改革养老金制度的公共讨论。由国际财经机构专家发起，尤其是国际货币基金组织和世界银行，强烈地推荐国家选择采用强制性的私人共同保险。这种新型养老保险将会补充逐渐丧失其重要性的现收现付制的公共方案。它们认为人口老龄化是不可避免的，同时，新建立的私人运营的营利性养老基金将会满足国民经济投资的需要。与中东欧大部分邻国的做法不同，捷克抗住了这种压力。以下两点解释了产生此显著差异的主要原因：

（1）捷克不像其他中东欧国家那样陷入深深的财政危机中，且对国际组织提供的贷款具有较弱的依赖性。

（2）社会民主党内存在强势的政治上的对立派，包括1998—2006年政府的主要党派以及工会。它们强调这样的改革由于金融市场的脆弱性和多变性而存在风险。同时，它们也对这种私人养老保险制度引入后额外的财政资源的巨大需求表示怀疑。

尽管综合性的养老金改革还未引入，但这场讨论仍将继续。新自由主义理论家、右翼政治家、财经组织的代表们继续支持强制性私人共同保险的构想，同时，制度学派、左翼政治家和工会倾向于自愿非营利性的共同保险方案（由雇主、雇员双方共同缴费）。2005—2006年政府成立了一个由政党成员、专家和公务员组成的特别工作组，负责起草阐明未来养老金改革原则的政策文件。该特别工作组建议改革法定养老金保险制度，包括进一步提高退休年龄、创建储备基金、支持自愿性私人养老金的进一步发展。尽管这份文件并没有涵盖之前讨论过的强制性私人共同保险的内容，改革建议也很温和，但是国会并没有批准这份文件。这是因为波西米亚的共产党和摩拉维亚的议员拒绝支持这一文件，尽管特别工作组内这些党派的代表都表示支持。

医疗服务

俾斯麦传统塑造了1989年后捷克医疗服务的改革。尽管实现从过分制度化的、国有的共产主义医疗保健制度到通过普通税收筹资的国家医疗服务模式的转型有其合理的原因，但是资深的专业人员和公众都压倒性地倾向于由雇主、雇员和国家三方共同筹资的强制性医疗保险制度。随后也出现了一些重大的变化：医疗保健的分散化、公共医疗保险基金的建立、初级医疗保健提供方和一些（较小型）医院的私有化以及服务供给的现代化和改善。因而，绝大多数公共医疗保健基金与增长的私人供给份额相关联（见表5-12）。

表5-12　　　　捷克公共和私人医疗服务支出的趋势　（单位：捷克克朗）

年份	公共（人均）	私人（人均）	总计（人均）	公共	私人
1995	9 032	905	9 938	91%	9%
2000	12 748	1 336	14 085	91%	9%
2001	14 298	1 612	15 909	90%	10%
2002	15 208	1 749	16 957	90%	10%
2003	16 499	2 057	18 556	89%	11%
2004	17 212	2 179	19 391	89%	11%
2005	18 149	2 668	20 818	87%	13%

资料来源：Institute of Health Information and Statistics of the Czech Republic, 2006, pp. 196-7.

带薪工作和家庭责任

直至1995年所有需抚养儿童的家庭都能获得儿童津贴。但在引入《国家社会支持法案》后，这项普惠性福利变成了需要经过家庭财产调查才可获得。尽管社会民主党提议恢复原先的普遍性福利，但在重新引入方案时遭遇了失败。这是由于来自政党联盟、反对党的政治压力以及财力的限制。1989年至2002年，儿童津贴和税收抵免的实际购买价值降低了27%~45%（实际减少值取决于家庭类型）（Hiršl，2003）。这使得许多家庭状况恶化。2002年，37.7%的儿童生活在按收入五等分后收入最低的家庭中，25.7%的儿童生活在按收入五等分后收入次低的家庭中。基于欧盟低于收入中位数60%的临界值，有13%的儿童处在贫困危机中（Večerník，2005）。

随后欧洲的生育率降至最低水平（约为1.2%），这是除了执政的社会民主党的意识形态因素、欧盟的纲领性和政治影响外，促成一个明确的捷克家庭政策于 2005 年提出并获得通过（Ministry of Labour and Social Affairs，2005b）的决定性因素。因此，达到原有薪水 69% 的产假津贴（最高线为每天 694 捷克克朗）现在将连续支付 28 周。另外，最长可支付 4 年的育儿假津贴，由 2006 年每月 3 696 捷克克朗（约合 130 欧元）增长至 2007 年的每月 7 582 捷克克朗（约合 270 欧元）。此外，密集的幼儿园网络（大部分是公立的）以及新引入的所有学前儿童（5~6 岁）免费入园的服务对所有父母都是可得的。

捷克福利国家的进展状况

在共产党执政时期，由于完全就业、收入均衡化和对有儿童家庭相对慷慨的援助，捷克的贫困程度较低。尽管贫困现象增加了，但是各种公共社会政策有效地发挥了调节作用。捷克展现了明显的大陆传统福利国家的典型特征，更为具体地说，是中欧、俾斯麦、社团主义和社会民主主义福利国家。它起源于其现代历史，在经历长达 40 多年的国家官僚集体主义后得到复兴（Deacon，1997）。它的思想体系植根于布拉福（Albín Bráf）、马萨里克（Tomáš Garrigue Masaryk）、恩格利斯（Karel Engliš）、迈切克（Josef Macek）等人的社会思想，植根于社会民主运动的长期传统，植根于捷克公众对基于成就-报酬和社会公正原则政策的支持。它与邻国德国和奥地利的福利国家有许多共同之处（包括制度上和态度上对于变革的抵制）——尽管遗留的元素的发生率越来越高。考虑到具体的公或私的组合，表 5-13 对各项政策进行了总结。

从表 5-13 中可以看到，自 20 世纪 90 年代早期建立的福利国家迄今为止未能实现综合性的变革。公共力量仍然起关键性作用。这部分地是由外部角色的有限影响和民主政治体制造成的。由于比例选举制度，捷克政府在设计和实施任何的"激进"改革时相对较为弱势。来自欧盟的要求和制度及资金支持一直以来都很重要，尤其是在制度建设方面。

5 中欧和东欧福利国家的变迁

表 5–13　2006年捷克福利国家的状况

维度		政策				
		就业和失业	养老金	医疗服务	带薪工作和家庭责任	总结
融资		全国公共性，有来自欧洲社会基金的供款	主要是公共性的，私人共同投资份额增加	主要是公共性的（低于90%）	混合型，公共资源份额不成比例地低	公共资源占优，适度的
管理		全国公共性，有欧盟的干预，与企业合作，努力提高就业能力和水平	公共性；与私人基金合作，提供自愿性保险	公共性，弱	公共和私人非营利性	在国家层面集中，欧盟和公民社会的介入少，社团主义机构重要
	供给	公共性为主	公共性为主	公私混合	公私混合	公共性为主，私人（非营利性的）供给者份额增加
	产出	中等水平	适度的，普遍的	优良的，普遍的	有儿童和从事健保的女性处于劣势地位	大体上令人满意，的确存在效率不足和低效率现象
总结		集中、不发达	长远看需要改革以维持体系	资金短缺，需要更好的管制	令人不满意，需要新的公共举措和规定	面临挑战——存在困难和缺陷

111

结　论

　　1989年后的中东欧，市场变得成熟，但仍然脆弱；政府表现拙劣且政治上脆弱；市民社会正在恢复，但影响力有限。这些发展给NMS福利国家的转型带来了什么后果呢？在欧洲存在一种新兴的后社会主义福利国家吗？[6]我们的分析表明在各NMS中，各种各样的方法和制度框架得到发展。尽管有一些相似之处，但各国都发展了其独特的社会福利重建模式。必须强调的是，考虑到公和私的混合，波罗的海国家相较于其他五个被研究的国家似乎更加依赖私人和市场元素。尽管作为引入市场经济后不可避免的一个结果，所有这些国家福利的供给都部分私有化了，但是捷克的例子表明公共部门仍然主导着许多政策领域。不仅不同国家的转型存在差异，而且不同政策领域的转型也不尽相同。举例来说，尽管在捷克医疗保健大部分以私人化的方式提供，但其中大约90%的缴费来自公共基金。因此，完全私有化的一维趋势和公共责任的放弃这些说法都是错误的。此外，在NMS中，政党和权力资源似乎仍然对福利国家的设计和转型有巨大影响。在政治剧变以及随后的经济、政治、社会转型已进行了近20年后，这些是否带来了新的社会政策平衡还有待进一步研究。

【注释】

　　[1] 我很感谢我的同事马格达莱纳·缪若拉瓦（Magdalena Mouralová）提供相关信息。

　　[2] 唯一的例外是在波罗的海国家男性人口的这个指标是停滞的。

　　[3] 与此对应的是，欧盟其他成员国的这一比例不到2%。

　　[4] 2003年初斯洛伐克政府决定削减最低供给。

　　[5] 必须牢记捷克没有限制社会和医疗福利的应纳税所得额。这一事实与其他国家比较更加复杂。

　　[6] 切拉米（Cerami, 2005）提出一个奇特的东欧社团模式的出现具有前共

产主义（俾斯麦的社会保险）、共产主义（普世主义、社团主义和平均主义）以及后共产主义（以市场为基础的计划）的特征。埃杜凯特（Aidukaite，2004）认为存在有利于波罗的海国家的领土和政治领域的后社会主义制度类型的强有力证据。然而，大多数研究者反对此观点。赖斯（Rys，2001）认为没有合并福利制度的趋势，因为按照"国家"条件它们没有明显的不同。弗格（Ferge，2001）认为没有一个独特的理想的概念来描述这些国家。森高库（Sengoku，2006）认为很难将后社会主义福利国家的福利体系归类为欧洲福利模式的单一变体。对于霍里贝亚什（Horibayashi，2006）和柯尼（Keune，2006）而言，中欧国家的福利制度仍然处于形成过程中，现在对此下定义为时过早。

6　日本的福利社会：福利及日本国家[1]

罗杰·古德曼

引　言

本章将日本社会保健体系作为一个案例进行细致研究，并以此方式强调一些在盎格鲁-撒克逊和斯堪的纳维亚福利模式的发展和研究成果中根深蒂固的假设，尤其是与部门在福利服务的供给、融资和管理方面的公私划分以及相关方面的假设。在这些西方制度的比较中，日本制度有如下特征：（1）在地方政府官员的指导下，依赖于无须给付报酬的地方志愿者；（2）在私人机构中加入国家保健体系的人员安置，这类私属机构由国家监管，也基本上是由国家资助扶持，即人们所知的措置制度。福利提供的思想植根于多数西方文献中关于社会政策的阐述，而民生委员和措置制度均对福利提供的有关"权利""公民资格""专业化"的规范性假设提出了有趣的挑战。在20世纪80年代，由于高质量的护理服务可由纳税人以较低的费用来提供，这些制度同样被视为日本所谓"经济奇迹"的原因之一。20世纪90年代日本经历了经济衰退、剧烈的人口变动和市民社会的成长,这些均导致了对某些福利模式假设的反思。国家对提高生育率项目进行重点投资,通过养老金及失业制度改革,为有需求的老年人提供支持,同时减少对需求较弱群体的支持。90年代同样见证了私人福利提供者逐渐受制于市场力量、评估体系及官方认证。至今一直未被说明的是这些福利制度改革对妇女,以及对一些社会指标如寿命、社会公平性、健康、教育和国家经济的长期影响。

社会福利的日本模式

很明显,国内外的学者都在用比较的视角对日本福利国家进行界定时遇到了困难。甚至埃斯平-安德森(Esping-Andersen,1990)在《福利资本主义的三个世界》(*The Three Worlds of Welfare Capitalism*)中也未能把日本归类到他定义的三个类别中,即社会民主主义福利制度、保守主义福利制度和自由主义福利制度。尽管起初看来日本福利国家与许多南欧国家"家庭主义"的福利制度有许多共同点,但他在后来的一部著作中(Esping-Andersen,1997)指出,由于日本在家庭政策上巨大的财政支出以及更少使用不支付报酬的妇女工作,日本还是不应该包括在与南欧国家相同的类别里,他把日本称为一种"混合"的模式。与埃斯平-安德森的观点相反,卡斯萨(Kasza,2006)在他最近的有关日本福利的书中辩驳了有关日本福利制度的发展及结构的"例外论"。笔者打算在本章结尾回到最初的那个问题——如何很好地描述日本福利制度的特征,但首先,我要介绍一下在战后时期这个制度是如何运行的,它在过去的几十年中是如何发生这么大的改变以及其成因。

约翰·坎贝尔(see Campbell,2002)是研究日本社会政策的资深美国学者,他试图将日本社会政策放在一个更宽泛的比较视野中,在这个视野中,以下三个元素成为社会福利模式的特征:(1)国家的低支出。(2)在福利功能上高度依赖家庭、社区及企业，而在西方国家这部分功能是由国家承担的。(3)强调社会政策是对社会中经济生产元素的一项投资，例如，国家对教育或公共卫生的支出是为了维持劳动力的再生产，而不是为那些无法为国家财富做出贡献的人提供一个安全网。这导致的结果是妇女承担了大部分照料老人和孩子的责任，依据不同评论者的个人偏见，这样的角色通常被描述为劳动力的边缘化或性别分工。怀特和我（Goodman and White，1998）曾经论证过这些特征同样广泛地适用于我们定义的"东亚福利模式"。正如坎贝尔所指出的，到20世纪70年代末大部分国外评论者均认为这种模式是消极的（福利倾销），但接下来对这种模式的评论却变得逐渐积极起来，因为他们认为"日本式的福利国家"与日本逐渐增长的经济实力是有直接关系的。1997年东亚经济危机和日本经济陷入低谷又一次将舆论引向消极的评价，但这些评论却极少否认该模式本身（see Goodman，2001）。这个模式依赖于一个混合体，一方面是通过公共财政支出和管制约束来保证强有力的劳动力再生产，尤其在就业、医疗及教育方面；另一方面是私人供给，通常通过家庭以及地方社区来照顾低生产率的社会成员。

可以仔细研究有需求儿童的照料制度，它为探寻日本福利制度在实践中如何操作提供了一个很好的例子。这种照料和支持一般通过一个由本地准志愿者、地方政府官员以及私营（通常为家庭运营）的非营利机构等组成的混合体提供。在日本准志愿者被称作民生委员，是由战前制度中的家庭委员直接过渡而来的。家庭委员制度的建立本是用于应对1918年在大阪发生的"粮食暴乱"，是在埃尔伯菲尔德（Elberfeld）制度及伦敦慈善社团模式的基础上建立的。在这种模式中，本地精英志愿者收集本地情况的信息并寻求社区社会救济的方式。在战争年代，家庭委员与本地社区群体趋向同义，这些社区群体在管理地方社团中发挥了重要作用。除此之外，最初这个制度在战后被允许继续存在的原因很简单——缺乏建立专业社会工作制度的资金（Goodman，1998）。

6 日本的福利社会：福利及日本国家

目前日本有超过20万名民生委员，他们的平均年龄超过了60岁，其中70岁以上的约占10%，也有部分在80岁以上。直到20世纪80年代，一线福利支持工人中的大部分是男性，这和以往不同。民生委员探望当地社区成员（平均每年探望120次），然后向市政府社会福利部门的官员报告他们认为需要支持的人员。然而，并不明朗的是，民生委员是否在提供支持或监管地方社区方面更积极。例如，单身母亲有时会抱怨年老的民生委员教育她们非婚生子的不道德观念（在战后，非婚生子占所有新生儿的比例从未超过1%）[2]，而不是培养她们对福利权益的意识。而支持民生委员这一角色的人［最有名的是沃根（Vogel，1980）和本-艾瑞（Ben-Ari，1991）］指出，民生委员是当地社区的核心成员，而不像大部分工业社会的专业社会工作者那样来自社区外部。从这个意义上来说，在这样的社会中，他们的地位可能被认为接近于教会成员。与各地的教会成员类似，他们没有社会工作的专业资格，但却被公认为是正直的、具有经验的成员并赢得了社区成员的尊重。事实上，正是因为这种很高的社会地位，只有少数民生委员会在三年的任期结束后退休，这也使得他们的平均年龄持续上升。众人均赞同的一点是：民生委员制度运行成本低廉，仅需支付他们的花费，而有时他们中的一些人确实是自己赔钱工作，但是，既然他们没有收取工资，那么个体间工作水平的差异巨大也就不足为奇了。

20万名民生委员只向1.8万名社会福利管理者报告，地方政府官员则承担着管理国家福利制度的责任。从另一个方面看，1.8万名社会福利管理者要为1.24亿人提供服务，其中仅有1200名儿童福利管理员，这部分政府官员仅负责处理儿童保育事件。统计数据显示，每一位政府官员都承担了很多工作（通常超过100项事务）。因此，在许多事务中存在民众大量依赖本地民生委员志愿者的现象也就不足为奇了。与民生委员类似，地方政府官员也享有很高的社会地位，大部分也没有社会工作的专业资质。事实上，这两个因素是相互关联的。正如伊图（Ito，1995）指出的，尽管有许多日本大学开设了社会政策的课程,但这些课程几乎只在低水平的大学开设,而在这些大学中也鲜有学生能通过高难度的考试而成为地方政府官员。因此,那些拥有专业社会工作资质的人很少受雇于一般的社会工作岗位,而在日本大部分地区(神奈川、大阪以及新潟等地区例外),这些岗位上的雇员没有任何社会工作资质。事实上,通常他们愿意先在地方政府的社会工作部门工作三年左右,然后通过政府部门的正常轮岗调动到其他部门工作。通常这些地区的代表不太愿意介入家庭事务,例如儿童虐待和家庭暴力——事实上,由于这些地区最近发生的几起悲剧,该趋势也备受谴责(see Goodman,2006);而且就算他们真正参与进来,通常也仅是扮演调解人的角色,然后将事件交由社会福利机构处理。

与民生委员志愿者以及社会福祉管理者并列,社会福祉主事机构是日本社会工作供给"三大支柱"中的第三支柱。尽管这些机构全部是非营利组织,但大部分是私营的,尤其是20世纪70年代以后,地方政府机构(一直以来,这部分机构拥有更高水平的员工配置和服务供给水平)逐渐关闭,私人机构则填补了市场上的这部分空缺。例如,日本的540个儿童之家中,超过90%的儿童之家为私人机构。然而,需要说明的是,它们每接收一个儿童,国家会给予一定补助,95%的机构资金来源于国家补助。尽管这些机构中的很多工作人员毕业于大学的社会福利专业,但很多管理层的成员却不是。因为这些机构中有很大一部分是宗教基金会或家族企业,其中的管理职位则是为宗教组织或该家族预留的。为年老者提供居家安置服务的产业在日本繁荣发展不足为奇(日本的老龄化速度快于其他工业国家),然而更令人惊奇的是儿童居家安置服务的业务也在持续发展——尽管日本的生育率持续下降,这是由于日本在20世纪90年代出现了虐待儿童的现象(see Goodman,2002)。上述有关儿童福利诉求事实的陈述提出了几点思考,而这部分证据也表明日本制度的运行基础与斯堪的纳维亚福利制度(也就是埃斯平-安德森定义的"社会民主主义")在很大程度上不一样。首先,也是最显而易见的,毫不夸张地说在日本没有所谓的"专业"社会工作；在日本的制度中，较高知识水平、在职培训以及全面的工作经验逐渐比拥有专业资质更被看重。然而，这是由历史因素、政治合理性、预算约束以及文化倾向造成的，正如坎贝尔（Campbell，2002）所指出的，这是一个非常难回答的问题。

其次，同样在西方文献对社会政策的描述中，权利和市民的概念在日本模式中相当模糊。在儿童福利的例子中，这种模糊尤其体现在20世纪90年代初日本对联合国大会通过的《儿童权利公约》的争论上（cf. Goodman，1996）。日本政府官员辩驳道，联合国大会是基于西方假设，这个假设不仅与权利的概念相关（在日本传统里，权利是一个低级的甚至是负面的概念），而且把孩子作为一个与其父母分离的独立体。有人认为日本的"文化实践"——例如亲子自杀以及亲权的概念（宪法赋予父亲们可以用体罚的方式来管教不听话的孩子的权利）——是日本的"孩子是一个附属体（父母的延伸）"信念的一种体现，这与把孩子作为一个独立体是相对立的。事实上，在20世纪90年代初，大部分日本人认为赋予儿童权利在很大程度上破坏了西方社会中的家庭，这也是西方社会面临青少年犯罪问题的根源。

类似地，在日本社会福利服务中，直到最近才有一个可以表达"市民身份"概念的词。在日本大部分人认同国家有代表公民行使权力的权威；政府官员能行使他们的权力，也是因为大部分人认同教育制度的精英本质，正是这种本质把这些官员指派到了第一等的社会地位（see Boling，1998，pp. 185-6）。古老的习语"官尊民卑"（对政府官员的褒扬以及对民众的蔑视）把战后日本所谓的"经济奇迹"归功于政府（政府也肯定地受到了称赞），这在日本有相当强的说服力。

既然关于权利及市民身份的讨论非常少，也鲜有对社会工作职业的投入来为社会边缘群体争取权益，那么日本在公共福利机构方面几乎没有投入也就不足为奇了。私人福利机构已有很长的发展历史，这些机构长期以来在当地社区享有很高的社会地位，即使现在它们的资金大部分也来自公共资金。日本福利发展的历史都是基于这个前提：福利在历史上长期依赖于佛教徒、基督教徒、君主个人及官办机构的善举（see Goodman，2000，第二部分是日本社会福利发展的历史性解释）。事实上，在一个少于0.5%的人口信仰基督教的国家，基督教很大程度上与它的福利（及教育）机构相关。

综上所述，绵贯（Watanuki，1986，p.265）将战后大部分时期福利供给体制描述为"日本模式"（尽管其根源可以在战前时期找到）：福利服务大部分通过私人机构和组织提供，但由公共基金出资，公共机构进行管理和监督（尽管通常有一定差距）。

"日本福利模式"受到的抨击

大约在过去的十年中，上述"日本福利模式"——大多数评论员认同这个说法，无论他们是否赞成这个体系——不断受到抨击。主要有来自四个方面的抨击，需要指出的是，其中大部分也是其他工业社会所共有的。

（1）失业率的上升。在战后的很长时间里，主要的社会福利政策就是保证充分就业，而不断升高的失业率导致日本战后被称为"三个支柱"的就业体系（终生雇佣、年资晋升和公司福利）的转变；调查显示个人安全感急剧下降；社会不公平现象明显增加。然而，需要强调的是，通过和西方福利制度比较，提升就业率的举措仍然是福利制度的一个重要组成元素。过去的二十年，尽管在外部压力下对例如农业、零售业等部门的支持力度已大幅减弱，但在20世纪90年代在相当大的范围内这种保护措施被公共财政赤字的政策项目所取代，这些公共项目使失业率保持在一个比在单纯经济条件下预测的失业率更低的水平。尽管大公司大幅度削减终生雇佣的员工数量，但是在它们的花名册中依然有许多被西方国家的竞争对手认为不必要的工人。这也是根据国际标准，日本白领的生产率一直保持低水平的一个原因。根据瑟勒博-凯泽（Seeleib-Kaiser，2006，p.713）的研究，如果没有这些政府项目及公司政策，日本的失业率大约比官方公布的5％翻一倍，并在20世纪90年代和21世纪初的经济大萧条中持续保持高失业率。日本工人的不安全感一部分源于认识到了这种事实，另一部分则来源于在20世纪80年代和90年代规定的失业保险待遇标准和领取期限的双重缩减，以及申请失业保险资格标准的苛刻：领取失业保险津贴的人员占全部失业者的比例从20世纪80年代接近60％下降到1998年的40％。与此同时，生活救助制度的申请资格标准也更加严格，这也额外增加了人们的不安全感。

（2）"市民社会"的出现。随着国家应对20世纪90年代经济衰退的无力以及这期间的一些灾难事件的发生，例如1995年神户大地震和同年发生的东京地铁毒气事件，民众对国家及政府官员丧失了信任，他们也强烈意识到政府官员应该为纳税人工作，而纳税人有权知道税收的用处及流向（Bestor，2002）。在福利政策中，本地化的市民群体、志愿者活动和非营利组织有大幅度的发展，这在很大程度上是90年代保守主义地方分权的地域福利政策的结果，这种福利政策是为以福利供给责任回归于社区的方式降低成本而设计的（see Peng，2005，pp.90-1）。

（3）社区和家庭——之前被认为是日本社会的基础——被视作"封建制度"的机构而不断受到抨击。例如，20世纪90年代在日本越来越响亮的话语形式是"照料地狱"，其法律规定照料直系亲属的要求对女性形成特定压力。当然，这些抨击部分是因为受到80年代日本泡沫经济时期性别关系模式转变的驱使。90年代许多女性加入就业队伍，并拒绝恢复原有的家庭模式（导致她们有时被国家妖魔化成"寄生虫个体"——她们有自己的收入却留在父母家里啃老）。还有一点需要补充的是，这与90年代"发现"的虐待儿童现象相关（Goodman，2002）。关于"个人"的论述在日本也有一些变化，包括从对"人性本善"的信仰到至少有点认同"人性本恶"的转变，这个转变在一定程度上改变了父母、政府官员以及福利组织工作人员的感受。

（4）然而，也许对于日本福利制度而言最显著的压力是来自日本剧烈变化的人口结构、快速老龄化社会、与缺少新生人口的天然恐惧联系在一起逐渐缩小的人口总数、开放移民的危险以及这个多灾国家的养老金制度（cf. Harada，1998）。

对"日本福利模式"所受抨击的回应

日本福利国家是如何受这些外部因素影响的？国家是否在帮助弱势群体上扮演了一个更加积极的角色，或是仍然依靠私人机构来处理这些问题？对福利国家的理解是否更加全面？尽管15年之后仍然处于经济衰退期（虽然2007年日本官方否认国家正处于经济衰退中），是否有证据说明福利支出在财政方面的扩充？对近期家庭政策和社会保健领域几个项目的关注给我们提供了一些关于福利制度发展方向的线索。

（1）最为知名的可能是国家通过对老年人口进行援助的"1990年黄金计划"和"1995年新黄金计划"项目。国家对老年人的保健支出从1990年的5 700亿日元上升到2000年的35 700亿日元，这些支出主要以在上述计划中引进家庭协助支持的方式使用（Peng，2005，p.82）。最近引进的长期信用保险——很大程度是用来防止社会性住院这个在20世纪70年代成为长期问题的现象发生，病人需要支付10%的费用，其余90%则由社会保险和普通税收共同支付（Campbell and Ikegami，2003）；这个系统涉及由家庭保健到国家保健的重大变化，不仅仅意味着整个系统拥有了更多的资金，正如彭戈（Peng，2005，p.84）指出的，这同样意味着从以家庭财产调查为基础的保健到以权力为基础的保健的变化。韦伯（Webb，2002）也同样指出，用"保健"这种新的表达方式代替旧表达方式中的"福祉"，目的是减少接受者的耻辱感，这个过程持续了很长时间。

(2) 1994年的天使计划。这个项目的基础是从因日本不断下降的出生率而责备"自私的女性"转变成责备日本社会没有给予养育年幼儿童的妇女支持（Roberts，2002）。这个计划是由三个政府部门负责的：厚生省（主要负责日益加强的国家儿童保育）、劳动省（主要负责鼓励公司变得更家庭式）、文部科学省（主要负责为父母及祖父母提供更多的支持）。这个计划促进了日护中心、场所和津贴的大量增加：儿童保育预算从1990年的16 000亿日元提高到2000年的27 400亿日元（Peng，2005，p.82）；直到2000年学龄前儿童中有25％加入了有执照并享有政府津贴的照护中心，每月花费300英镑，这个消费水平非常高，但大部分家庭却支付很少，如果事实上需要的话。同时也成立了很多针对父母的咨询中心，政府进行了大量的广告投入（显然是不成功的），以使得更多的父亲参与到儿童保育中。

(3) 联合国大会通过《儿童权利公约》之后，日本政府在探索建立保护儿童权利的项目上变得更加具有前瞻性，并且在某些案例中也涉及剥夺父母的权利，这在10年前是无法想象的。法庭也开始受理虐待儿童和家庭暴力的案件；警察则认为当有虐待儿童案件发生的嫌疑以及医生或教师报告他们对病人及学生的担心时，警察有法定的责任来完成家访任务（Goodman，2006）。国家甚至开始管制外籍人士收养儿童的事务，社会工作者提供不充分或不适当的护理起诉事件显著增加（尽管以美国和英国的标准来看，这个诉讼数量还是很低的）。

(4) 另外可以观察到的一个主要变化是私人部门在福利供给中扮演的角色。正如我们所看到的，以往日本的私人机构曾经和许多保守的西方福利国家的公共机构非常类似，这些私人机构在措置制度下运营。在这个制度内，国家控制了在私人机构安置个人的权力并可以指定条件和费用，这些私人机构无权拒绝国家安置个人的安排，否则该机构将无法继续保持其注册身份以及享受国家津贴的资格。措置制度是一个从战后沿袭下来的制度，当时没有资金建立国家福利机构，考虑到经济因素，私人机构也需要国家的支持来维持生存。然而，20世纪90年代却见证了这一显著变化：从这个措置制度发展成个人和服务供给者之间直接的契约关系,这个关系的引进很大程度上使得服务的供给者对市场及消费者需求更敏感。尽管迄今为止国家依然不能为营利性福利机构拨付资金(尽管目前正在考虑中)[3],但可以确定的是,也许不是全部,一些私人福利市场可能开始出现竞争(Hiraoka,2001)。营利性、公开透明、竞争、放松监管及侧重结果的衡量逐渐成为日本新社会福利(及教育)相关讨论中的内容,这种方式在英美已经出现了至少20年(Kono,2005)。

(5)最后,以国家支付培训费用并得到官方认可的新型福利相关职业的出现为首要标志,尤其是法律要求学校及儿童之家必须雇用临床心理医生,雇用比例要与在入学前遭受虐待的儿童人数相匹配。总体而言,公共责任在家庭政策的范围内得到了明确的扩展。

在过去十年里,除了家庭政策外,日本还发生了什么变化呢?最近发生的变革更多地聚焦于以财政资助福利事业来发展国家和个人间的合作关系。

(1)失业政策:正如上述所言,与失业津贴领取资格缩紧的时代联系在一起,不断升高的失业率已经成为过去十年日本不断丧失安全感的根源。然而,不是所有的评论员都赞成这种警觉是有意义的。例如,瑞贝克(Rebick,2005,pp. 102-3)明确表示近年来日本财政用于稳定就业的预算安排发生了重要转变,即从侧重于维持就业的直接投资(占1978年总预算的84%)到为找工作面临特殊困难的人群提供投资,包括对老龄工作者的支持和人力资源的开发,特别是技能开发和再次培训,以更加间接的形式维持就业稳定;从中能够发现日本政府无意于迅速推动解决金融部门的问题并持续依赖公共工程,也许更有意义的是,瑞贝克(Rebick,2005)认为在日本工作机会被视为一项基本权利,因此如果私人部门无法提供工作,这个国家便需要承担为民众创造工作机会的责任。20世纪90年代,这一理念促成了凯恩斯主义为传统公共服务项目提供资金的巨额财政赤字。90年代末期年度财政赤字已经达到GDP的10%,国债也上升到GDP的约120%。乔尼(Chorney,1996)把该策略称为"东方的凯恩斯"(cf. Seeleib-

Kaiser，2006）。

（2）养老金政策：尽管在经济急速增长的80年代，日本政府首次提出一项真正的覆盖全民的国民养老金计划，如家庭妇女这些没有直接创造财富的社会成员也包括在覆盖范围内，然而90年代的经济衰退使得税收收入大幅度下降，加上人口的老龄化，这项新政策面临年金支付水平下降的压力。政府宣布主要年金制度的申请年龄资格——厚生年金的领取年龄从2013年起直到2025年，将逐渐从60岁提高到65岁；2004年政府采取了进一步的改革措施，这将使养老金待遇水平在未来12年降低15%（Rebick，2005，pp.129-30）。最后，政府采取行动弥补了这个政策"漏洞"：60岁的退休者得到养老金的同时，也有资格领取失业津贴，这在事实上成为"第二支柱养老金"。这三项改革有助于解释日本为什么会有如此多的老年人认为60多岁仍然需要就业。

（3）医疗政策：引起日本民众不安的第三项政策改革是医疗。随着医疗保险制度需要满足不断膨胀的需求，尤其是来自老龄人口的医疗需求，在90年代个人医疗服务缴纳的费用不断增长。国家设定了给付的封顶线，也为穷人提供免费的医疗服务。在长期护理保险制度中，超过40岁的人必须为自己的老年保险政策投资。

总览就业（失业）、养老金以及医疗政策，如果考虑到公共部门和私人部门之间的划分，这些政策其实都是互相交叉的。尽管一些发展的观点认为某些私有化是以财政支付养老金与医疗保健的方式出现的，但国家在很大程度上也接受了实现"充分就业"的"公共"责任。

结　论

目前对于日本福利制度新项目、话语体系及压力的影响是否有可能给出一个结论呢？许多方面发生了剧烈的变化——与之前持续多年的沉寂相反，很少有人能够预测未来几年会发生什么事。日本福利制度发展史的著名学者之一玉井金（Tamai Kingo，2003，pp.45-6）将最近的趋势总结如下：

> 自20世纪90年代以来……作为日本福利供给模式的核心部分，家庭和企业的功能被明显地弱化。对于家庭而言，随着已婚妇女劳动参与率不断提高，建立在男性为主要收入来源、女性为全职家庭妇女基础上的家庭模式正在发生变化……公司倒闭、破产、合并也弱化了公司的福利供给能力和计划。公司开始采取雇用兼职员工替代全职员工的策略以降低劳动力成本和福利支出……随着最近"安全网"概念的出现，维持日本福利模式将越来越困难。

尽管运用了最新出现的表达方式，认为国家提供了一个"安全网"，但充满信心地认为妇女卸下照顾老年人和儿童的重任还为时过早（see Peng，2002；Osawa，2005）。而养老金和医疗保险制度的改革导致私人福利机构市场化以及个人承担为自身未来而进行长期投资的压力，是会创造一个更有效率的制度，还是会导致更严重的社会不公平，目前下结论仍为时过早。而一些具有影响力的评论家（see, for example, Tachibanaki，2005）认为社会不公平会更加严重。如果事实如此，则会非常讽刺：日本在战后一直实施的混合福利保持了比其他工业化国家都低的成本，然而在某些领域的社会指标，例如医疗及教育均保持在世界领先水平。尽管经济发展停滞了15年，但2007年日本依然保持着世界第二大经济体的地位，拥有世界上最高的长寿人口比例，最低的婴儿死亡率，最高的普通教育率和文化率，最低的严重犯罪、吸毒、违法和离婚率。以上这些指标均表明按全球标准看日本具有非常稳定的家庭和社区。随着日本政府越来越倾向于扮演管理者的角色并试图在福利领域确立赢利的观念，探究思考这些数据与社会模式有什么直接或间接的影响将会是件有趣的事情。

总而言之，让我们回到开篇的问题：应该如何总结日本福利制度的特点？可以看到卡斯萨（Kasza，2006，p.109）持坚定的立场：

无论是现在还是过去，都无法定义日本福利制度的特点，因为它可以说是"独一无二"的（与其他制度相比），也可以说依旧以一种不寻常的方式依赖着家庭。他（Kasza，2006，p.109）认为"用日本文化来解释日本福利制度几乎没有任何作用"，很大程度上是因为这个制度的两个支柱——医疗政策和养老金政策大部分是根据西方福利国家的制度模式建立的。他承认日本的就业制度是独一无二的，但这不能归功于日本的文化，而应归功于从20世纪60年代至80年代日本经济的高速发展；这一时期充分就业意味着国家不需要也未曾发展过完善的失业制度。他（Kasza，2006，p.112）总结道："如果有一种文化导致了日本福利国家的产生，那么主要是工业国家的福利政策制定者分享的全球文化，而不是日本特有的文化。"

尽管不赞同卡斯萨的大部分福利政策发展的分析是比较困难的，但他的观点的确没有代表当今日本福利制度的主流观点。在许多西方文献中仍然有一个广泛的认知：日本的公共财政、公共管理与私人供给混合的福利模式不仅是特立独行的，而且在一定程度上比更加依靠公共部门而不是私人供给的斯堪的纳维亚模式更加"糟糕"。[4]

日本的制度一直处于公共部门和私人部门之间的合作伙伴关系中：公立医院、学校以及福利机构通常由私立机构资助。在许多案例中，与大部分西方社会经验不同，公共机构一般而言会有素质更高的员工队伍、更高的地位和更昂贵的运营费用，这也是为什么一些部门关闭公共机构，允许私人机构提供服务。日本制度一直依赖于"国家任命"、准志愿者，例如民生委员志愿者，并且没有证据表明这些制度正在消失。事实上，随着"公民社会"这一新表达方式在日本的发展，更加独立于国家之外的志愿者群体的出现将成为一个重要的补充。

国家在管理和评估福利供给者方面同样开始扮演更为重要的角色；再也没有人假设福利供给者"人性本善"，他们的行动较以往也处于一个更加严格的监管之中。然而，也几乎没有证据证明国家希望完全承担以往由私人机构提供的服务或者在服务供给上与私人机构竞争。如果有的话，与之前为支持私人机构填补空缺只提供有限的供给相比，例如老龄之家、儿童之家、养老金政策、医疗政策、教育政策甚至某种程度上的就业政策（社会上仍有人认为永久雇员不会被解雇）表明现在国家甚至倒退了。尽管在这个背景下，可能发生的最大的变化是这部分日本私人机构的压力不断增加：它们需要证明自己是如何使用国家公共资金的并证明它们提供给客户的服务质量究竟如何。

  毫无疑问，日本的福利制度正处于十字路口，很难判断是否会与外国模式融为一体或逐渐变得与它们完全不同。这很大程度上依赖于日本经济发展的方向与其他政治决策，尤其是劳动力政策的开放程度，即允许移民进入日本以解决国内劳动力老龄化的问题。事实上，其他福利体系本身也在发生变化，这肯定是我们唯一可以得出的结论。福利制度永远处于不断变化之中，许多情况变得相当复杂，所以很难讨论甚至设计出一个统一的福利政策。福利政策能反映当地的需求、政治适合性以及财政约束，与哲学和意识形态的模式差不多一样。"传统"与"文化"在日本和其他地方一样，均是使福利举措合法化的有利条件，但在福利举措的决策上却未能起到很重要的作用。然而，在一个合法化系统中运用的说辞的确能影响人们的使用和感知，单就这个原因我们需要主动了解在福利的背景下日本的个体是如何理解"公"和"私"的概念的，而不是假设他们的理解是普遍一致的。

【注释】

  [1] 这章由具有人类社会学背景并研究社会政策和社会福利的学者写作而成。

  [2] 科罗波特斯瓦（Korobtseva，2006）对这个问题有充分的解释，即在最近几十年当家庭生活的其他特征变得如此明显时，为什么情况会是如此。

  [3] 为了更好地说明批准和引进以营利为目的的参与者作为增加竞争、提高效率和质量的手段以提供福利服务的背后的基本逻辑，参见 Izuhara，2003，p. 83。

  [4] 在日本有许多关于日本和斯堪的纳维亚模式的比较项目（see Toivonen，2007）。20世纪80年代的英文项目很好地代表了这种文献偏好，参见 Gould（1993）。

第二部分
政策视角

7 政治性主导但社会性缺失：六个欧洲国家多支柱养老金制度风险下公民的预期养老金水平

保罗·布里德根和特劳特·迈耶

引言：多支柱体系的政治力量

近年来，工业化国家都将发展多支柱的养老金制度作为政策目标之一。政策制定者、经济学家和学术界在这方面达成了前所未有的共识，均认为在高度工业化的老龄社会仅靠国家支撑的现收现付的养老金制度不足以为退休人群提供可靠的保障，必须引入基金积累制度并鼓励私人储蓄。欧洲国家尤其信奉政府应当承担公民的养老责任，在意大利、法国、德国、波兰、捷克和匈牙利等遵循俾斯麦模式或者拥有社会主义传统的国家，几乎没有给基金积累制度留下发展空间。但近年来，上述国家也转向建立更具可持续性和稳定性的多支柱养老金制度。

对于养老金政策来说，从比较的视角研究公和私的关系非常合适，我们将探究在不影响退休收入的前提下，私人养老金制度的发展是否意味着公共养老金制度地位下降或者说老年保障方式的改变。根据第1章的框架安排，本章将评估典型公私混合的养老金制度是否已在很大程度上成为欧洲国家福利体系的一部分，即私人因素是否已在很大程度上以有效的方式融入公共养老金制度，或者说养老保障是否已更多地依赖于个人和市场关系（Bode，2005；Leisering，2007；Nullmeier，2001）。

我们期待通过大量研究来回答这一问题。事实上，虽然私人养老金制度已得到普遍发展，但我们并不清楚私人因素加入现行养老金制度在多大程度上能保障退休收入，我们也不清楚到底哪一种公私组合模式最具可持续性并能避免退休人员被社会边缘化。

在上述背景下，本章将评估六个欧洲国家的养老金制度在多大程度上符合福利体系的特性，即严格的监管、以再分配的方式共担社会风险以保障未来（第1章）。我们首先从覆盖面、风险分散和再分配水平的角度评估现行的公共养老金和私人养老金制度。这使我们可以评估指导各国政府和私营保障体系的理论基础，并探究它们分别对福利体系做出了哪些贡献。然而，无论公共养老金和私人养老金制度如何完善，退休收入不充足的公民仍面临被社会边缘化的问题，他们可能被排斥在某些社会活动之外（Townsend，1979）。因此，我们也分析了针对公共养老金和私人养老金计划的参加者（包括生命周期内收入高于和低于平均收入者）建立的一系列预期退休收入模型。

本章的写作以对英国、荷兰、瑞士、德国、意大利、波兰六国养老金制度与退休收入之间的关系的研究成果为基础，引用了各国研究人员的成果并进行比较（Meyer et al.，2007）。这些国家的养老金制度分别以贝弗里奇报告和俾斯麦法案为依据。早在20世纪下半期英国、荷兰、瑞士就发展了多支柱养老金制度，近年来通过改革进行了非结构上的调整。直到20世纪90年代，德国、意大利、波兰才开始改革单一的公共养老金制度，减少公共部门在这个领域的影响并支持私人养老金制度的发展（Bonoli，2003）。我们将二个较早和二个较晚的公私混合养老金制度发展国家作为研究对象，并由此得出，由于公共养老金制度本身不符合福利体系广覆盖、再分配和严格监管的特征，私人养老金制度在各国都有举足轻重的影响。虽然较之于公共养老金制度，即使是发展充分的私人养老金制度也有覆盖面窄、再分配性弱、给付具有不确定性的问题,但仍通过各种形式发挥着作用。但也有人认为,国家将养老责任转移给私人部门是消极的做法,即使可行,也由于增加了退休收入的不确定性而使公民面临更大的风险,在这种情况下福利体系难以得到长足的发展。这部分人对公私混合的养老金制度不持乐观态度。在本章的最后部分,我们提出了改进意见,尤其是针对公私混合制度发展不充分的国家。

福利体系中的公共养老金与私人养老金:管理

如上所说,我们认为广覆盖、风险共担、稳定合理的给付是福利体系中养老金的特点,而私人养老金则具有覆盖面取决于收入水平、规避风险和利益导向的特点。我们根据以上定义来比较表7-1和表7-2中呈现的六个国家的私人与公共养老金制度。

公共养老金的管理

瑞士和荷兰的公共养老金制度覆盖面最广,且再分配性最强(表7-1)。在荷兰,居民依据收入程度缴纳养老保险,50岁以上的居民平等地享领养老金。该国的公共养老金制度以消除贫困为目标(Bannink and de Vroom, 2007)。瑞士的公共养老金制度也是普遍覆盖的,21岁以上的居民有缴费义务或有权要求国家代缴,夫妇共同缴纳。瑞士的公共养老金制度也具有再分配性:依据收入程度缴费,给付水平为平均工资的20%~40%。但相对于荷兰,该体系不以消除贫困为目标。由于共同缴费,再分配性也体现在配偶之间(Bertozzi and Bonoli, 2007)。

表7-1　　　　　　　公共养老金的管理

	荷兰	瑞士	英国	德国	意大利	波兰
覆盖面	居民	居民	职业者及护工	职业者及护工	职业者	职业者
再分配程度	高	高	中	中	低	底
是否有最低收入保障	是	否	否	否	否	否

由于仅针对雇员，英国与德国的公共养老金制度覆盖面有限。在英国只有工作年限超过 44 年的人才有权享领全额的国家基本养老金。非全职雇员和护工按一定比例享领。不足的部分由国家第二支柱养老金补充，其给付仍与收入相关，但更多地针对低收入阶层；英国的公共养老金制度没有最低收入保障（Bridgen and Meyer，2007a）。德国的公共养老金制度也没有最低收入保障，护工也在公共养老金覆盖之内，但较之于英国，德国公共养老金水平更受个人缴费年限的影响，且与收入的关联更紧密，因而再分配性也较弱（Riedmüller and Willert，2007）。

意大利和波兰公共养老金制度覆盖面最窄，仅正式雇员可享领公共养老金，此外几乎不存在再分配机制。意大利没有最低收入保障，自雇人员和非典型雇员缴费能力较弱，最终给付也低。而且在六个国家中，只有意大利的雇员缴费额占薪水的 22%，是雇主缴费的两倍（Raitano，2007）。

波兰的公共养老金计划分两个账户运营，一个完全由所有雇员缴费，另一个由雇员和雇主共同缴费。聚集的资金分散到 16 家开放型养老基金中并委托国家监管的经营者投资运营，且 16 家基金各自独立。最终的个人养老给付水平取决于缴费积累和基金投资运营状况。计划参与者只有达到最低缴费年限（男性 25 年，女性 20 年）才能享领占平均工资 28%的最低养老金（Benio and Ratajczak-Tuchołka，2007）。

以上内容体现了六国公共养老金制度的一般特征以及各国之间的差异。显然，瑞士和荷兰的公共养老金制度最具有福利体系的特征，其覆盖面广，再分配性较强。但即使在这两个国家，公共养老金计划也并非全民普遍覆盖。其他几国中非正规工作的雇员基本被排除在公共养老金计划之外，再分配性不明显，最低养老金给付甚至低于贫困线。

除波兰以外，最近其他五国针对养老金享领者建立了基于收入调查的社会救助系统，而波兰只有一个针对全民的救助系统。但将之排除在我们的研究对象之外，是因为进行收入调查对寻求帮助者有侮辱

7 政治性主导但社会性缺失：六个欧洲国家多支柱养老金制度风险下公民的预期养老金水平

性意味（Townsend，1979），且时常发生诸如有权享领者实际未能享领之类的问题（Evandrou and Falkingham，2005）。

私人养老金的管理

上一部分讨论的所有内容皆由国家负责，除了在波兰投资运营者少量参与外，非政府组织、商界、工会以及个人都无力施加影响。

在提供养老金给付方面，荷兰与瑞士的非政府组织发挥的作用最大（见表7-2；OECD，2005b）。2005年超过90%的荷兰雇员参加了职业年金计划。只有自雇人员和不设此类计划的小公司职员被排除在外（Bannink and de Vroom，2007）。荷兰职业年金计划的高覆盖率得益于1957年通过的法案，根据该法案，一旦行业内某一雇主建立养老金计划，全行业所有雇主都须建立。该国的政策制定者也曾通过税收政策来扩大该计划的覆盖面，并且以此影响养老金给付水平（Anderson，2007；Bannink and de Vroom，2007）。在荷兰达到某一收入水平的雇员须向企业养老金计划缴费，对于非全职雇员来说则起点相对较低。而如参加计划的年龄、退休年龄、给付水平等具体细节由工会和雇主谈判确定（Clark，2003a；van Riel et al.，2003）。在此过程中国家发挥了重要作用。20世纪90年代荷兰政府通过减少财政给付强行废止了之前太过慷慨的退休计划，并将最终工资计划转变为平均工资计划（Anderson，2007）。同时，也对私人储蓄计划给予税收优惠，但由于私人储蓄计划完全遵循自愿原则，因此这些税收优惠计划其实并没有起到什么作用。

表7-2　　　　　　　　　　私人养老金的管理

	荷兰	瑞士	英国
覆盖面	要求覆盖大部分职业者，90%被覆盖（2005）	要求覆盖绝大部分职业者，100%的男性以及80%的女性（20世纪90年代）	对于覆盖率并无强制性要求，50%的私人部门，80%的公共部门（2003）
再分配程度	高	中	低
是否有最低收入保障	否	是	是

续前表

	德国	意大利	波兰
覆盖面	对于覆盖率并无强制性要求，60%的职业者（2006）	对于覆盖率并无强制性要求，职业年金计划中采用自动登记制度	对于覆盖率并无强制性要求，覆盖率很低
再分配程度	低	无	无
是否有最低收入保障	否	否	否

1990年瑞士全部男性雇员和80%的女性雇员参加了企业养老金计划。与荷兰类似，仅自雇人员被排除在外。但由于参加计划的门槛更高，较之荷兰更多的兼职雇员没有被计划覆盖，所有参加者的收入至少为最低公共养老金的1.5倍，且须依据年龄和收入水平缴费。瑞士的职业年金计划基于雇主责任，雇主则须负担全部缴费的一半以上，而且确保计划参加者享有基本职业年金。根据固定最低缴费额及名义利率的变化，给付水平通过特定的计算公式每年调整。在此前提下雇主可自主决定投资方式来达到目标收益。事实上他们往往向雇员提供了高于法定基数的给付水平。近年来，瑞士的私人储蓄计划也得到了政府的税收优惠支持且有所发展，但对于维持人们退休后的收入水平作用仍然很小（Bertozzi and Bonoli, 2007）。

在其他四国，职业年金计划完全遵循自愿原则，但国家通过财政政策激励雇主与雇员参与该计划。私人养老金计划在这些国家也得到了公民的普遍支持，但影响力相对较小（Bridgen and Meyer, 2007b）。

在遵循自愿原则的四国中，意大利私人养老金计划开始强制包括新加入者在内的所有雇员向该计划缴费。到2007年该国雇主和雇员共同缴费的私人养老基金仍很少且覆盖率低。因为政府希望将现行的遣散赔偿（trattamento di fine rapporto, TFR）职业津贴转向职业年金计划，这一状况开始改变。此前除自雇人员和非典型雇员，全部受雇人员向TFR缴纳税前工资的6.9%；雇主可以以较低贷款利率使用这笔资金，但扣除通胀以外必须有1.5%的回报率。劳动合同终止或有特别需求时雇员可以通过TFR领取给付。如今在该计划中，从雇员开始缴费到申领待遇之间的平均年限不超过十年,作为一项养老手段 TFR 已经逐渐淡出人们的视野(Castellino and Fornero,2000;Raitano,2007)。从 2008 年起新法令规定所有的 TFR 缴费自动转入职业年金计划。费雷拉和杰索拉(Ferrera and Jessoula,2007)认为该法令促进了意大利多支柱养老金制度的发展,而雷塔诺(Raitano,2007)则持反对意见,他认为雇主、工会和雇员仍偏向于维持 TFR,绝大部分雇员可能仍倾向于向 TFR 缴费。

英国的私人养老金计划比意大利发达,早在 20 世纪初英国雇主就开始建立职业年金计划。在 2003 年已分别有约 50% 的私人部门雇员和约 80% 的公共部门雇员参与该计划(DWP,2004;Pensions Commission,2004)。企业可以选择不参加国家第二支柱养老金,而将这部分缴费转入职业年金计划并可获得税收优惠。但相应地,企业必须保证职业年金计划的给付不低于国家第二支柱养老金,且兼职雇员不能被排除在外。从以往来看大中型企业倾向于建立自己的养老金计划,而小企业大多出于成本考虑没有这样做。因此,在 2003 年仅有 31% 的小型企业雇员得以参加该计划(Bridgen and Meyer,2007a)。最近也有人指出雇主对建立职业年金计划逐渐失去兴趣。

长期以来德国的职业年金计划影响不大。但 2001 年以来德国政府致力于建立多支柱的养老金制度且对私人养老金计划给予大力支持,德国的企业养老金计划得到长足发展,现已赶上英国。根据新的法令,原则上所有雇员都有权要求雇主向职业年金计划或个人年金计划缴费,征缴额为工资总额[1]的 4%。同时出于降低成本的考虑,限制了雇员对养老金计划的选择,即如果雇主建立了职业年金计划,那么雇员必须优先选择该计划。在该计划覆盖的行业,具体安排由雇主和工会谈判确定且对雇员具有约束力。由于免税同时可免缴社会保险费,该计划十分具有吸引力(Bundesministerium für Arbeit und Soziales,2007)[2]。自 2001 年起职业年金计划扩大,到 2004 年被职业年金计划覆盖的 80% 的工人有机会参加这项计划(Bundesministerium für Wirtschaft und Arbeit,2007)。但也由于仅公共部门、建筑业、食品业、纺织业的雇主缴费比例较高,至 2004 年参加职业年金计划的雇员仍不到 60%(tns Infratest,2005;Riedmüller and Willert,2007)。

与意大利和德国一样,波兰也进行了旨在降低公共养老金支出的改革。为了发展职业年金和个人年金计划,政府采取免税政策并加大对基金投资的扶持和管理,但收效甚微,且覆盖面仍较窄。原因主要在于波兰处于劳动力市场紧缩时期,雇主认为不建立职业年金计划也能吸引和留住所需的劳动力,同时雇员本身对私人保险计划的重要性也认识不足(Benio and Ratajczak-Tuchołka,2007)。

公共养老金和私人养老金管理在福利体系中扮演的角色

公共养老金和私人养老金的管理部门在多大程度上满足了福利社会的风险分散、广覆盖及保障基本生活的标准呢?

我们可以看到,除荷兰以外单一的公共养老金计划难以保障享领者的基本生活。虽然瑞士公共养老金计划的覆盖率和再分配性接近荷兰,但却缺乏老年人最低收入保障。英国和德国的公共养老金计划虽具有再分配性,但仅有雇员和护工有权参加。更甚的是意大利和波兰仅覆盖雇员群体且再分配性较弱。事实上,公共养老金计划和私人养老金计划的核心特点是类似的,如精算确定给付、规避风险、收益取决于市场运营等。这意味着私人计划可以在福利体系中承担更多的责任,特别是在那些公共部门较脆弱的国家。

现实情况则是公共供给强大的国家同样提供最广泛的私人覆盖。荷兰和瑞士的法律规定雇主必须针对所有雇员建立职业年金计划,在这两个国家公私养老金扮演类似的角色。即便如此,两者仍是不等同的,私人养老金计划对劳动力市场独立性的保护不足,再分配性较差,最终给付水平难以确定,尤其是瑞士职业年金计划通常被视为缴费确定型。

在其他四国,私人养老金计划在福利体系中的影响力仍较弱。英国、德国、意大利、波兰的私人养老金计划非常不完善,远逊于公共养老金计划,尽管我们已经考虑到了后者在包容性和覆盖面上的缺陷。英、德两国的职业年金计划不仅覆盖率低,再分配性也很弱,意大利和波兰更甚。但自2008年意大利引入自动登记制度后职业年金计划的覆盖率显著上升。

通过上述对制度和覆盖面的阐述可知,公共养老金和私人养老金计划运营最好的国家是荷兰和瑞士,它们最符合福利体系的特点。其他四国则由于制度很不完善,尚有很长一段路要走。接下来我们将分析社会福利体系中公共养老金和私人养老金计划的结果。

社会福利体系中的公共养老金和私人养老金计划:结果

毫无疑问,养老金的总体水平将会对生活水平产生决定性影响。但是,鲜有开创性的比较研究对公民个人的公共养老金与私人养老金给付进行评估。现有的研究都将焦点集中于终身从事全职工作的雇员身上,但是这些研究并没有考虑社会融合的问题(Social Protection Committee, 2006; OECD, 2005b; Zaidi et al., 2006)。然而,如同对社会福利体系进行评估一样,在对养老金制度进行评估时我们同样也需要清楚地知道公共养老金与私人养老金给付如何为那些被社会排斥的人提供安全保障,复杂的生活往往会使他们处于风险之中。在这样的背景下,我们的实证研究考察了六个国家的公共-私人养老金制度,主要针对以下假设群体,这些群体在社会生活中遇到的一系列风险,表明来自劳动力市场的主要风险以及发达的后工业社会的主要社会风险的发展趋势。[3]

(1)在零售业兼职的低学历的母亲(表7-3之表1),使我们能够探究因学历低和兼职工作而导致的收入低(只占平均工资的39%)的影响[4],以及因照顾责任而产生的就业差距。她与一个汽车业工人结婚(表7-4之表4),离婚后与一个同在零售业的同事结婚。

(2)在社会福利部门工作的高学历母亲的风险状况资料(表7-3

之表2），使我们能够评估职业的变化如何满足孩子的需要。她在公共部门工作，因为学历较高，其工资是平均工资的42%。与一个中层经理结婚（表7-4之表5），离婚后与同在社会福利部门的同事再婚。

(3) 已婚的非正式的护工（表7-3之表3），其独立收入仅为平均工资的22%。即使她的工作时间并不比前两个类型少，但仍然要主要负责家庭事务。她在57岁离职，照顾老母亲。她与一个小工商业者结婚（表7-4之表6）。

表7-3　　　　2050年女性雇员的养老金水平与社会融合门槛的比例关系

	零售业兼职的低学历的母亲（表1）			社会福利部门工作的高学历的母亲（表2）			已婚护工（表3）		
	政府	职业人员	总计	政府	职业人员	总计	政府	职业人员	总计
荷兰	48%	25%	73%	48%	47%	95%	48%	8%	56%
瑞士	53%	18%	70%	53%	26%	78%	62%	0	62%
英国	31%	38%	69%	27%	80%	107%	8%	0	8%
德国	41%	3%	44%	52%	28%	80%	22%	0	22%
意大利	67%	0	67%	74%	0	74%	26%	0	26%
波兰	50%	0	50%	61%	0	61%	27%	0	27%

资料来源：Bannink and de Vroom；Benio and Ratajczak-Tuchotka；Bertozzi and Bonoli；Bridgen and Meyer；Raitano；Riedmüller and Willert, all 2007.

下面是男性的三种情况。他们仅有中低水平的学历，也存在同女性一样的因为照顾责任而导致的就业差距，其中一些男性是因为失业、生病或者培训而暂时没有带薪工作。尽管有性别的原因，但这些"男人"和"女人"的结果都可以适用于一切与他们具有相同特征的个体。

(4) 汽车业低学历雇员（表7-4之表4），要负担家庭的主要生计，养家糊口。虽然学历低，但有一份长期的工作，且是大公司里的体力劳动者。仅仅在26岁时，因为在两家公司之间跳槽，有一年的时间没有工作。他生命周期内的收入是平均工资的79%。

(5) 金融服务行业中层经理（表7-4之表5），生命周期内的收入是平均工资的131%，其职业生涯从未中断过。我们将他们包括进来是为了对这几个国家养老金保障水平进行比较。

(6) 小工商业者(表7-4之表6),是为了说明非典型工作生活的影响。他有中等学历,但是他生命周期内的收入只有平均工资的84%,生活的大部分时间是在经营自己的小生意。

表7-4　　2050年男性雇员的养老金水平与社会融合门槛的比例关系

	汽车业低学历雇员（表4）			金融服务行业中层经理（表5）			小工商业者（表6）		
	政府	职业人员	总计	政府	职业人员	总计	政府	职业人员	总计
荷兰	48%	90%	138%	48%	188%	236%	48%	9%	57%
瑞士	63%	49%	112%	53%	57%	110%	62%	0	62%
英国	21%	52%	74%	19%	169%	188%	27%	0	27%
德国	72%	5%	77%	100%	26%	126%	13%	0	13%
意大利	132%	0	132%	248%	0	248%	86%	0	86%
波兰	92%	0	92%	170%	0	170%	56%	0	56%

资料来源：Bannink and de Vroom；Benio and Ratajczak-Tuchotka；Bertozzi and Bonoli；Bridgen and Meyer；Raitano；Riedmüller and Willert，all 2007.

以下我们将要说明这些个体在公共退休金和职业年金计划中的待遇水平。其计算建立在如下假设的基础上：低学历的人在2003年18岁的时候开始就业(表7-3之表1和表7-4之表4、表6)，高学历的人(表7-3之表2、表3和表7-4之表5)在2005年开始就业。另有规定的除外，所有人在2050年65岁时退休。

公共养老金支柱的个人待遇给付是建立在2003年开始累积的条件的基础上(表7A-1，本章的附录)。非公共养老金给付的决策更加复杂，因为强制程度差异很大。一种计算方法是像最近OECD研究报告(2005b)的撰写者那样，只包括养老金制度中强制性的部分。因此，只有荷兰和瑞士的第二支柱养老金可以包括在内。但是，由于我们要评估作为福利体系中的一部分私人养老金的作用，我们决定把那些拥有可观前景的、未来个人可能使用的第二支柱养老金也包括在内(表7A-2，本章的附录)。但是，我们也必须明确如果不能使用第二支柱养老金将会有什么后果。因此，我们下面对于第二支柱养老金总额的模拟涉及德国和英国，而没有意大利和波兰。

表7-3和表7-4反映了个人在社会融合方面的相对绩效，社会融合的门槛定为平均收入的40%，个人的养老金总额分为公共和私人两部分。这些结果使我们能够评估和比较这六种制度中公共养老金和职业年金的作用，并评估每一种制度在提供超过社会融合门槛的收入方面的总体功能。选择平均工资40%的门槛，而不是更习惯于选择收入中位数的60%，是因为从一个数据集合中选择的中位数并不适合所有国家。在大多数国家40%的平均工资门槛被认为是更接近于收入中位数的60%，而不是50%的平均工资。

表7-3和表7-4很清楚地表明荷兰与瑞士的公共养老金给付有显著的再分配性质，并起到与劳动力市场分离的良好的社会保护作用。荷兰和瑞士的每个公民之间的养老金水平相当一致，包括收入很低的已婚护工（表7-3之表3）。瑞士的情况则稍微多样化，养老金的给付与收入相关联，而且因为婚姻伴侣之间的待遇共享也会使得给付水平更加多样化，但无论如何公共养老金的最高水平和最低水平之间相差不超过10%。但是，公共养老金的水平仍然很低，没有超过社会融合门槛。因此，我们认为作为社会福利制度中作用最广泛、具有最强再分配功能的公共养老金制度，也需要依靠扮演参与者角色的私人养老金制度。

德国、意大利和波兰公共养老金水平的个体差异比较大，反映了给付和收入之间的密切关系，或者说是国家规定的劳动力市场的分层。例如，意大利公共养老金最高水平与最低水平相差222个百分点，而波兰相差143个百分点。这也意味着意大利和波兰收入较高人群的养老金要比荷兰和瑞士同等水平的人群高很多；在意大利、德国和波兰不仅经理（表7-4之表5）的养老金水平比较高，即使是收入较低的零售业的工作人员和社会福利工作者（表7-3之表1、表2），其养老金水平也高于社会融合的门槛，不比荷兰和瑞士的同行低。

7 政治性主导但社会性缺失:六个欧洲国家多支柱养老金制度风险下公民的预期养老金水平

在意大利雇主缴费水平高有助于所有员工国家福利水平的提升。波兰的制度则依赖持续的高回报构成第一支柱养老金(Rzeczpospolita, 2005; Gazeta Wyborcza, 2005)。在德国对性别问题敏感的再分配机制弥补了劳动力市场分层。然而,没有一个机制帮助那些终生收入非常低与流动性强的个体,如已婚的护工(表7-3之表3),因为在德国、意大利和波兰养老金水平与收入之间密切挂钩,所以在这些国家与社会融合门槛相关的公共养老金水平还不及荷兰或瑞士的一半。

英国公共养老金的模式比较特别,其福利水平相当一致,但是收入低的人养老金水平高于收入高的人(表7-4之表4、表5)。这是因为英国福利制度通过缩小覆盖面将在一定收入以上拥有企业年金的员工排除在国家养老金的第二支柱之外。这样的制度安排与信贷制度使国家养老金制度具有很强的收入再分配作用,尽管事实上被排除在覆盖面之外的员工一般缴纳的国家社会保险费用也略低。即便如此,相对低的国家福利水平意味着零售业工作人员和社会福利部门工作者的养老金还是低于其他国家同等情况的人。在英国已婚护工的情况尤其糟糕,因为她依附于劳动力市场的程度仍达不到参加国家基本养老保险的最低要求。

总之,假如讨论公共养老金制度,本研究所论述的这些国家的制度都难以划归为社会福利制度。荷兰和瑞士的公共养老金再分配作用强且覆盖面广,但它们没有充分保障所有人,尤其是那些被社会边缘化的人。英国的制度再分配作用也很强,但养老金水平要低得多,且覆盖面有限。德国、意大利和波兰的公共养老金成功地避免了一些薪水较高的公民被社会边缘化,但是由于有限的再分配出现了更大的不平等,收入水平低的人群处于不利地位。

将公共养老金和私人养老金给付综合起来,本部分中提到的这些国家的养老金制度才能称为福利制度。按照我们的评估框架,荷兰和瑞士的制度最接近理想制度。

如表7-3和表7-4所示,荷兰证实了这一观点。根据数据,职业年金对养老金制度的贡献十分重要，甚至对那些低薪的零售业工作人员（表7-3之表1）也是如此。具有再分配性质的公共养老金加上具有强制性的私人养老金的组合使荷兰的制度成为六个国家中最好的。根据我们的数据，其养老金的中位数是社会融合门槛的84%（表7-5；更广泛的概括参见Bridgen and Meyer，2007b）。

然而，即使是在荷兰，国家和非国家提供的养老金也不足以使上述所有雇员处于社会融合门槛之上。对于收入极低的已婚护工（表7-3之表3）来说，这个结果并不令人惊讶，但是其他两种类型的妇女和小工商业者也同样被社会排斥。这些结果揭示了两种制度的职能与作用的差异。国家制度往往具有包容性和再分配职能，而与之相比职业年金的包容性和再分配性就稍逊一些；国家规定所有的人都有权进入职业年金制度，但是职业年金的待遇给付却与收入相关，有两种因兼职工作导致低收入的女性处于不利地位，因此不能得到职业年金的给付和保护。而详细的社会融合门槛的制度安排是为了保证这些兼职雇员可以参加职业年金，但除此之外没有其他的制度和方式用以解决兼职工人收入较低的问题。因此，职业年金确实能够弥补公共养老金制度留下的一些缺憾，特别是针对那些社会收入差距较大的国家。

瑞士的情况也基本类似，但由于前文提到的政府在职业年金管理上的差异，瑞士养老金的第二支柱所做的贡献要小一些。事实上根据六个国家的数据，瑞士职业年金对于紧缩战略有更大的敏感性，表明其养老金制度总体表现上不如意大利（表7-5；Bridgen and Meyer，2007b）。[5]

英国的职业年金可以与荷兰和瑞士相媲美。如英国的社会福利工作者（表7-3之表2）和中层经理（表7-4之表5）只依靠非国家的养老金的给付就位于社会融合门槛之上，这使他们的公共养老金作用变小。而且零售业工作人员（表7-3之表1）的职业年金足以使退休后的收入水平与荷兰和瑞士相同情况的妇女持平，尽管英国的公共养老金比荷兰或瑞士要低很多。

7 政治性主导但社会性缺失：六个欧洲国家多支柱养老金制度风险下公民的预期养老金水平

表7-5　2050年养老金中位数与社会融合门槛的比例关系

国家	百分比
荷兰	84%
瑞士	74%
英国	72%
德国	50%
意大利	79%
波兰	60%

尽管拥有这些优势，但是作为社会福利制度的英国养老金制度仍有很大缺陷，主要是因为职业年金的非强制性使得更多的雇员被排除在职业福利之外。比如，虽然大多数英国的社会福利工作者被职业年金制度覆盖，但是根据我们的数据资料还有不到40%的英国退休雇员不像社会福利工作者那么幸运，这些退休雇员仍没有职业年金。如果她曾受雇的公司并没有提供职业年金，那么她的年金水平将比社会融合门槛水平低22%。在很大程度上覆盖面的变化受阶级和性别两个因素的影响（Sinfield，1978；Arber，1989；Ginn and Arber，1991，1993），但这只是偶然的情况。专业技术人员和男性员工大部分有职业年金的同时，只有极少数非专业人员拥有职业年金。为非特权的雇员提供更多职业年金可以使脆弱的个体在退休时避免贫困。但是，决定是否属于这个群体则有很大的随意性，决定因素可能来自偶然的机遇而不是取决于规划或意向（Meyer and Bridgen，forthcoming）。

而除英国以外的其他国家中，职业年金对于养老金制度有明显影响的是德国，即使它的职业年金的贡献比英国低得多。由于职业年金是在自愿基础上发展的，其远不如英国发达，只有社会福利工作者（表7-3之表2）和经理（表7-4之表5）拥有职业年金的收入，其水平超过了社会融合门槛的25%（表7-3、7-4）。

在意大利和波兰职业年金的作用更小。尽管政府试图鼓励其发展，特别是在意大利。因此，对这些国家的养老金制度及社会福利制度的评估完全取决于对公共养老金的评估。如我们前文所提到的那样,尽管意大利的养老金制度对于高收入者的保障力度很大,但是在保障低收入者方面其制度仍有较多缺陷。因此,虽然意大利养老金中位数高于瑞士,但是所有收入较低妇女的养老金水平却比瑞士低(表7-3、7-4、7-5)。

总之,如果我们将养老金制度定义为一种社会福利制度,能成功使大多数公民包括那些低于平均收入的人避免社会排斥,那么只有荷兰接近这个标准。但即使在荷兰,由于国家养老金的再分配性质较弱,更多地强调以工作为中心的职业年金,这意味着一些收入较低人群的养老金水平也远远落后。因此,即使私人养老金制度已经纳入公共政策领域,它仍存在公共养老金的不同特性,并能够影响养老金制度的整体效果。在其他五个国家中,由于国家养老金制度的不完善和纳入公共领域的私人养老金非常有限,养老金的整体效果不尽如人意。

私人养老金是新型的公共养老金吗?

上述分析表明私人养老金可以补充公共养老金,二者结合形成的社会福利制度能确保大多数人免于被社会边缘化。当然要实现这个目标还有赖于我们确定的标准得到满足,荷兰和瑞士这两个国家已经很接近这个标准。如果公民生命周期内的收入都低于平均工资,那么这些人的生活将存在很大的社会排斥风险。以上六个国家的多支柱养老金制度都是政治性主导的,这并不是一件令人高兴的事情。但是做出这样范围颇广的结论仍可以说为时过早,特别是最近形成的新的养老金制度能达到我们所谓的理想状态吗?在未来10年可能性不大。英国、德国、意大利和波兰实行的雇主自愿的原则并不太可靠或者已经弱化,但各国都不愿意对雇主施加压力。

从历史上看,雇主支持自愿职业年金有两个主要原因:第一,他们用职业年金管理自己的员工,比如吸引新员工、留住现有的员工或使他们提早退休。第二,公司中较强势的工会将职业年金视为稳定员工的工具。然而，即使这些原因促使雇主有兴趣提供职业年金，雇主是否采取行动仍要取决于其他结构性的制约因素：资源的可用性、宏观经济条件、国家监管框架下的奖励或惩罚措施及雇员的年龄（Clark，2003b；Cutler and Waine，2001；Mares，2001；Whiteside，2003）。由于这些限制因素，小的雇主和公司一般不愿意给员工提供职业年金。事实上在自愿选择是否参加的条件下，他们不仅不参加职业年金，即使是强制性的养老金缴费的义务也可以免除，如瑞士和荷兰（Bertozzi and Bonoli，2007，Bannink and de Vroom，2007）。这样就使大公司成为职业年金主要的甚至仅有的提供者，从而出现如上所述的覆盖面不完整的问题。

随着时间的推移，大公司对提供职业年金的意愿以及需要考虑的客观条件正在发生改变。首先，在人力资源管理方面，尤其是大公司福特主义的衰退意味着合格的雇员流动性更强，因此企业对于建立旨在留住有价值员工的长期养老金计划的动力越来越弱。其次，工会水平下降减轻了企业通过职业福利制度保持员工稳定的压力。此外，公司为养老金计划可提供的资源已受到股东制约和国际经济竞争加剧的影响。因为公司丑闻，国家监管制度开始从严检查，并且随着人均寿命的增长，设立职业年金制度将使雇主的支出增多（Sass，1997，2006；Clark，2006；Clark，G. et al.，2007；Cutler and Waine，2001；Whiteside，2003）。由于上述这些原因，很少有企业愿意为员工建立广泛、长期的养老金保障制度，从而使得私人养老金在社会福利制度中难以充分发挥作用，而工会也没有更多的权力改变这样的局面。由于过去十年中这种偏好的改变，我们看到的结果是英国职业年金的缩减，同时瑞士法律规定的最低养老金水平在下降（Bridgen and Meyer，2007a；Bertozzi and Bonoli，2007）。

这种商业偏好改变的同时，建立多支柱养老金政策主张的呼声也越来越高。因此各国政府迫于压力，在企业对职业福利的兴趣降低的情形下，仍要推进非公共养老金制度建设。在这种情况下，那些自由主义国家在制定政策时非常谨慎。事实上，在波兰没有公司表现出有

147

任何意愿去建立自愿的职业年金，公众对于养老金制度未来发展的问题意识淡薄，政府对于推动此事也并不积极（Benio and Ratajczak-Tuchołka，2007）。德国的工会试图建立自主登记的职业年金计划，但也因雇主和保险公司的反对而搁浅，2007年没有迹象表明政府将站在劳工一边（Ridemüller and Willert，2007）。相反，意大利的政治家确实从2008年就开始引入自主登记的职业年金制度。因为此项改革是从现有的强制职业福利向养老金转变，实际上是资源的重新分配，因此未必会增加雇主成本（Raitano，2007；Ferrera and Jessoula，2007）。然而，对改革能否成功的质疑也已经出现（Raitano，2007），许多意大利非正规就业的工人被排除在制度之外，目前也还没有相应的立法计划要将此类人群囊括在制度中。英国政府过去是雇主自愿的坚定支持者，最终也认为需要一个更高层次的强制措施。2007年雇主和保险公司在国家基本养老保险的待遇应该增加方面形成广泛的社会共识，针对员工没有被广泛覆盖以及雇主强制性缴费两个问题，这一年英国政府进行了一些改革，为2012年推出自主登记的退休金计划做准备（Bridgen and Meyer，2007a）。英国雇主仍然反对强制参加退休金计划（CBI，2006），但似乎已经接受了一些为应对退休年龄延长所做的改革，也逐渐形成了一个共识，即国家应当更多地承担养老金的给付责任。然而，在英国虽然更多的强制参加会带来制度和现状的一些重大改变，但强制缴费水平仍然可能偏低，并且预测显示计划中的改革仍然不能为劳动者提供足够的退休收入（Meyer and Bridgen，2008；PPI，2006）。

结论：我们的讨论已经显示，在养老金领域福利国家体系逐步被多支柱体系取代已经成为趋势和共识，因为国家和雇主的共同参与可以促使社会融合达到更高水平。然而，即使目前最接近福利制度特征的公私混合的养老金模式也存在巨大压力，并且正面临着减缩和整顿。在一些国家，公私混合的制度模式并不存在，其崛起的前景也不乐观。在这样的情况下，低于平均收入的公民受到的影响最大：国家拒绝为他们分担老龄化带来的社会风险，而雇主也持类似的立场。

7 政治性主导但社会性缺失：六个欧洲国家多支柱养老金制度风险下公民的预期养老金水平

附　录

表 7A-1　　　　　　　　模拟假设的详细说明

假设	详细说明	注释
经济数据		
平均工资	制造业及服务业年平均收入，来源于欧盟统计局 2003 年数据。http://epp.eurostat.ec.europa.eu	总收入是雇主在缴纳个人所得税和社会保险费以前，直接以现金支付给员工的酬劳（工资和薪金）。这些数据反映了制造业和服务业全职雇员的收入。我们用平均数而非中位数，是因为中位数并不适用于所有国家
通货膨胀	1.9%——基于欧盟的假设（www.ecb.int/mopo/html/index.en.html）	1.9%是欧洲中央银行设定的目标
总收入	去除通货膨胀，年增长 2%	从 1998 年到 2003 年的五年间，欧元区的可支配收入平均每年增长 3.9%（欧洲中央银行 2004 年数据）
汇率	2003 年 1 月 1 日汇率 CH：1CHF = 0.689 51 €； UK：1GBP=1.53 €	
养老金制度假设		
国家养老金制度	根据 2004 年相关的公共养老金管理规定及条款	
退休年龄	波兰规定女性领取公共养老金的年龄是 60 岁。但是为了方便对比，根据物价指数我们假设其退休年龄推迟到 65 岁	
提前退休	我们规定 65 岁之前退休为提前退休	

续前表

假设	详细说明	注释
职业年金计划条款	2004年的职业年金计划条款	将缴费都包括进来,是一种简化的研究方法。OECD国家最近的研究表明,本研究的六个国家的养老金缴费同税收有着相似的影响
税收	我们的假设包括税收与社会保险缴费。我们用总体收入计算养老金待遇	OECD国家差距很小,养老金的平均收入替代率是17%(OECD,2005b,p.17)
门槛		
社会排斥	社会融合门槛为平均工资的40%	因为只能得到部分国家收入的中位数的数据资料,因此我们并没有采用欧盟的标准,即社会融合门槛是收入中位数的60%,而是采用了平均工资来计算。平均工资的40%比平均工资的50%更接近社会融合门槛,这是因为后者明显高于某些国家收入中位数的60%

表7A-2　六个国家雇主负担养老金覆盖范围的比较

国家	类型	以假设为基础的模型	详细说明
1) 零售业兼职的母亲			
英国	DC	利益相关者	每年雇主缴纳3%,雇员缴纳0.65%
德国	DC	养老保险基金。7月20日汉堡实行的零售业养老金集体工资协议已经推广到全德国	工作每多一年,雇主缴费减少300欧元
荷兰	DB	食品零售业养老基金	平均工资的2%
瑞士	DC	强制缴费	依据年龄,缴费从工资的7%到18%,预计回报率为2.25%,年折换率为6.8%
2) 社会福利部门工作的母亲			
英国	DB	NHS养老金	退休前薪水的1.25%
德国	DC	公共养老保险基金,2003年3月12日采用集体谈判的方式确定公职人员的职业年金	雇主缴纳8.5%,雇员缴纳1.4%

7 政治性主导但社会性缺失：六个欧洲国家多支柱养老金制度风险下公民的预期养老金水平

续前表

国家	类型	以假设为基础的模型	详细说明
荷兰	DB	公务员养老保险基金	平均工资的1.9%
瑞士	DC	强制缴费	依据年龄，缴费从工资的7%到18%，预计回报率为2.25%，年折换率为6.8%

3）已婚的非正式的护工

国家	类型	以假设为基础的模型	详细说明
英国、德国、瑞士	无		
荷兰	DB	食品零售业养老基金	

4）汽车业低学历雇员

国家	类型	以假设为基础的模型	详细说明
英国	DB/DC	流浪者/标致养老金	流浪者：退休前薪水的1.42%；标致：雇主缴纳5%，雇员缴纳3.4%
德国	DC	大众汽车	雇主缴纳1%
荷兰	DB	金属及电器业养老金	平均工资的2.2%
瑞士	DC	强制缴费	依据年龄，缴费从工资的7%到18%，预计回报率为2.25%，年折换率为6.8%

5）金融服务行业中层经理

国家	类型	以假设为基础的模型	详细说明
英国	DB/DB	劳埃德和全国	劳埃德：退休前薪水的1.7%；全国：平均工资的1.85%
德国	DB	银行业养老保险基金，银行保险局BVV保险公司	
荷兰	DB	退休前薪金的养老金，基于传统的养老金目标和特许经营	退休前薪水的1.75%
瑞士	DC	强制缴费	依据年龄，缴费从工资的7%到18%，预计回报率为2.25%，年折换率为6.8%

6）小工商业者

国家	类型	以假设为基础的模型	详细说明
英国、德国、瑞士	无		
荷兰	DB	食品零售业养老基金	平均工资的2.0%

【注释】

[1] 2006 年收入上线高达 2 520 欧元，2007 年职业年金计划进一步额外增加了 1 800 欧元（Bundesministerium für Arbeit und Soziales，2007）。

[2] 这本来是到 2008 年的权宜之计，但由于担心取消该激励措施会使职业年金计划的发展停止，该计划于 2007 年 7 月被弗朗兹·芒特弗林（Franz Müntefering）延长。

[3] 对于本方法的详细讨论参见 Bridgen and Meyer，2007a。

[4] 对于每一个女性工作者的合理工资水平在研究合作者之间达成了一致，它是说明性的，而不是代表六个国家的实际工资水平。

[5] 瑞士第二支柱养老金是根据债务人所担保的水平计算的，以反映近年来瑞士职业年金拨付水平的下降，参见 Bertozzi and Bonoli，2007。

8 OECD国家医疗保健体系中公私混合的变迁

海因茨·罗特冈,梅瑞拉·卡凯斯,
洛兰·弗里西纳,阿齐姆·施密德

引 言

随着20世纪70年代石油价格剧烈波动而带来的经济衰退,OECD国家在社会政策领域广泛采取了成本控制的措施。在这个过程中医疗保健部门也不例外。在保证服务可及性的同时,全球化、人口结构方面的变化以及医疗技术的进步更增加了旨在提高医疗体系效率和质量的改革的重要性(OECD,1994)。在本部分中,随着时间的推移要解决的相关问题是在处理这些具有挑战性和冲突性的目标过程中市场和国家角色是如何变化的。有证据表明,虽然所有医疗保健体系都正面临挑战,但是它们对各种社会经济压力的反应却很不相同(Tuohy,1999;Rothgang et al.,2006)。例如,从20世纪90年代开始,很多由公共财政主导医疗保健体系的国家已经推行了或正在策划市场化导向的改革(van de Ven,1996;Freeman and Schmid,forthcoming)。与此同时,在私人保险介入医疗保健领域的国家中,在政治上全民医疗保健也得到了重视（Skocpol，1994；Zweifel，2000）。本研究特别关注由公共部门和私人部门的角色变化所形成的医疗保健领域的混合体制。为了系统地捕捉到这些发展的变化，我们把医疗保健领域区分为几个不同的维度：融资体系、服务供给体系和管理体系。

医疗保健领域的维度

为了方便分析医疗保健体系，我们在论述之前对包括融资、服务供给和管理的多维度概念进行了一定的修正（参见第1章）。如果用一个房子的示意图来代表整个医疗保健体系（见图8-1），我们可以把融资和服务供给作为该体系的主要支柱。管理维度作为整个制度的屋顶，同时通过定义被管理的医疗保健体系归属于融资还是服务供给的各个不同方面来与这两个支柱产生联系。在管理制度下，融资部门、服务供给者、潜在的受益者之间的关系包含在制度的基本关系中。此外，目标、价值和观念作为整个制度大厦的基石也包括在整个制度之中（Rothgang et al.，2005，2006）。[1]

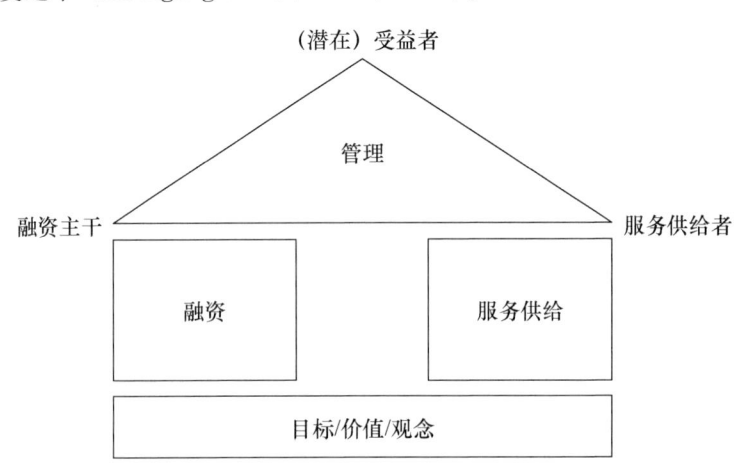

图8-1 医疗保健体系的融资、服务供给以及管理

资料来源：Rothgang et al.，2005.

因此，在这个分析框架下，公共、社会和私人这三个不同维度的利益模式都可以被区分。从融资开始，对于公共部门与私人部门的三分法导致税收支持、社会保险缴费和私人（保险）支付的分化。相应地，在服务供给中区分了公共的、私人营利的和私人非营利的提供者。在管理体系中，无论是国家、企业参与者还是独立私人市场参与者，都需要厘清医疗保健体系中的主要关系。

正是在这样一个纲要的指导下，我们对24个OECD国家的融资体系和14个OECD国家的服务供给体系做了定性分析。因为管理只能做定性的评价，我们将会选取3个不同的近似理想的医疗保健体系模式，即英国的NHS[2]、德国的医疗保险制度和美国的私人保险制度[3]。

融资方面公私混合的变迁

当OECD[4]国家医疗保健体系面临经济压力时，公私混合的融资体系如何变化？为了回答这个问题，我们描述了公共支出（见图8-2）水平占GDP和医疗总支出的比例。在偏离我们的三分法概念时，我们将税收和社会保险缴费这两种融资方式纳入公共资金来源（cf. OECD，2004b），因为数据限制不允许随着时间的推移单独考虑。

在我们的分析中，在23个国家中的医疗保健平均支出不断增加了经济资源的消耗（OECD，2006b）。关于公共财政支出占GDP百分比的变化，我们发现在被选择时间段的开始阶段比例有一个很明显的增加。从平均公共医疗支出的情况来看，1970年到1975年之间公共支出所占的比例从3.7%上升到4.9%。正如所预计的那样，1975年后公共财政支出处于变动阶段。1975年到1990年之间公共财政支出的增长开始减速。在这15年间，医疗领域的公共支出仅仅增长了0.7个百分点，在1990年占GDP的5.5%。在20世纪90年代初突然增长之后，其增长的幅度又明显放缓，直到2000年后才有所改观。公共财政支出在21世纪初期激增，2004年最终达到了占GDP的6.9%

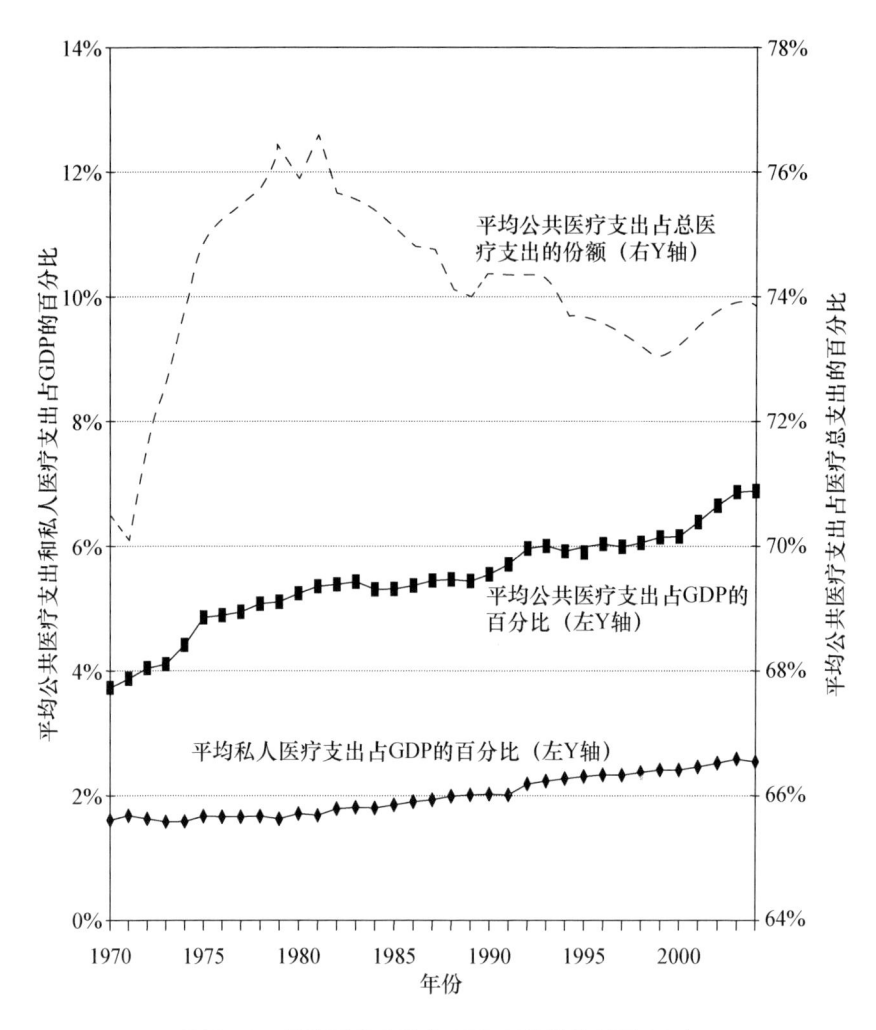

图 8-2 平均医疗支出占 GDP 的百分比以及 23 个 OECD 国家公共医疗支出的份额

资料来源：OECD health data 2006b, 2nd Version of October 2006，比利时的公共支出数据仅从 1995 年至 2004 年。

这一比例。私人支出从 1970 年占 GDP 的 1.6% 不断增长到 2004 年占 GDP 的 2.5%。

虽然这两种资金来源都在增长，但是医疗保健融资体系中的公私混合的比例结构却随时间不断变化。当我们衡量公共支出占医疗总支出的比例时，正如图 8-2 中的虚线所示，我们发现公共支出所占的比例在1970年至1980年之间由70%上升到76%。从20世纪80年代起私人支出在医疗保健融资中所起的作用越来越重要,而公共支出所占的比例却在下降。将这些结果综合后(所有国家的总体平均情况)可以发现,考虑到所有国家的平均水平,私有化和国家在医疗保健中支出的缩减只是20世纪80年代至90年代中期的现象。此外,在整个分析期间,由于公共开支占GDP的比例不断增加,我们只能说国家在财政方面的相对缩减是在1975年至20世纪80年代初之间开始的。当然23个OECD国家的平均情况也使所研究国家的特殊发展变得模糊。[5]大多数国家遵循了80年代到90年代的私有化趋势。但其中也有例外,例如葡萄牙、日本、瑞士和美国,在这些国家中我们发现它们在医疗部门的公共支出从一个相对较低的水平稳步增长。新千年开始所发生的情况使绝大多数国家的私有化进程结束或者是停止,但是在以上国家公共支出的比例却在继续上升。从OECD国家所呈现的平均情况来看,在新千年的开始阶段只有在英国和爱尔兰出现了公共部门支出所占的比例由下降转而上升的转折点。

进一步的研究支持了上述发现,即公共融资在公共支出所占比例很低的国家中变得不断重要起来(参见图8-3)。当我们把公共医疗保健支出的增长比例(1970—2002年)和相对应的70年代的水平相比较后,我们发现那些原本公共支出比较低的国家最终赶上了那些当时公共支出增长领先的国家。

综上所述,从20世纪70年代中期开始到80年代早期大多数关于国家公私混合体制的研究朝私人融资方向转变。同时,公共支出占GDP的比重也在增加。因此我们只能说这是一种相对的私有化。一些国家特别是那些原本依赖于私人部门融资的国家经历了一段公共医疗支出持续增长的时期,同时引导了一种在技术上可以描述为β-收敛的追赶效应(see Schmid et al., forthcoming)。

如果只考虑OECD医疗方面的数据,公共支出在医疗保健领域所扮演的角色是不能被完全领会的。税收豁免的提供方式是一种可以选择的、更直接的沟通公共基金和医疗保健领域的方式(Hacker,2002)。

福利国家的变迁：比较视野

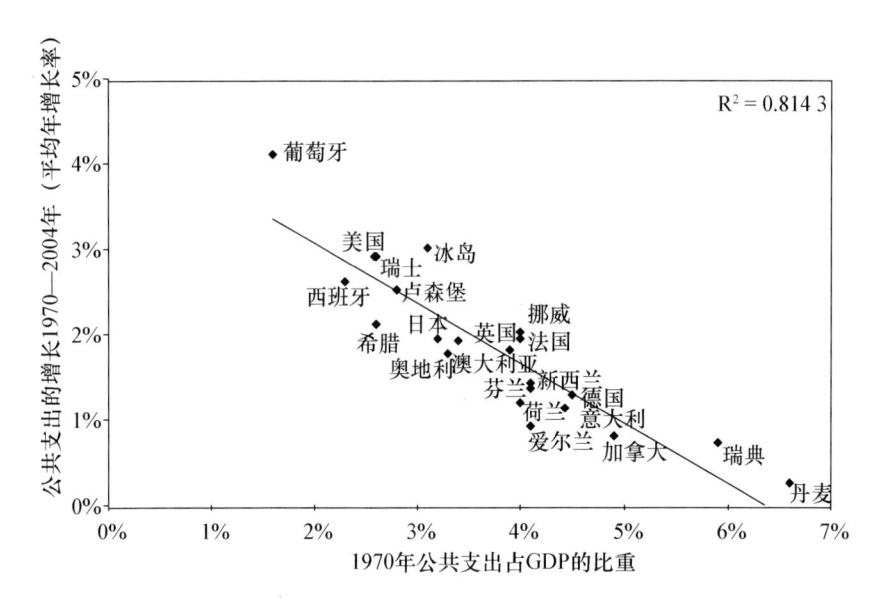

图 8-3　公共支出的增长（1970—2004 年）与 1970 年公共财政的相关性

资料来源：OECD health data 2006b，2nd Version of October 2006，OECD 22 (Belgium omitted). 这是我们自己的计算，不包括时间中断的年份。

总的来说，税收豁免是通过直接减少消费者在医疗保健领域的支出或者是通过支持某些健康保险公司的方式来影响医疗保健领域的公私混合体制。例如私有的非营利保险公司或自愿互助协会（Immergut，2001），当税收豁免直接提供给消费者时，无论是私人保险还是自付医疗费用都能得到补贴。因此，除了融资功能，税收豁免还是适用于影响消费和提供特定形式医疗物品和服务的一项公共政策工具（Immergut，2001；US OMB，2006；Colombo and Tapay，2004）。

税收豁免定量的重要性在各个医疗保健体系中有很大的差别。阿德莫和拉戴克（Adema and Ladaique，2005）已经收集了最少 23 个OECD 国家的税收豁免数据。他们得出结论：税收豁免在直接税相对较高的国家中最不重要（丹麦、芬兰、挪威和瑞典），同时它的作用在奥地利、冰岛、新西兰和西班牙也很小。澳大利亚是一个相反的案例：对私人保险福利征税，以防止公共保险计划的重复（Colombo and Tapay，2004，p. 47）。在美国用税收优惠来支持私人保险特别重要（US OMB，2006），同时在德国、爱尔兰和加拿大的医疗保健体系中税收优惠政策也十分重要（Adema and Ladaique，2005；Colombo and Tapay，2004）。当把这些结论综合考虑时，我们可以看到公共税收政策在美国私有化的医疗保健体系中最重要，同时在靠税收融资支持的制度中最不重要。这表明在公私混合的融资体系中，一种大规模的私人保险"向上移动"且资助了美国的医疗保健体系。由于税收豁免在医疗保健方面的国际比较数据只能按单个年份来估计，因此当我们分析公私混合的变化时不能把这一公共融资方面的因素纳入考虑中。

服务供给中公私混合的变迁

关于医疗保健体系的常识表明公共供给是NHS体系中占主导的服务供给方式，北欧国家（丹麦、芬兰、冰岛、挪威）、澳大利亚、英国与新西兰是这种体系的典型代表。在以奥地利、法国、德国、日本和荷兰为典型代表的社会保险体系的国家，国家给社会部门更多的让步，这形成了一个更加混合的服务供给体系。最后，在以市场为基础的医疗保健体系中（例如美国和瑞士），我们预计私人供给更偏爱公共机构的服务方式。

在医疗保健融资中，虽然国际可比较的医疗融资时序数据清楚地表明公共融资相对应的私人融资的作用，但在服务供给方面没有这样的共同标准。衡量医疗保健供给领域中公私混合缺少简单且直接的指数，这可能是国家在医疗保健服务供给中的作用未能得到很好研究的一个原因（Wendt et al.，2005a）。为了克服这个困难，我们构建了一个包括住院部、门诊部、牙科和医药部门的单一平均加权指标。为了达到这个目标，我们使用专门用于每个部门的资金的流动作为权重。在每个部门内医疗部门的就业状况和按照公私所有权划分的住院病床数将被用于说明各部门中公私混合的情况。我们用每一个部门分配到的资源情况乘以相应部门中公共资源的所占比例，得出一个评估国家在所有部门中的作用的公式[6]：

公共服务供给指数：

$$PPI = \sum_i a_i \cdot P_i$$

式中，a_i 为部门 i 中的卫生投入，P_i 为部门 i 中公共服务供给所占的比例，i 为住院部、门诊部、牙科和医药部门。

在以下的部分我们将描述资源在众多部门中的转移。之后在医疗保健部门内我们沿着公私混合的轴线检查资源的流动变化。最后，再把这些数据融合成一个公共服务供给指数。

整个医疗保健行业的发展

通过观察资源在四个部门中的流向可以发现在 14 个 OECD 国家中存在共同的趋势（cf. OECD, 2006b）。我们发现除了美国，在所有的国家中住院部门吸收了最多的资源。在资源使用方面只有美国的门诊部门超过了住院部门。尽管如此，这些数据应该被谨慎处理，因为不同的分类可能会导致不同的结果（cf. Cacace, 2007）。尽管存在可比性问题，但资源流动确实表明，大多数 NHS 体系将相当大比例的资源用于住院治疗。由于 NHS 将专科医生服务集中在医院，这一部门往往比其他医疗系统消耗更多的资源。与之相反，在德国专业医疗保健既可以在医院内获得也可以在医院外获得（Rosenbrock and Gerlinger, 2006）。与大多数实行 NHS 的国家不同，瑞士和奥地利在住院部门的资源消耗特别突出，占到了总量的 50%。一般性的住院花费由公共资金提供并且所有的急诊救护费用完全由社会保险提供，因此瑞士的医疗保险基金偏好提供住院治疗服务（Rosenbrock and Gerlinger, 2006）。另外，奥地利的医疗保健体系具有最大化提供住院部门服务的动机，同时也有最小化提供门诊服务的动机（Stepan and Sommersguter-Reichmann, 2005, p.21）。尽管如此，一个共同的趋势就是住院服务花费相对下降。尽管在大多数国家中这只是

8 OECD国家医疗保健体系中公私混合的变迁

一种温和的下降,但是这种趋势在澳大利亚、芬兰和美国却尤为明显(cf. OECD,2006b)。

医疗保健行业的内部发展

为了评价医疗保健部门内部的变化,我们需要按照公私混合的坐标轴(维度)为提供的医疗服务分类。为了达到这个目的,我们使用了住院部门的医生、牙医和药剂师以及牙科诊所和医药部门的就业状况。自雇专业人员被划归为私人部门,而公共雇员则代表公共部门的供给。住院部门按照所有权划分。[7]在服务供给方面公共渗入的程度用公共部门所有的床位数来估算。[8]

从公私混合服务供给中提供最稳定结果的部门开始,我们可以把14个国家中大多数的制药部门和牙科部门划归到私人部门。在一般情况下牙科服务由个体牙医提供。这些牙医都与公共融资机构签订合同或者获得私人赔付。例如,在英国所有牙医中大约有2/3的工作是在NHS合同的要求下开展的,同时大约有1/3的牙医专门为私人服务(Grimmeisen,forthcoming)。在挪威,牙科服务没有被NHS覆盖,而是留给了私人市场(European Observatory on Health Systems and Policies, 2000)。相比之下,在芬兰,牙科服务是通过市医疗中心由公共医疗服务供给的(OECD,2005c)。

和牙科服务类似,大多数国家医师护理也是由个体医生提供的,这些医生在公共合同下工作或者得到私人的基本收入。在这种情况下NHS也是成立的:自NHS于1948年建立以来,全科医生成为NHS合同制下的自雇专业人员(European Observatory on Health Systems and Policies, 1999, p.54; cf. also Øvretveit, 2003)。[9]在英国只有200名全科医生参与私人部门职位的竞争,而且这些人大多数居住在英格兰东南部的中心城市(cf. Grimmeisen, forthcoming)。

在一些国家,我们发现医生被公共部门的住院部门雇用。在奥地利,小部分医生在社会保险组织中的门诊诊所被雇用,正因为如此,他们获得了公共雇员的资格（Stepan and Sommersguter-Reichmann, 2005）。在冰岛，我们发现私人开办专家诊所和诊断研究中心，但是全科医生主要是公共医疗中心中的公共雇员（Sigurgeirsdóttir, forthcoming）。在挪威，负责门诊护理的市政委员会可以免责聘请全科医生或聘请他们作为私人专业人员（Johnsen, 2006）。在冰岛，没有信息表明私人部门的专业人员转变成全科医生的发展趋势。而在挪威，有证据表明：合同制下的私人医生占全科医生的比例由1990年的54%上升到1998年的71%。到2005年大约有90%的全科医生是自我雇用的（Pedersen, 2005）。在芬兰，门诊服务的提供由雇用专业人员和全科医生的市政医疗中心组织起来，所有医生中只有8%左右的人从事全职的私人医生工作（Øvretveit, 2003）。因而与其他国家相反，北欧国家门诊服务中的很大一部分由政府机构提供。

最后，在所有研究的国家中住院部门表现出一种混合供给者的特征。在此，我们根据由公共机构提供的住院病床数所占比例来估计公私混合的情况。（在本研究中）公共所有指的是政府机构拥有的病床数，而私人所有指的是私人营利和私人非营利医院拥有的病床数。这样的分类方法在实践中会低估国家参与的作用，因为国家采用多种方式支持非营利供给者。在德国、美国、奥地利和瑞士，私人所有在多方面受政府资助的非营利组织主导（Statistisches Bundesamt, various issues; Cacace, forthcoming; Österle, forthcoming; Filippini and Farsi, 2004）。政府给予非营利机构税收减免或者其他形式的补助。在瑞士，一些州担保负债型私人医院的亏空（Bundesamt für Statistik, 2001）。在日本和荷兰，国家甚至禁止医疗服务的营利行为（Henke and Schreyögg, 2005）。因此，私人医疗部门在这些国家完全是非营利的。尽管如此，在荷兰，政府已经开始包容给予以私人营利形式进入市场的供给者机会（Maarse and Okma, 2004）。在法国，营利组织主导了私人医院的服务供给。正如我们所预期的，在实行国民健康保险的国家中，公共部门所拥有的病床数向来占比很高。

在北欧和英国这个比例在 20 世纪 90 年代超过了 90%。在冰岛，公共部门所占比例在观察期依然在提高。同时，所有的住院病床都是由公共部门提供的（Sigurgeirsdóttir，forthcoming）。

与此相反，我们看到在英国和丹麦公共供给的比例缓慢地下降，同时在芬兰和挪威没有大的变化（WHO，2006；Statistik Norway，2006）。澳大利亚和新西兰同样是属于 NHS 的国家，这两个国家一直以来就有私人医院占较大比例的医疗体系（一共大约占 25% 的份额）。从 20 世纪 90 年代早期以来，私人部门所占的比例在澳大利亚缓慢上升到大约 1/3，与此同时在新西兰这个比例显著上升到 50%（AIHW，various issues；Statistics New Zealand，2005）。从新西兰的情况来看，公立医院在医疗服务中的作用可能被低估了，因为没有把大多数由私人医院提供的长期照料病床的数据排除在外。在实行社会保险体系的国家中，与德国和荷兰相比较，奥地利和法国显示了保持公立医院高比例的迹象。这也正突出了奥地利和法国在医疗保健体系中强大的政府影响因素（Ministère de la Santé et des Solidarités，2005；Österle，forthcoming）。在美国住院病床的公共供给比例历来很低，在过去 30 年间甚至出现了下降趋势（Cacace，forthcoming）。通过总结以上的信息并综合部门之间以及部门内部的资源信息，我们可以构建公共服务供给指数（参见表 8-1）。

表 8-1　　　　　　　　公共服务供给指数

	1970 年	1975 年	1980 年	1985 年	1990 年	1995 年	2000 年	2003 年	1990—2003 年的趋势
丹麦	—	—	65%	64%	57%	57%	—	52%	下降
芬兰	76%	76%	79%	83%	84%	79%	78%	77%	下降
冰岛	—	—	61%	58%	58%	—	62%	64%	上升
挪威	—	—	—	—	—	51%	50%	47%	下降
澳大利亚	—	—	—	42%	38%	34%	28%	—	下降

续前表

	1970年	1975年	1980年	1985年	1990年	1995年	2000年	2003年	1990—2003年的趋势
奥地利	—	—	—	—	—	40%	38%	39%	下降
法国	—	—	—	34%	32%	—	29%	30%	下降
德国	21%	21%	20%	20%	21%	20%	18%	18%	下降
日本	—	—	—	—	11%	—	11%	—	0
荷兰	—	—	—	—	7%	—	7%	—	0
美国	—	14%	14%	12%	10%	9%	7%	6%	下降
英国	—	—	—	—	81%	78%	75%	—	下降
新西兰	—	—	—	—	—	34%	27%	26%	下降
瑞士	—	—	—	—	—	43%	40%	41%	下降

注（公共服务供给指数的构成）：一般来说，公共服务供给指数是由公共住院病床的比例与住院部门的资源比例相乘而得。例如：在爱尔兰和挪威门诊服务部分是由公共部门的全科医生提供。这被认为是通过增加公共部门门诊服务的份额来聘用更多的全科医生。在芬兰门诊服务主要是由市医疗中心和公共雇员提供。因此，我们将芬兰的门诊部门视为公共部门。

注（横向比较）：流向荷兰住院部门的资源由于时间的间断而有所修改（OECD，2006b）。考虑到这一点，我们应该留意公共服务供给的缓慢增长。对于英国，我们使用不同国家资源流动的数据，这不是在不同国家的直接比较。新西兰的资源流动特征与OECD国家更加相似。瑞士的指数被高估是因为公立医院病床包括私人非营利医院的，这些私人非营利医院可获得各州的津贴。不可能将瑞士的数据调整为其他国家所用的公共/私人定义。由于这些国家的横向可比性受损，我们将它们单独列出，而其他国家则根据医疗系统列出。

资料来源：AIHW, various issues; Cacace, forthcoming; Department of Health, 2006; Henke and Schreyögg, 2005; Johnsen, 2006; Ministère de la Santé et des Solidarités, 2005; Ministry of Health New Zealand, 2004; OECD, 2006b; Österle, forthcoming; Øvretveit, 2003; Pedersen, 2005; Sigurgeirsdóttir, forthcoming; Statistik Norway, 2006; Statistics New Zealand, 2005; Statistisches Bundesamt, various issues; WHO, 2006.

因为数据的限制，除了冰岛，我们看到荷兰[10]和日本公共供给（在可进行数据研究的国家中）都在下降。芬兰直到20世纪90年代以前公共服务供给指数一直上升，在此之后呈现出一种转向市场化的趋势。这种趋势使得芬兰的指数回到了20世纪70年代的水平。在很多国家中，国家在医疗服务供给领域的作用正在下降。换句话说，医疗保健服务供给在加速私有化。鉴于服务供给指数的组成，私人供给在以社会保险和市场化为基础的医疗保健体系中盛行，而NHS体系则依赖于公共服务的提供。因为受到数据的限制，在此得出的结论是尝试性的。尽管如此，可以看到在北欧国家中公共供给特别显著。在这些国家中不仅住院部门表现出公共服务供给的特性，在门诊部门也是由公共雇员供给服务的。另一方面，在以市场为基础的美国医疗服务体系中，直接通过公共部门供给的服务却依旧处于边缘化的境地。

从20世纪80年代早期开始，美国公共服务供给指数的下降是受住院部门中公私混合的转化以及流向住院护理方面资源减少的影响。在澳大利亚、英国和丹麦也同样受到这样的影响。这些国家指数的变化不仅是由于私人医院床位数减少，也与私人门诊服务受到更多的重视相关联。与此相反，德国、新西兰和挪威的指数变化主要是由于住院和门诊服务供给结构的发展。特别是在最近十年中，由于私人营利者的获益，公共住院床位数正以很快的速度减少（例如德国的情况）(Bruckenberger et al.，2005，p.35)。因此，我们可以区分因医疗保健部门内部公私混合发生改变而引起的变化和因资源由以公共供给占主导的部门转到以私人供给占主导的部门而引起的变化。后一种情况我们可以称为隐性私有化。[11] 总而言之，公共服务供给指数在大多数国家呈下降趋势。私有化供给的大多数情况是由部门间权数改变引起的，也就是所谓的隐性私有化。

医疗保健管理的变化

医疗保健体系中第三个也是最后一个需要阐述的问题是管理。虽然包括医疗保健在内的很多政策领域不乏大量专门论述管理的作用和本质的文献，但是却鲜有能在意义上达成共识的情况。其实管理涉及一个宽广的领域的大量活动，与政府行为相关（但是也同时对代替国家且还是在国家主导下工作的第三方参与者开放），并根据从高度一般到高度特殊的多种特性交替地加以区分（Lewis et al.，2006）。

虽然关于管理的大量界定影响到我们的评价，但我们主要把注意力集中在管理更加结构性的特点上。同时我们也接受这样的观点：管理可以由非政府机构来执行（Rothgang et al.，2005）。更确切地说，我们考察的是参与者和能使制度协调一致的机制互动模式。关于参与者，我们讨论的是三种能在医疗服务领域起主导作用的特别类型，即国家、社团组织（例如疾病基金和供给者组织）以及私人市场参与者。由于采用了这样的三分法，我们对管理的定义就超越了只限于政府活动的严格限制，而是囊括了对各融资部门之间关系、服务供给者和在医疗保健体系中受益人群的管理。考虑到参与者之间具体的互动，我们划分了三种基本模式：（1）在国家方面实行典型的阶层控制；（2）在合同参与者之间实行地位平等和垂直结盟的集体协商制；（3）培育个人之间和组织之间竞争的条件（Stigler，1987）。

这里提出的参与者和交互模式的组合被用来构成管理结构，这些结构预计将随着不同的医疗保健体系而变化，而且很可能随着时间的推移而变化。最纯粹的管理结构类型可以说是用最直观的方式将参与者和交互模式结合起来的结果。也就是说，在NHS体系中联结国家与阶层结构，在社会保险计划中联结集体参与者与谈判机制，在私人的医疗保健体系中联结市场参与者和竞争（Rothgang，2006）。尽管如此，在建立这些联系的同时也应该承认其他小集团存在的可能（cf. Cacace，forthcoming）。

然而，为了代表国家与等级制度、公司行为者与集体谈判、市场与竞争之间关系的最典型实例，我们分别以英国NHS、德国社会保险计划和美国市场体系为例进行研究。这些国家是各自制度类型中最具典型性的代表（see e.g. Tuohy，1999，Rothgang et al.，2005）。由此，一种启发式的管理类型模式出现了。这个模式可以指导我们在三个国家的语境中分析医疗保健体系管理制度的发展，同时也不局限于此，可以更广泛地适用于其他的情况。这个模式参见表8-2。

表 8-2　　　　　　　　　　　　管理类型

互动模式	参与者		
	政府	企业	市场
层次结构	基于国家的分层管理（例如：英国NHS）		
集体谈判		社会自我调节（例如：德国社会保险计划）	
竞争			基于私人竞争的管理（例如：美国私人医疗保健体系）

当我们把这个管理模式应用于我们所说的三个国家的情况时，在三个医疗保健体系内部，特别重要的是这些医疗保健体系潜在地转向新的制度类型。一方面，随着医疗保健体系中例如融资机构、服务供给者和受益人（见图 8-1）等重要参与者关系的变化而可能发生转化。另一方面，制度中也可能看到由于公私混合形式的变化而引起的重要转化。举例来说，这种转化可以把远离市场的管理制度引向更具有合作性质和以国家为基础的制度。当把这几种可能的变化铭记于心，我们可以仔细考察英国、美国和德国的变化。

以英国的 NHS 为例，我们发现由国家引导的医疗保健体系已经积极地开始转移它的中心，并且努力让位给更多地方化的组织来提高效率。这不仅是一个重构的过程，而且这些变化已经改变了 NHS 的管理本质。医疗保健领域的很多决定不再由中央政府做出，而是交给了区域和地方化的组织（Lewis et al., 2006；Osborne and Gaebler, 1992）。这对于为病人提供服务的业务已成事实。对于已经全部由初级保健信托管理的初级和社区预算也是如此。伴随着医院信托基金的建立，住院服务已经在融资和护理方面更广泛地实行了自治管理。不仅如此，已经创新并且还在继续深化的内部医疗市场已经为处理供给者和购买者关系的新方式敞开了大门。变化已经成为开创性的改革，它标志着历史上英国 NHS 的关键性转变（Baggot，2004）。然而，在这些改革之后，也出现了同样重要的渐进变革，在此期间，进行了必要的政策落实和一种新的行动逻辑的制度化。自 1974 年以来英国政策保持了延续性和连续性，这些政策因为长时间连续的改革以及政策主旨的详细讨论而成为可能。正因为如此，有人说政策的沿革使制度的转型达到了高潮，但是这只能是渐进地推行。也就是说，NHS 已经转变成一种完全新的医疗保健体系的说法是一种误解，这是因为制度互动的基本模式依然是等级制而不是互助制或竞争制。也正因为如此，我们可以得出结论：NHS 的转型依然限制在制度内部，同时在管理维度中公私混合的本质依然是公共性质的。

以德国社会保险制度为例，影响该制度自主管理体系的变化大体上是以一种双重和相互竞争的方式发生的：自 20 世纪 70 年代以来，已经通过了一些改革，这些改革要么保持原样，要么强化监管现状，要么以国家直接干预和市场竞争的新方式挑战监管现状。关于前者，从 1977 年开始建立费用分摊机制，以及 1976 年加强疾病基金的议价能力，即使没有扩大系统参与者之间的相互自我调节，也基本上保持了这种能力（Alber，1992；Döhler and Manow-Borgwardt，1992）。然而，自 20 世纪 90 年代以来，国家直接干预变得越来越重要。随着住院病人服务、门诊服务、药品和医疗器械等方面预算的引入，医疗保险政策的一个主要参数现在由中央政府控制，不再受相互自我调节的支配。此外，1996 年医疗保险缴费率免除法案规定所有的疾病基金都要降低 0.4 个百分点的缴费率。这也是为了响应成本节约的目标——虽然确定缴费率只是疾病基金的一个核心要点。卫生部也介入其中，并且做了几个关于推行按疾病诊断相关分组收付费（DRG）制度的决定；因而在供给者和基金意向不一致的情况下增加了国家的直接干预，这样另一个角色就变得引人注目：国家的作用是"裁判员"（cf. Rosenbrock and Gerlinger，2006）。1992 年引入保险基金的市场竞争和给予蓝领参保人更多的选择，给互助自治管理造成了更长久的压力。这引入的不仅是成本控制效率原则，更是一种新逻辑。虽然医疗互助自治管理依然继续并占主导地位，但是制度上层的变化趋向于国家，制度下层的变化趋向于市场。与英国的NHS十分相似，这样的变化是通过一系列关键性的转折来实现的。在这些转折中经过了大规模的改革，随之进入重要的渐进转变阶段。在此阶段，政策制定者和实施者的新行动逻辑的制度化，需要很多时间展开实施。尽管如此，在这个过程中德国的社会保险制度没有完全转变成一个新的制度。从公私混合的方式来讲，虽然在医疗保健体系中德国给公共（国家）和私人（市场）参与者足够大的空间，但合作制的参与者依然留在舞台的中心。

最后再来看美国私人医疗保健体系的例子，1965年政策的发展被认为到了转折点。在此之后因为医疗保健和医疗援助计划的实行，国家的参与变得特别重要。在此之后，特别是从20世纪70年代以后，医疗保健管理持续渐进变迁，其中主要包括国家对两个联邦资助方案的逐步扩大和控制（Oberlander，2003；Marmor，2000）。不仅如此，在雇主资助的医疗保健计划中，由联邦政府提供的公共基金以税收豁免的方式来补助私人保险（Hacker，2002）。但是，在私人保险领域中阶层化的国家管理依然很微弱，特别是在面对面的医疗服务供给方面（Stone，2000）。与此同时，从20世纪80年代开始，私人保险经历了管理式保险的迅速增值。虽然保持了私人保健的本质，却让位于一系列基于国家监管措施的层级安排。在美国，医疗保健体系中最显著的变化是新管理模式的出现，而这样的模式不是来自政府，而是来自私人市场参与者，即受管理的保健（Cacace，2007）。综上所述，美国私人市场体系在其政策历史上经历了一系列间断，反映了一个渐进但具有变革性的变革过程，这一过程允许政府和层级在医疗保健领域发挥更大作用。因此，也表明了与监管有关的制度实施者采取了新的行动逻辑。在我们研究的三个国家中美国独树一帜，它目前的变迁不是由决定性的转变引起的。另外，美国的制度变化在更小的范围内持续（但也不是说不显著）。在管理方面公私混合的变化是因为在医疗保健体系中引入了新的管理方式。医疗保健体系就这样不可避免地大量保留了私人化的特征。

结 论

本章的目的是考察 OECD 国家中医疗保健体系公私混合的变化。制度通过在融资、服务供给和管理中引入非市场的专业化因素而表现出混合的体制。当考虑到融资体系时，在很多国家我们看到私人医疗保健作为融资模式已经建立或者正在加强，但是还没有发现国家作用的完全退缩。与此相反，从 20 世纪 70 年代开始，OECD 国家中的平均公共医疗支出增长比例高于 GDP 的增长。这个过程由医疗保健领域中原本低公共支出的国家提高公共支出的追赶行为所致。从 20 世纪 70 年代中期开始出现转折趋势，私人医疗支出正在以更快的速度增长，导致了公共医疗保健支出在总支出中的比例下降而表现出国家作用的相对降低。因此我们发现公共资金供给和私人资金供给的互补作用不断加强，由此导致医疗保健体系的混合融资模式。在服务供给中，私有化的趋势表现为公共服务供给指数（被构建成囊括医疗保健的各个部门）在大多数国家下降。这个过程不只是受到医疗保健部门公私混合变化的驱动，也同样受到以私人供给为特征的医疗保健部门膨胀的影响。在医疗保健体系的管理中混合制的转向十分明显。通过仔细研究，我们观测到三个国家公私混合的变化体现为在占主导的管理机制中呈现出朝混合管理体制转向的趋势。例如，英国制度的国家层级、德国制度的互助自治及美国制度的市场竞争都是通过以前没有的机制对制度进行了修改。概括地说，从融资、服务供给和管理角度看，医疗保健体系向混合的体系转化了。

【注释】

[1] 基于篇幅，图 8-1 的基础规范性将不会被讨论。

[2] 除了融资体系是涉及整个英国的，其他提及英国（服务供给和管理）的地方主要指的是英格兰地区。

[3] 对于理想类型的更多讨论和实证案例的选择，参见 Rothgang（2006），Rothgang et al.（2006），and Wendt et al.（forthcoming）。

[4] 我们认为这 23 个 OECD 国家是在 1970 年至 2004 年尊重法律规则的民主国家：澳大利亚、奥地利、比利时、德国、丹麦、芬兰、法国、希腊、爱尔兰、冰岛、意大利、日本、加拿大、卢森堡、荷兰、挪威、新西兰、葡萄牙、瑞典、瑞士、西班牙、美国、英国。

[5] 我们不能反映所有的图表，在这里做一个简短的概述，公共份额在日本不断地从 70% 增长到 82%，美国从 37% 增长到 45%，瑞士从 47% 增长到 59%。直到 20 世纪 80 年代中期葡萄牙的公共融资份额一直不稳定，随后从 50% 上升到 73%。在英国，国家的融资份额从 1975 年的 92% 下降到 1996 年的 80%，到 2003 年公共医疗融资又回到了总支出的 85%。爱尔兰的情况与此类似，公共医疗融资削减至 70% 后到 2003 年又增长到 78%（资料来源：OECD，2006）。

[6] 医疗保健行业的分类既可以遵循功能性原则，也可以遵循制度性规则。功能分类强调所供给的服务的种类。机构分类将供给服务的单位和地点作为区分医疗卫生部门的一种手段。因为我们对服务供给者的性质感兴趣，所以我们更喜欢机构分类。然而，只有美国才有足够时间序列的可比数据。因此，我们选择了功能分类，以住院治疗、门诊医生服务、牙科服务和药品作为替代（OECD，2006）。例如，我们使用流向住院病人治疗的货币资源来估计医院部门的规模。这种方法往往低估了医院部门的规模。

[7] 由于 OECD（OECD，2002）的数据与相应的非营利医院的分类和将非营利医院二分为公/私两类不一致，因而我们使用国家的数据和世界卫生组织的数据，并且不得不依赖于二手文献以确保公共住院病床份额在各国大体上一致。

[8] 因此，我们关注的是物质变化，而不是形式或功能类别。在这里，正式的变更是指医院管理的法律形式。按照我们的分类，采用民营管理结构的公立医院仍然被认为是公立医院。职能改革包括将过去由公立医院履行的职能外包给私人部门（cf. Strehl，2003）。

[9] 然而，全科医生的公共/私人的这种分类是值得商榷的，由于全科医生

只能与 NHS 签订合同，而通常很少有机会选择私人替代品，这使得 NHS 下的全科医生类似于公共雇员。

［10］在荷兰，服务供给的非指数变化主要被时间打破，这导致了住院融资份额的下降。目前还没有住院部门权重"真正"变化的有效信息。公共病床的比例从 1990 年的 11% 增加到 2001 年的 14%。

［11］类似的发现也被图伊视为被动的私有化（Tuohy，2004，p.367），指的是向更多私人融资的转变，即以私人融资为主的医疗保健行业的增长速度快于以公共资金为主的医疗保健行业。这个词隐含的私有化也被马尔斯（Maarse，2004，p.26）用于描述政策决策的副作用或非决策效果，例如丧失工作能力或不愿意对医疗保健问题做出反应，这一问题触发了私人替代品的出现或扩张。

9 从自由集权主义到集权自由主义：欧洲失业政策的变迁

丹尼尔·克莱格

引 言

在当代财政紧缩和经济自由化的背景下，所有福利部门都面临着改革的压力，其中失业政策的改革最紧迫。在某些方面，自由化与失业政策改革之间的关系似乎很简单。在战后经济健康增长的几十年，经济水平的总体繁荣和相关福利国家的共识得以提升。即便是在战后几十年经济健康增长、总体繁荣程度不断上升、福利国家的共识相对完善的时期，为失业者提供现金福利也是世界各地自由主义者的一大公愤，失业者被指责阻碍了劳动力市场机制，破坏了职业道德。很多选民认为，长期以来失业津贴被认为是福利国家提供的补助中最不合法的形式（Coughlin，1980）。因此，这并不令人惊讶：如果不是完全陈腐的话，一个广泛的自由化时期本应带来一波彻底的改革浪潮，以应对这些永恒的"福利质疑"（cf. Pennings，1990）。

本章认为，尽管如此，最近欧洲失业政策的改革揭示了当代福利国家改革中一个有趣且常常被忽视的方面，即在很大程度上，经济自由化的前提是增加指导性的国家行动主义。当然，当代许多失业政策改革的中期目标是缩小市场以外的生存空间。此外，在许多国家，传统上提供就业佣金和其他就业相关服务的公共服务正在向私营、营利的提供者开放，以迎接竞争（cf. Sol and Westerveld, 2006）。但在某种程度上会想起波兰尼（Polanyi）关于19世纪英格兰《济贫法》改革的重要论述，这些自由化的进程不是建立在废除原有制度的基础上，而是改良和重新整合现存的福利制度并在多方面增加政府干预，包括失业政策部门的运作、塑造（失业）居民的选择和行为。因此，失业政策特别清楚地揭示了中央集权论者关于当代市场自由化[1]的观点，并且更广泛地揭示了在福利发展中私有化和集体化趋势如何在不同层面——论述、制度和结果——以复杂的方式互动。

本章的讨论主要集中在制度层面，主要关注于描述和解释在过去10～15年间，欧洲某些国家的失业政策在多大程度上变得更加支持市场。由于另一个更能说明问题的原因，承认机构层级的安排有可能明显地与更广泛的话语和成果层级的政策发展方向相抵触，这一点很重要。正如下面将要讨论的，战后福利国家主义度过了一个"黄金时代"，在很多国家失业补贴实际上是通过制度设置实现的，国家的权力受到了严格限制。因为当代市场支持的失业政策要求增强国家权力，在已有的政策设置和机构化的可靠性上，我认为自由主义的程度是解释在不同国家背景下改革的可能性和限制性的决定性因素。对于一部分国家，首要的挑战就是制定更加可行的市场化失业政策，这证实了政府有必要增加更多的干预。

本章主要由四个部分组成。第一部分详细阐述了对现有失业政策趋势的总体认识和界定，以一种理想化的典型术语分别对传统和当代失业政策的概念和结构进行对比。第二部分探讨了丹麦和英国的实证案例，尽管社会和劳动力市场政策观点存在差异，但最近政府已经相对调高了杠杆，使中央政府一直享有对失业补贴效应的决定权，这作为一个政策过渡到一个更加支持市场的失业政策。第三部分对比分析了比利时、法国和德国的个案。我认为，在很大程度上每个国家的失业保险政策对私营参与者产生制度化影响的结果是——改革采取了不同的路径。尽管其中每个国家的失业政策都有很大变化，但丹麦和英国实行更为广泛和更加顺应市场的改革，这表明国家应充当一个更加明确的协调角色。为了强调这一点，第四部分简要分析了荷兰的情况，荷兰的当代失业政策改革中，教育化和自由化之间的基本互补性也许是最明显的。本章最后提出了一些对我们理解当代福利改革的论点的启示。

自由集权主义与集权自由主义

将当前这波失业政策改革浪潮定性为集权主义，与它们今天所取代的传统失业政策形成了含蓄的对比，后者是福利国家发展的"黄金时代"。我的论点是对比当前行之有效的一些方法，直到如今，实际上大多数欧洲国家的失业政策在某些重要方面是非常自由的。这并不是否认，传统失业政策的分配影响常常遭到经济自由主义者和资本利益的激烈反对，因为——就像把当前政策描绘成集权主义一样——我的论点更多地涉及制度和程序，而不是目标或结果。这也不是说国家在这些政策的制度化和运营中没有发挥作用；国家当然发挥了作用，尽管——正如下文将看到的——出现了显著的跨国流动。然而，传统失业政策的概念在每个地方都以政治干预和官僚审判的相对限制范围为前提，反过来也以权力的持续和透明以及（失业）公民的自主权为前提。此外，在不同国家之间这样假设的失业政策部门组织正以不同的方式和程度进一步制度化。

传统失业政策模型的关键制度是社会保险。尽管仅仅通过政府干预，保险的双方或私有形式的限制能应对工业社会的发展问题（Castel，1995；De Swaan，1988），然而，社会保险建立在这些业已存在的制度模板之上。社会保险建立在市场关系和市民社会的契约"准入模式"之上,也建立在那些一流公民国家关系之上(Ferge,2000)。在失业政策领域,社会保险总是与"风险"和"补偿"等词相联系,实际上是代表自由派对抗很多社会学家和保守派提出的有关社会经济规则的"先验主义"政策(Walters,2000,p.59)。

从融资、管理和内容[2]中能看到黄金时代失业保险制度的自由主义维度。尽管是强制性和集中制定,但失业(和其他社会)保险缴费与传统的税收规定很不一样。比起使用共同融资(税收)的物品和服务的权利,个人转移资金的权利被认为更不可侵犯。失业保险缴费经常等同于个人储蓄,失业补贴被视为个人按时所得薪金的一个"延期"所得部分(Palier,1999)。这种制度化的特殊地位是通过非连续的缴费和分配机构的出现而形成的,它明确地从国家财政中分离出来,在非政府参与者管理的私人或是半公共机构内运行,比如工会和雇主联合会。部分结果是,这些行动者往往也大量参与有关失业保险的决策,从而削弱了国家的管理自主权。

与现在普遍认为的所有黄金时代的社会政策都是标准化和同质化的规定形式不同,失业保险福利——就像其他社会保险一样——即使不是完全个性化,也往往有明显的区别。最为基本的是获得失业保险福利的缴费要求将普通雇员和那些依附于劳动力市场外围的劳动者区分开来;当暂时失业时,这种规定也能使普通雇员避免共有的谴责,而传统上这种谴责会落到所有的失业者身上。尽管不甚完善,但社会保险的引入将"社会风险"与"社会问题"区分开(Topalov,1994)。此外,大多数失业保险制度的福利水平表示为个人工资收入的百分比,从而保证充分补偿个人由于失业所面临的风险。最后,就失业者打算重返社会工作和正常消费者居民的身份而言,浮动的现金收益实际上维护和支持了他们自主选择的能力。

关于最后一点,即使对于那些有着良好缴费记录的人,失业补贴也不是完全无条件的,这一点可能有人反对;相关文件规定(接受失业补贴的人)必须定期去就业办公室进行登记,或者承担接受"合适"工作的义务。如果适度设置这样的规定却不与自由主义关于保险的概念对立，那么它们仅仅是应对如私人保险合同这种形式产生的"道德风险"。它是适度的——当今很多人认为是散漫的，实际上在黄金时代对福利接受者身份和行为的控制在失业保险体系中均有设置。只有在那些国家——政策制定者对失业保险的影响是稳定的，劳动力市场运作管理才能更加规范，"在自由主义名义之下"官僚对失业者的控制才能更加严厉和苛刻（King，1995，1999）。

发达国家越来越重视激活和受益条件（e.g. Barbier and Ludwig-Mayerhofer，2004；Dufour et al.，2003；Lødemel and Trickey，2001a），这也许是当代失业政策向家长式专制转变的一个最明显的标志。各地政府看到原来允许补贴申领者自发重新回归劳动力市场存在问题，它导致劳动者缺乏求职积极性和求职策略，也导致了与长期劳动力市场的分离和对补贴的依赖。紧急失业政策的范例强调在求职过程中需要更加严格的行为控制和更直接的干预（最终能重新获得工作资格），而超过简单预防道德风险的范围。尽管这种转变常常被描述为一种用个人责任重新平衡个人权利的做法，但新政策同样注重提高集体、政府执法和定位能力。

除了激活本身，一种全新的失业保护概念——实际上是失业——正在形成。这点可以从缴费原则所面临的挑战中看出，而缴费原则长期以来支撑着失业保险的运作。在劳动力市场，更多的转换和灵活就业轨迹使物价稳定，缴费记录——以及更普遍的个人就业经历和过去的状态——不再被认为是失业时获得社会支持的机会的公平或有用的基础，对一些失业人员给予过高补偿被视为以经济惩罚甚至排斥他人为代价。因此，形成了一种保持资格和权利平衡的趋势，它是由传统上最不受保障者或最受保障者或者处于两者之间的（群体）结盟而达到的。与激活趋势相关的是，历史贡献也不再被视为"自主性"或"接近劳动力市场"的有意义的代表，因此，失业被视为客观结构性力量的结果，而非个人缺陷的证据。传统上的失业"风险"和失业"问题"的区别正在消失（Walters，1996）。尽管在失业人口中存在一些处于受补贴地位的层级，但个体"分析"程序的不断增加引发了额外的干预，这与旧思想——暗含在"延期薪金"的理念中，即记录良好的缴费者拥有获得无条件收入补偿的固定权利——大相径庭。

新政策含义不仅包括失业补贴政策的内容，还有融资和管理等内容。首先，失业保险融资途径与常规公共税收和支出之间存在严格的界限，要使这种界限不那么泾渭分明的确有压力。失业政策越来越接近财政政策领域，以促进个人税收优惠的微调，并使社会保障融资更加"有利于就业"，特别是通过将财政负担从劳动力成本转移到一般收入（cf. Palier，1999），积极和消极的劳动力市场政策的顺利结合也以能够为过去往往分别由社会捐款和一般税收资助的各项倡议提供资金为先决条件。其次，积极和消极的劳动力市场政策之间的壁垒正在消失，这也造成了公共就业服务和失业补贴体系间的制度分离。就供给水平而言，现在强调的是为所有就业相关服务提供"单一途径"（Clasen et al.，2001），而在政策水平上则有两个被强烈肯定的领域，那就是需要共同管理和共同融资。更为普遍的是，失业风险和失业问题区别的消失正在削弱一个共识，即失业风险可以用自我管理来应对，它与明显的政治官僚式管理相隔离。

因此，传统的失业政策在欧洲和其他地区面临着越来越大的改革压力。不过，尽管这些改革的更大背景是经济自由化，但从很多方面来看，体制改革的主旨在很多方面是集权主义的，让长期以来或多或少靠自己力量运作的政策部门重新掌握法定监督和官僚控制的权力。"或多或少"这句话很重要。然而，对于如下在国内的研究的建议主要是通过了解公众对传统失业政策不同程度的影响力，正确理解失业政策变迁的不同方式实际上推动了不同福利国家的发展。

中央集权的"彻底胜利"：以英国和丹麦为例

在有关失业政策改革的外文文献中，丹麦和英国是两个著名的例子，通常被认为是与当代的、后补偿失业政策截然相反的模式（cf. Barbier，2004；Torfing，1999）。尽管没有必要非议这个描述，但仍可以从一个更加结构化的视角考察这两个国家有的许多共同点（Clasen and Clegg，2006）。

这两个国家的首要共同点是，均朝着失业福利供给的"去区别化"的结构发展。在英国，这点突出表现为失业者的权利标准逐渐统一，传统上这些权利仅为没有任何缴费记录的工人（换言之，社会救助制度所救济对象中的失业者）享有。1979年至1997年，在这方面保守派政府制定了具有重大意义的改革。1982年政府向最长缴费记录的失业者支付适度与收入挂钩的补充津贴，此后，1988年的改革使得基于保险的失业津贴（UB）的缴费要求更严格。由于1996年求职者津贴（JSA）的引入，这些权利的期限从1年缩减到半年，失业者（现称为"JSA收入相关者"）的货币价值也完全与其家庭财产调查补助标准一致。自1997年以来，新工党政府对该改革毫无调整，由此造成领取UB的失业者比例从1980年的50%左右下降至2007年的16%（DWP，2008）。基于保险的津贴占据如此排他的地位，使得它与英国对失业者的社会保护越来越无关。

在丹麦，失业救济金实际上长期以来是相对没有区别的，这首先是由于相对开放的保险制度，其次是由于相对较低的收益上限，这限制了保险收益可以随收入变化的程度。与英国正好相反，在丹麦的体系中，大多数失业者获得保险津贴，只有很少的社会援助。最近的改革主要是为了维护这一历史性的"提高"失业救济标准的做法。因此，尽管在20世纪80年代仍有某些新的方案对受益权区别对待，比如对那些仅有部分缴费记录的人实行较低的津贴标准，但这些制度在随后的改革中被废除。自20世纪90年代初以来没有大幅度削减津贴，取而代之的是一般性的津贴削减。尤其是在1993年至1998年，无论缴费记录如何，保险收益的最大年限逐步由7年减少至4年（cf. Andersen，2002a）。这个变化允许丹麦的失业保险制度在20世纪90年代末期甚至在约为80%的受益率[3]上保持经济的可持续发展，这是欧洲的最高受益率水平（Samek，2001，p. 61）。

最近两国实行的失业政策的另一个相似点是对一般激励的容纳。当然，在激励的内容上有显著的差异，尤其是在培训供给的投资水平上丹麦远比英国要高。我们可以用某种方式对比丹麦的"正向激励"和英国的"负向激励"（Barbier，2004；Torfing，1999）。这两种激励措施仅从90年代中期才开始成为为所有失业者提供福利的核心指导原则，然后才逐渐地适用于其他失能群体。

最后，在这两个国家，政策部门的组织结构也发生了重大变化，这也促进了政策部门的活动。在英国针对失业者的UB和社会救助由于JSA的出现而合并并统一。自1986年"重启"计划以来，负责就业政策（就业服务）和福利政策及行政（福利机构）的政府间的协调也越来越紧密，最终合并成立了一个"工作年龄机构"。最后，在提供服务方面，福利和求职服务越来越多地融合在所谓的特别就业中心内，该中心现在是为所有登记失业人员提供服务的中心，就像为其他领取工作年龄福利的人提供服务一样。这使得英国劳动力市场政策从历史上对失业的关注转向对"就业不足"的重视（Clasen，2004）。

迄今为止，丹麦失业政策的制度化转变已没有那么激进。之前存在的劳动力市场政策支柱——工会运行的失业保险制度、地方政府运行的社会救助制度、国家运行的就业服务——保留了不同的制度特色，尽管从20世纪90年代中期以来，它们的活动和干预措施一直被引导朝着在地方政府层面运营的劳动力市场三方协商机制的方向发展（Ploug，2004）。尽管如此，从2007年1月起，其为所有失业者提供服务的初衷促成了90个新"就业中心"的开放，这一做法相当明确地模仿了英国的综合制度。在10个试点中心，对失业者的行政责任完全由地方当局承担。如果将这一模式加以推广，它将大大加强国家在丹麦劳动力市场政策中的作用，实质上损害工会资金。

总之，丹麦和英国近年来在失业政策的概念和制度化方面发生了重大变化。与此或多或少并行的是，这些改革鼓励或巩固了失业救济权利的标准化做法，广泛地普及了失业救济的活动，并改革了政策部门的组织结构,以鼓励所有申领人通过协调和单一途径获得失业救济;所有有关失业政策的典型改革不仅变得更加制度化集权,而且明确地受到市场的支持。

尚存争议的是,英国和丹麦政府对该转变——名副其实地"横扫"多个连锁政策——的干预相对放缓很大程度上是基于这样一个事实:这两个国家在失业津贴政策上总是保持了相当程度的影响力,甚至在一个更加传统的、基于保险的制度上运行也是如此。英国在大范围内运作的失业政策是一个福利系统,哈里斯(Harris,1992,p.116)将该系统总结为以下特征:"事实上,在欧洲甚至在当代世界中最联合、中央集权、官僚制及'公共性'的。"尽管失业保险津贴的财政基础是国家保险基金,但这个基金永远有限地独立于国库。进一步说,在贝弗里奇集中管理的原则下,失业保险津贴总是由中央政府机构控制,没有社会合伙人或其他市民社会参与。尽管缴费原则也许在战后英国的失业政策中变得重要起来,但是也从未因受到制度的支持而得到减缓,它总是非常脆弱,以至于当环境变化后,需要时国家便会做出取消的决定(Clasen,2001)。

丹麦失业政策部门的机构设置传统上不像英国那样明显由国家主导,这无疑有助于解释为什么近年来丹麦的机构改革比英国进展得稍慢。特别是在对复杂的志愿性失业保险"根特制度"的管理中,工会扮演了重要的角色,且起着协助作用,工会变得与任何变革高度对抗,这使得工会成员和权益之间的显性联系弱化,而这种知觉链接对工会成员而言却是一个强有力的集合机构(Lind,2004)。然而,由于很多原因,这些因素在很大程度上并没有转移改革的方向。工会和社会民主党的关系良好,这意味着在20世纪90年代社会民主党执政期间工会配合了许多政府改革;更加重要的是丹麦失业津贴的财政基础的80%是税收收入,这点和更多福利国家的传统一起,给予丹麦政府相当大的权力来引导失业政策改革(Ploug,2004)。这使得政府更大胆地减少对劳动者权利的顾及,推动工会反对的改革日程,削减工会反对这些变革的能力。

由于包含更多的中央集权，丹麦和英国的新失业政策范例在短期内相对简单，这是因为政府干预在这两个国家被广泛接受，在传统的失业津贴政策中也有相应的规定。而比利时、法国和德国的例子则提醒我们不是所有国家的情况都与英国和丹麦一样。比利时等国家的例子表明，那些失业保险自治权更加制度化的国家向新的失业政策范例的转变也变得更加复杂。

辅助性原则与市场：以比利时、法国和德国为例

比利时、法国和德国是"俾斯麦"或"保守主义"的福利国家，这些制度的指导原则是辅助性原则（Van Kersbergen，1995）。在社会保险领域，辅助性原则的实际含义是保留私营企业行为者，特别是工会和/或雇主协会的重大管理责任，有时也包括政策责任。尽管以不同的方式出现，但这点在比利时、法国和德国的失业保险制度中都得以体现（cf. Clegg，2007）。在比利时，失业救济金是正式的议会特权，但在丹麦失业救济金大部分由工会管理，通常以一种强制性的"根特制度"的变形形式出现。在法国，工会和雇员定期重新协商以达成协议的方式共同调节失业保险，除社会合作者达成的有效（否则）协议之外，国家不用充当任何正规的决策角色。最后，德国失业救济金是联邦政府的一项能力，但是由代表工会、雇员和公共机构（联邦政府、各州和市政府）的三方机构来管理。以上每个国家的例子表明历届政府不愿意或者没有能力驾驭与私人行为有关的利益，因此，在试图向更加以市场为导向转变时失业保险的制度化管理变得相当复杂。

社会合作伙伴对失业保险立法的影响包括：首先，推动了改革的通过，反对采用将受益权利与个人缴费记录完全分离的改革。有很长工龄的核心工人很可能会被工会吸收，这也是雇主想要保留低成本-高产出工人的主要战略目标（cf. Ebbinghaus，2006）。其次，劳资双

方都表现出对社会保护制度感兴趣,以满足劳动力市场"内部人员"的需求。此外,社会合作者在社会保护方面——这是他们非常重视的——充当管理角色的背景下,他们的合法性主要是来自福利的供款性质,即使缴费待遇可以覆盖的风险范围缩小,这些合伙人在重申这点时也有着明显的兴趣。

作为失业保险制度的联合决策者,在20世纪80年代初以来持续高失业率背景下,法国社会合作者通过将受益权与缴费更加紧密(而不是更少)地联系起来的方式应对这种情况(cf. Daniel,2001)。在20世纪80年代初实行的改革中,"不良风险"被转移到一个税收资助的"联合"体系,与失业保险分离。自那以来,失业福利体系的二元论得到了重申,甚至得到了强化。在德国,20世纪80年代和90年代的改革也倾向于减少失业保险额度,主要是对刚开始工作的人和那些多次失业的人,同时延长核心工人的福利。尽管2004年哈茨四世(Hartz IV)的改革颠覆了上述后一个趋势,但通过给予基于保险的援助最大为12个月时限,扩大了基于工资的核心申领人(现在变少了)与必须依赖基于家庭财产调查的社会救助的人(正在增加)之间的权利差距(Clasen,2005)。尽管哈茨四世的改革代表了德国失业保险政策的一个相当激进的改变(Seeleib-Kaiser and Fleckenstein,2007),但改革的标准(而不是程度)已经更加接近于法国的情况(cf. Eichorst,2007),而不是与英国或丹麦失业救济金改革的逻辑相似。

在某种程度上比利时的失业救济金改革延续了不同的路径。该制度在"劳动庇护"政策中明确地被"工具化",这是由于早期的退休金消耗了失业保险金的收入,其数量巨大且不可逆转(Kuipers,2006)。但是,由于允许最高失业救济金相对于最低失业救济金停滞不前,而且失业救济金越来越多地根据假定的家庭需要进行调整,正常失业救济金在缴费和就业历史上的差别已大大缩小(Marx,2007)。比利时的工会看起来似乎盲目牺牲了失业保险金的工资保护功能,以此来保护在支付期限范围内传统的缺失。比利时制度的这个独特的历史特性阻止了大部分失业者沦为社会救助的对象,但这样做也保护了工会运行的救济金支付机构能为每个失业者从联邦政府那里申请到救济,这些失业者均在这些救济金支付机构领取保险金。换言之,与法国或德国相比,尽管比利时的救济金改革似乎与新的失业政策范例更加一致,但这并不是因为比利时政府更加精于控制制度化参与者的利益,而是因为这些参与者和他们的利益在某种程度上不一致。

在这三个国家中,国家对干预的管理能力很有限,在与失业政策制定部门的激励和组织变革紧密相关的领域,它们有着相似的政策效果。在与激励相关的领域工会想要阻止工资水平下滑,且雇员对现存的津贴制度和集体协商制度之间互补性受损的问题保持沉默,总体上已经成为反对发展更加消极的激励政策的捍卫者。出现的激励的积极方式用来解决自我调节的失业保险基金的财务自主权的问题(细致但却很危险),例如为了增加(如果可能的话)长期储蓄而加大对培训的短期投资。与此同时,不同的劳动力市场政策的综合融资及管理证实了很难调和国家和私人社会参与者之间责任的制度化分割。事实上救济金改革通常涉及需要明确区分缴费(以缴费为财政基础)和非缴费(以税收收入为财政基础)的权利(见上文),存在融资和管理的碎片化程度加深的趋势,与之相同的也存在逐渐走向统一的趋势(Clegg,2007)。

在法国和比利时,政府的激励措施多集中于失业保护制度的救助边缘,在这些范围内社会合作者没有制度化的影响力,这也导致没有触及保险的核心。存在这样的事实:由于失业津贴领取期限没有限制,大部分失业者不在社会救助的范围,这种状况在比利时的确存在。不过,最低收入计划(之前是最低生活保障,现在是收入的社会融合)迄今为止已成为多数激励活动的领地,它把创造就业机会的措施和救济金发放系统相联系,其作用十分显著,这是它最成功的地方(Gilson and Glorieux,2005)。在法国,同样的激励导致发展沿着一个清晰的选择性路径,即政府就业措施的目标定位是失业保险覆盖范

9 从自由集权主义到集权自由主义：欧洲失业政策的变迁

围外的群体（cf. Daniel and Tuchszirer，1999）以及福利政策的方法首先运用在社会救助计划上，例如用于融合的最低收入。迈向新千年前后，这两个国家的激励逻辑逐步"激化"失业保险。但直到现在，由于失业保险制度和国家之间协调存在的困难阻碍了连贯性新政策的颁布。由于德国联邦劳动局（BA）一直都承担着激励行为和消极措施的财政责任，因而在这方面，德国的情况有一点不同。这个情况的双重效应是将措施目标定位于失业保险，并有着强烈的周期性倾向（cf. Schmid et al.，1992）。最近的哈茨改革承诺将目标定位于个人而不是以预算审议为基础，然而由于在对待"失业津贴1"和"失业津贴2"的领取者问题上存在很大的分歧，因而加剧了社会权利中基于地位差别的风险（Ludwig-Mayerhofer，2005，p. 104）。

在法国和比利时，人们早就认识到有必要对失业救济金和就业/就业政策采取更综合的办法，但不同机构行动者之间的"合作协定"还远远不够。这一点多是因为显性需求没有涉及由社会合作者（法国）或者工会（比利时）管理的失业保险机构的自主权，再加上政府也不愿意将公共就业服务的完全控制权交给这些参与者（De Lathouwer，2004；Maire，2005）。由此，人们也意识到这些参与者也许在公共利益领域没有完全的操纵权，但也不能完全排除他们在失业政策历史上所扮演的角色。[4]

在德国，这种情况也不尽相同，BA一直包括了失业政策中安置和支付的职能。然而最近的改革却对BA进行了部分重组，试图减少对其社会合作者的影响，目前仍未确定是否取得成功（Streeck and Trampusch，2005，p. 186）。

虽然每个国家的情况有所不同，但总体而言，重点在于失业政策向市场支持型平稳过渡时，私人参与者参加失业保险的管理起到了制动作用。通过参与管理，私人参与者在经典的、以保险为基础的失业政策中确定了股权，也能够运用他们的制度来维护股权地位。这并不排除遵循市场改革，但必须确保这种改革是渐进式的，并逐渐扩散到已经存在的，但延伸范围越来越广的制度安排中

(Clegg，2007)。然而，一个更连贯的再商品化政策似乎要求国家扮演更集中地管理与引领失业保险政策的角色，而不是按传统认可的辅助性原则进行管理。

重大变革：以荷兰为例

在这种背景下，荷兰的案例尤其具有启示作用。一方面，荷兰是传统意义上另一个"俾斯麦"模式的福利国家，至少"工人保险"制度覆盖了失业者和残疾人（cf. Kuipers，2006）。在荷兰，正如它的三个邻居那样，对失业政策的有效管理大部分移交给了社会合作者，并且辅助性原则的传统仍然非常强。与丹麦和英国一样，荷兰是欧洲国家经历社会经济政策重大变迁最具代表性的国家之一，尤其以失业政策最为典型，（e.g. Green-Pedersen et al.，2001）。如果要理解这种可能性，就应该更多地了解关于当代失业政策基本自由主义改革的情况。

荷兰的失业政策改革路径证实了20世纪90年代早中期改革发生的标志性变化（Clegg，2007）。在这一点上改革明显沿袭了社会合作者制度化影响的轨道。救济金改革在1987年的《新失业保险法案》（NWW）中表现得最为明确。尽管政府此前已经宣布准备引入一项重大的"制度改革"，但《新失业保险法案》表明通过减少税收收入对失业保险救济金的作用并主张申领救济金的权利和就业记录，特别是与年龄更加紧密地挂钩等，十分强烈地重申了失业救济金的保险特征。在上述情况下，改革同样加强了社会合作者对制度的管理作用（Boekraad，1998，p.735）。然而，随后的改革却在其分配逻辑上变得更加微妙。在当政者威姆·科克（Wim Kok）领导下的"紫色"自由工党联盟的推动下，1995年的改革进一步提高了缴费资格的要求，并且扩大了年轻参保人延长受益的权利范围，为那些在保险制度内没有达到领取全额救济金标准的申领人引入了一个新的短期统一费率。2005年的改革使得领取失业救济金的权利更少依赖于所谓的"名义"工作履历,而事实上这是一个间接计算工龄的方法。因此,改革修正了制度中一些由年龄产生的偏差。

最初荷兰失业政策也是延续了与比利时、法国和德国类似的途径,其采用的激励措施很大程度上是依靠失业保护制度的援助而发展的。面对越来越多失业者领取社会救济金的问题,20世纪80年代末荷兰围绕本地社会服务部门和国家就业服务安置办公室的合作协议,为长期失业者出台了"重新定位干预"的政策(ibid,p.756)。救济金管理机构所谓的"激励功能"在1989年通过的一项社会救助法中进一步得到加强,最终由1996年《新国家救助法案》实现。这部法案在简化和个别化救济金规划之外,直接受法国最低生活补助金(RMI)政策启发,明确规定了救助领取的方式方法(Westerveld and Faber,2005,p.170)。最终,1997年的《求职者就业法案》创造了一个公共就业基金,这个基金是针对现有年轻人和长期失业者的特殊就业方案,使得年轻人和长期失业者的特殊就业方案与公共管理的社会救助制度更便利、紧密且明确地联系了起来。

最初这些激励行为主要是关注失业制度的援助范围,这是因为社会合作者运用其管理职能阻止上述激励行为涉及保险制度这一核心。1993年在社会党人弗利普·博梅耶(Flip Buurmeijer)主持国会期间,上述情况在国会调查报告中尤为明显。博梅耶委员会指出,谈及20世纪80年代中后期以来的激励或者"大规模政策"的需求,工人保险发展的实质是"反大规模政策"。而失业保险委员会强调,管理救济金的两党工业委员会与公共就业服务几乎没有联系,也几乎没有采取任何行动来发展公共就业服务。尽管失业保险委员会强调立法机关(国家参与者、政府和国会)对被动的保险制度所承担的责任,但它也同时强调社会合作者在制定社会保障政策过程中衍生了相当多的角色,表明不希望接下来的政府侵占后者的领域。尽管对此负责的部长偶尔发表需要更具激励性的方案的观点,但失业保险委员会表明工业委员会基本上对这些观点置若罔闻（cf. Boekraad，1998，pp. 743-54）。

如果不是因为荷兰残疾福利领取者的案件不断增加，失业保险委员会可能永远不会被要求就社会合作者管理的工人保险提出报告，因为荷兰的残疾福利领取者比其他地方更清楚地指出它的运作有问题。国家管理的国民保险制度的平行存在，使得社会合作者可以参与到社会保障管理中，因此与其他国家相比，荷兰的管理表现出更少的必然性。博梅耶委员会制定的第一个法案的内容是"辅助性原则"，不管什么原因，20世纪90年代有关社会政策事务的原则遭受了一系列的攻击。在这个法案公布后的1995年、1997年和2000年接连颁布了新的"关于社会保险组织的法律"。接下来的组织改革路径则变得复杂，在某些方面还很令人困惑（cf. Hemerijck，2003，pp. 253-5；Wierink，2000），但总体而言，该改革表明了一个逐渐增加的意愿，即不仅根据制度化的逻辑来调整失业保险政策，而且挑战那些不适合政治和政策目标的制度化逻辑。这为就业政策的重大重组开辟了道路，并由此产生了一种普遍的激活方法，远远超出了以前可能的范围。

1999年政府的一个提案试图进一步增强公共工作与收入中心（CWI）和保险机构的合作关系，社会合作者则对这个提案持强烈的批评态度，他们认为这会威胁到他们在社会保障中的管理自主权，最终政府还是取消了该政策方案。但之后取而代之的是向社会合作者偏好的完全私有化的社会保障管理看齐，政府在1999年11月提出了新计划——"使福利管理方面的公共能力得到全面恢复，并大大减少社会伙伴的作用"（Wierink，2000，p. 33）。政府在新的工作与收入理事会上承认社会合作者的"政策建议者"的角色，否则社会合作者将面临从部门中被驱逐的压力，而他们往往认为这些部门是他们的"财产"。在新组织框架中，CWI处于核心地位，它作为接触所有工作和福利的联系中心在2001年"工作和收入实施结构"（SUWI）法案中被制度化，有效地推广了就业政策和社会保障的纲领性融合，并引入了对所有失业者进行强制性简介式面谈的原则（Hemerijck，2003，p. 260）。

可以说，荷兰的福利国家改革，包括失业政策领域的改革，在国际辩论中仍然存在一定程度的失实陈述。社团主义复苏的"开拓模式"与协商改革的主题逐渐主导了国际争论，1982年有关工资和工时的瓦塞纳尔（Wassenaar）协议成为这个争论的缩影，甚至那些标榜支持证据的著作（e. g. Visser and Hemerijck，1997）至少也把荷兰整体的政治经济状况作为一个更复杂的案例进行陈述。事实上，"外国观察家对荷兰体制的特点大加赞赏，而这正是紫色联盟扔进历史垃圾箱的"（Hendriks，2001，p. 37）。失业政策做出了一个很好的范例：在博梅耶报告之后的几年，制度改革的开展成为政府果断干预以满足市场发展所必需的关键变革的很好例证，而不是像波兰尼对19世纪英国发生的"大变革"的分析。在这方面荷兰的例子可能比这一章其他原则性的争论更好地证实了这一点。当前的失业政策自由化改革需要更多而不是更少的国家行动主义，而有效部署国家权力的能力是自由主义能否得到全面和明确接受的关键预测因素之一。

结　论

对福利国家变迁的简单描述——例如从福利的中央集权主义到自由主义——毫无疑问为那些支持当今变革和谴责当今变革的人提供了一个合理的说法。然而，正如本章描述失业政策时的分析，这些描述通常是基于对过去和现在发展趋势的误解。在福利集权的全盛时期，失业政策基本上是通过自我管理的社会保险制度这个"看不见的手"来操作的，事实上国家暗地里保留了制度化。相反，尽管公共部门在经济中所占的份额今天可能正在萎缩，但它的退却是由于失业政策得到了比过去更为明确和明显的国家干预主义的引导和推动。在失业政策方面，其结果是，一方面在制度层面，另一方面在话语和结果层面，变化的逻辑存在一定的不协调。

　　认识到这一更为复杂的历史和当代现实，对我们解释正在进行的福利国家改革的动力具有重要意义。例如，皮尔森（Pierson，1994）认为国家能力与福利方案的紧缩动态"几乎没有关系"时，可以说他对紧缩的理解过于局限，对国家能力的看法也有限。新的失业政策中许多改革可以很轻松地达到与裁减相同的效果，而如上所述，也有很多改革是与作为强制力的国家能力明确相关的。此外，国家能力不仅仅是简单的官僚廉洁或"砖泥"问题，它还包括支持具体政策领域的体制安排，这些政策领域能够决定国家干预和直接改革的合法性。正如上文所说，在解释近些年不同欧洲国家失业政策的改革路径时，这部分内容中的变量很关键。

　　理解当前不同层面趋势的不协调，也有助于我们更全面地理解当代福利国家改革者面临的挑战。由于上述原因，失业政策改革往往要求国家做得更多，这样它就能做得更少，从私人行为者那里争取责任，这样它就能把更多的责任强加给私人机构。尽管从理论上讲，这种做法合情合理，但在国家政治体系中，很难将其包装起来。在简单的改革论述和正在进行的福利国家改革的复杂性之间存在着一条鸿沟，反对改革的人可以利用这条鸿沟，即当改革被迫通过时，人们可能会产生不理解和不满。因此，认识到当代福利国家转型的复杂性，也有助于我们讲述更丰富的故事，说明为什么这些转型往往是困难的，而且通常具有政治风险。

【注释】

　　[1] 例如金（King，1999）和斯坦丁（Standing，2001）等作者已经强调了失业政策自由化的狭隘面。关于公共政策的类似论述，请参考利维（Levy，2006a）所编的合集。

　　[2] "混合福利经济"（融资、管理和供给）的框架和四个制度变量（访问模式、利益结构、融资和政府治理）之间逐渐形成了由融资、管理和内容三者组成的一个综合体，即通常所指的跨国的收入维持方案（cf. Ferrera，1996；Bonoli and Palier，1998）。

[3] 领取失业救济金的失业人员的比例。

[4] 然而，2008年1月，法国新政府提出了一个公共就业服务和失业保险制度"融合"的议案。截止到写作时（2008年5月）仍不清楚这项改革会在何种程度上削弱失业保险政策社会合作者的自主权。

10　工作能力丧失福利的变迁

彼得·A. 肯普

本章探讨了近几十年发达福利国家的工作能力丧失福利改革。对于工作能力丧失的保护是很多发达福利国家长期具备的特征。在这种意义上工作能力丧失代表了埃斯平-安德森（Esping-Andersen，1999）和其他人（e.g. Taylor-Gooby，2004b；Bonoli，2006）所谓的"旧的社会风险"。作者提出这些向后工业社会的转变已经引起"新的社会风险"，如人口老龄化和工作与生活平衡，这需要福利国家进行相应的改革。然而，尽管新的社会风险可能已经出现，但是这并不代表着旧的社会风险仍保持不变。这是因为近几十年来造成这种风险的经济和社会条件已经改变。此外，像工作能力丧失这样的概念并不是固定的或者一成不变的。相反，它们具有社会偶然性、争议性，并且随着时间而变化。确实，这一章的主要观点是随着工业社会向后工业社会的转变，工作能力丧失这一社会风险以及福利国家提供的抵御风险的保障也随之改变。[1]

工作能力丧失是一种社会风险

"工作能力丧失福利"这个术语在本章中是指面向那些由于长期

患病或者残疾而无法承担有薪工作的人的替代性社会保障项目。在各国这些项目是指残疾保险、残疾福利、残疾养老金、工作能力丧失养老金或者工作能力丧失福利等。在本章中我们倾向于用工作能力丧失福利这个概念，是因为像OECD国家的报告《从残疾到健全的转变》（*Transforming Disability into Ability*，2003）中指出的，很多领取残疾福利的人并不是残疾人。正如斯皮克（Spicker，2003，p. 31）所言："人们可以是残疾的，但是能够工作；也可以不是残疾的，但是不能工作。"

无论是"残疾"还是"工作能力丧失"，都不是一成不变的概念。相反，它们是社会构建的，因此可以公开讨论、争论且不断变化（cf. Clarke，2004）。社会主流规范对于残疾的界定，随着时间的推移可能会因社会的不同而有所不同。同样，人们将自己定义为残疾人的意愿也可能有所不同。因此，为工作能力丧失福利提出索赔也可能有所不同（Piachaud，1986）。有些损伤很容易确认，其他的却不这么明显。确实，马林（Marin，2003，p. 23）提出残疾是一种"天生主观的"概念，并且，德·扬（de Jong，2003，p. 96）称之为"难以辨别的"概念。在某种程度上，工作能力丧失是一个主观的概念，一个人实际上很难认定是否丧失了工作能力（Burkhauser and Daly，2002）。此外，改变预期可能会影响对工作能力丧失的理解。马林（Marin，2003）提出，对工作能力丧失条件的认定会随着时间的变化而越来越宽泛。

工作能力丧失在某种程度上是主观的，而且在实践中不易确定，这一事实可能解释与之有关的道德风险（Kemp，2006）。工作能力丧失福利项目的两个基本特征加剧了这种担忧。首先是工作能力丧失福利水平一般要高于失业津贴或者社会救助。理论上这种福利水平的差异给予具有健康问题的失业者经济方面的激励，促使他们要求享受工作能力丧失福利而不是失业津贴（Bound and Burkhauser，1999）。

其次，对工作能力丧失福利领取者寻找工作的要求没有对领取失业津贴的人的要求严格。因此，在理论上具有健康问题并且无法找到工作的人更倾向于要求享受工作能力丧失福利而不是失业津贴。[2]实际上，影响能否享受工作能力丧失福利的因素可能更复杂。不过正是因为这些对道德风险的担忧，申请者经常要接受一些严格的医疗检查来确定他们"确实"符合国家工作能力丧失福利计划中定义的工作能力丧失。这些医疗检查可能会随着时间的推移而变得越来越严格，从而改变有工作能力和工作能力丧失的界限。

只承认完全丧失工作能力的国家，比如澳大利亚、英国、加拿大和美国等自由主义福利国家工作能力丧失福利项目的认定标准通常是申请者健康损伤是否导致他们丧失工作能力。但是，在某种程度上一个人是否丧失工作能力取决于工作的性质。长期的限制状况可能会妨碍某些人从事某些工作，但是不会妨碍他们从事其他工作。比如说，视力损伤者到建筑工地工作可能会很困难，但是到办公室工作则不然。

在承认部分或全部残疾的保守主义福利国家（德国、荷兰等）以及社会民主主义福利国家（丹麦、瑞典等），工作能力丧失福利资格标准与申请人工作能力下降成正比。这经常以收益能力下降来表示，这一定义需要以某种基准来评估全部收益能力。后者可以根据申请人以前职业的平均收入来定义，或者更广泛地包括任何合适的职业。无论采用何种定义，它都可能影响申请人评估的工作能力丧失程度、所获资助的金额，甚至影响申请是否成功。这进一步强调了"工作能力丧失"的社会建构性质。

并且，某人可以从事的工作类型不仅仅受健康的影响，也会受他们的教育、能力和经历的影响。这些人力资本因素也会对具有限制性健康状况的人能否成功地在劳动力市场上获得工作有影响，除此之外还会对他们能否从事这些工作有很大的影响。确实，格雷茨和玛肖（Graetz and Mashaw，1999）提出不可能在概念上区分由于完全没有能力从事有报酬的工作以及由于人力资本和态度因素而在劳动力市场上无法获得成功。

雇主对具有健康问题或者残疾员工的态度同样很重要。如果雇主歧视他们或者不愿意提供工作场所的无障碍设施从而使他们无法从事某些特定工作，那么残疾人可能很难找到工作。特别是在经济萧条以及工作供应不足的情况下。更普遍的是，由于工作性质随着时间的变化而变化，在这个时候不适合工作能力丧失人士的条件可能后来适合工作能力丧失人士了，反过来也一样。

随着人们所谓的"新残疾人"的出现，确定残疾福利申请者是不是丧失工作能力变得更加困难。因此，奥弗贝（Overbye，2005）提出，残疾在过去一般是指相对容易发现的功能性损伤，比如聋、盲或者需要用轮椅。这些损伤限制了人们在以体力工作为主的大型工业（或农业）经济中工作的能力，特别是对受教育程度相对较低并且技能相对较少的人来说。然而，奥弗贝针对这种情况（Overbye，2005）提出，现在的主要问题是像慢性肌肉疼痛、压力和抑郁等不容易发现的残疾。这些情况不容易被发现，因此就更难确定是否影响到工作能力。并且由于它们不太明显，因此在某种程度上可能使人们更加怀疑它们是真的存在还是装出来的。因此，"新"残疾比"旧"残疾更可能造成对假装疾病的担忧（Kemp，2006）。

变化的风险

除了养老金和失业金外，工作能力丧失是社会保险计划中首要保护的风险；在这个意义上，工作能力丧失是与工业资本主义相关的"旧的社会风险"（Bonoli，2006）。然而，本章的关键论点是，新旧社会风险的二分法在某种程度上是错误的。如上所述，工作能力丧失并不是一个一成不变的概念，而是随着社会的变化而变化的。从福利国家的黄金时代开始，作为社会风险的工作能力丧失的性质和对它的认识实际上就已经有所改变。使后工业社会的风险加剧的情况——以及福利国家限定并同意的方式——在很大程度上和工业资本主义的主要情况不同。同样，申请工作能力丧失福利的人群也产生了较大的变化，这也反映了向后工业社会的转变。

总的说来，针对工作能力丧失建立的保险与覆盖工作风险的津贴不同。[3]对长期工作能力丧失风险的保障大部分是由国家而不是私人部门提供的。[4]由于逆向选择、道德风险以及工作能力丧失和失业风险的协方差函数，总的来说，私人市场很难为整个劳动年龄人口提供精算上健全和负担得起的残疾保险（Aarts et al.，1996；de Jong，2003）。甚至在美国这个私人保险分布可能最广泛的福利国家中，也只有少数雇员加入了覆盖长期残疾的保险计划（Graetz and Mashaw，1999）。[5]

最初的工作能力丧失项目主要是保障工业伤害和战争退伍军人。但是德国在1889年向丧失2/3以上劳动能力的成年工人推行了工作能力丧失福利。戈登（Gordon，1988）提出，到20世纪30年代初期她研究了16个推行所谓"工作能力丧失"计划的工业化国家的社会保障项目。然而，直到20世纪50年代和60年代才开始广泛推行更全面的针对工作能力丧失的项目，享受资格通常是基于社会保险缴费。在福利国家就业情况最好的黄金时代（Esping-Andersen，1996a），工作能力丧失福利的个案数量一般比较少。然而，这些计划的覆盖面会不断扩大，受益人数量和项目成本也随之上升。这些扩张是战后十年大多数福利国家发展的一部分。

20世纪50年代和60年代，工作能力丧失保险的受益人总会被当作"应该得到帮助的穷人"。他们的伤残是工业资本主义的产物，通常是看得见的、生理上的且永久性的，因此对它们的典型描述是"残疾"保险或者福利。因此，领取工作能力丧失福利的工人通常不愿意再找工作，这种情况可以从一些国家描述这些福利名称的词语中看出来，像"工作能力丧失"或"福利"等。这也在以下事实中被反映，在有些国家它们形式上是养老金制度的一部分，即使受益人的年龄低于法定退休年龄，如德国和瑞典。因此，与失业保险领取者不同，工作能力丧失福利领取者（"残疾人"）预计无法工作或达到找工作的要求。福利水平通常与收入相关，有时甚至比失业保险水平要高。因此，与失业保险相比，工作能力丧失福利的水平需要一定程度的降低。

在20世纪70年代和80年代，很多国家工作能力丧失福利受益人数量大幅上升，在某些情况下上升得十分快（Gordon，1988）。尽管增长率变得越来越低，并且在某些国家迅速下降，但还是维持在一个较高的水平，如丹麦和荷兰。因此，到20世纪90年代末工作能力丧失保险受益人占劳动年龄人口的5%～7%（OECD，2003）。

然而，各个国家工作能力丧失福利受益人比例不同。表10-1呈现了OECD国家按照埃斯平-安德森福利国家分类的数据（Esping-Andersen，1999）。尽管13个国家的平均数是6.1%，但社会民主主义福利国家的受益率（8.4%）明显高于自由主义福利国家（5.1%）和保守主义福利国家（5.6%）。荷兰的受益率为9.0%，这更像是社会民主主义福利国家的水平而不是保守主义福利国家的水平。

表10-1　　　　　　　　工作能力丧失福利受益率*

	百分比		百分比
自由主义福利国家		保守主义福利国家	
澳大利亚	5.2%	奥地利	4.6%
加拿大	3.9%	比利时	5.9%
英国	6.7%	法国	4.6%
美国	4.7%	德国	4.2%
		意大利	5.5%
社会民主主义福利国家		荷兰	9.0%
丹麦	7.7%		
挪威	9.2%		
瑞典	8.2%		

*工作能力丧失福利受益人数占劳动年龄人口的百分比。
资料来源：OECD（2007）Social Expenditure Database.

社会民主主义福利国家具有如此高水平的工作能力丧失福利受益率的原因可能是，相比保守主义福利国家来说社会民主主义福利国家很少将提前退休计划（Ebbinghaus，2006）作为应对去工业化时劳动力削减的手段。第二个因素可能是社会民主主义福利国家女性劳动者的参与率相对较高。

注意到工作能力丧失福利个案并不仅仅是数量的增多很重要，它们的结构共发生了3个主要的改变（Kemp，2006）。首先，申请工作能力丧失福利的人不再以男性为主，女性受益人的重要性在很多国家有所提高。确实，丹麦、挪威和瑞典等社会民主主义福利国家女性的工作能力丧失福利个案数量多于男性。其次，近年来许多国家的中年受益者（以及较年轻受益者）相对增长，尽管50~64岁的受益者比例仍然最高。[6]最后，心血管等生理状况的相对重要性有所下降，并且精神疾病的状况有了显著变化，特别是有资格领取工作能力丧失福利的条件的压力和抑郁症等。精神疾病现在大约占了工作能力丧失福利受益人的1/3（OECD，2003）。

向后工业社会的变迁

工作能力丧失福利个案的增长反映了一系列供给和需求方面的因素（see Kemp，2006）。这些驱动因素的重要性随国家和时间的改变而有所不同，案件数量增长的时间也不同。尽管随着模式和时机的变化有所不同，但很多驱动因素与20世纪70年代中期左右的经济重组相联系。

这种经济重组涉及制造工业就业（和农业就业）的下降以及服务业就业的增长（Glyn，2006）。工业化伴随着产业工人的重新洗牌，尤其是那些年老的或被认为低产出的工人，如受到健康问题限制或残障的工人。高失业率是20世纪80年代到90年代许多经济体的特征，这使得许多年老的工人更加困难，受教育程度低、患有疾病或残障的工人很难找到工作。因此，工作能力丧失福利个案的增长尤其与老年男性有关，并经常伴随很多的抱怨，因为这些年老的工人之前可能能找到新的工作，但在新的后工业经济中却很难找到工作。

同时，发达国家中不需特殊技能的工作需求有所下降（Nickell and Bell，1995）。随后发生的无特殊技能工人相关收入的降低使工作能力丧失福利对具有健康问题的人更有吸引力。尤其是在高失业地区（Alcock et al.，2003），对于那些不再被需要的具有高等特殊技能的蓝领工人来说，工作能力丧失福利实际上变成了提前退休计划。正如艾弗森（Iversen，2005）指出的，更普遍的是制造业（以及农业）和服务之间存在着技术界限，它们之间的技术转换很少。因此，"即使是低技能的蓝领工人，几乎都是男性，也发现很难适应同样低技能的服务业工作，因为他们缺乏一种可以被认为是社交技能的素养"（Iversen，2005，p.187）。

从供给方看，20世纪70年代和80年代失业处于一个相对较高的水平，政府、工会和雇主默许将工作能力丧失福利作为一种提前退休的途径（van Oorschot and Boos，2000）。这样做的目的是缓和工业重组的不利影响以及转变供给状况，使老年人离开劳动力市场，为年轻人和更多的产业工人提供岗位（see Ebbinghaus，2006）。[7]在很多福利国家，老年人可以在缺乏健康诊断时因劳动力市场原因获得工作能力丧失福利，如丹麦、荷兰和瑞典。因此，在大规模失业的时代，甚至不需要严重的身体状况的证明就可以获得工作能力丧失福利。正如赫维登（Hvinden，2004）指出的，成为工作能力丧失福利受益人被看成是社会可接受的（并且在某些国家是官方批准的）老年人提前离开劳动力市场的方式。

在荷兰，工作能力丧失福利的"劳动力市场诊断"资格甚至包括了45岁以下的工人（Aarts et al.，1996）。这反映了荷兰并不仅仅将工作能力丧失福利作为提前退休的途径，还将其作为控制去工业化引起大量失业带来的政治敏感问题的途径。在英国尽管这并不是正式的政策，但实际上失业办公室被鼓励去引导健康状况较差的老年工作者申请工作能力丧失福利，并将其作为控制登记失业者数量的方式（Walker and Howard，2000）。这为想要参加工作但是找不到工作的人提供了比失业津贴更有吸引力的选择（Alcock et al.，2003）。因此20世纪80年代和90年代的工作能力丧失福利被作为掩盖高水平失业的方式（Beatty and Fothergill，1996）。

因此，工作能力丧失福利不再是为工业资本主义下的工伤提供保险的简单制度。相反，去工业化使很多发达福利国家不成文地或者明确地因两个额外的目的——提前退休以及"隐性失业"——利用工作能力丧失福利。工作能力丧失福利职能的转变代表了部分体制的转换模式，即给旧体制赋予新目标（Thelen，2003）。

20世纪70年代到80年代，与这20年的去工业化相联系的工作能力丧失福利受益人数量的急剧上升可能是一种群体效应（Kemp，2006）。来源于此的工作能力丧失福利需求可能会随着去工业化的逐渐消失而减少。但是这并不意味着一旦这批老年人通过这种体制解决工作，工作能力丧失福利个案数量就会退回到20世纪70年代之前的水平。这是因为后工业经济工作的转变引发了新的健康风险（Esping-Andersen，2002；Gallie，2002），这些健康风险促使工作能力丧失福利的推行。这些新的健康风险并不仅仅影响老年人。像我们看到的近年来女性和中年（在荷兰还包括青年）工作能力丧失福利受益人数量大幅增长。同时，心血管疾病和（在更小的范围）肌肉骨骼疾病受益人数量有所减少，而精神疾病受益人数量有所增加，特别是抑郁和与压力相关的疾病。

女性受益人数随着女性劳动者人数的增多而有所增加。很多女性是在批发或者私人服务部门工作，这些部门的工作特征是低控制、低社会支持以及高心理需求。此外，随着服务部门的发展，包括不稳定工作和低收入工作在内的非传统工作数量有所增加，增加的工作强度和机构重组（比如规模缩小）是后工业经济的一般特征。尽管确切途径和因果机制已经正式建立，但越来越多的证据显示这些劳动力市场的机构改革对于健康有负面影响（Mustard et al.，no date；Quinlan et al.，2001），并且与不断增长的申请工作能力丧失福利的风险相联系（Vahtera et al.，2005）。

有些作者用所谓的"双重负担"的假说解释女性工作能力丧失福利领取者数量的增长。比如赫维登（Hvinden，2004，p.176）曾提出很多北欧国家女性"仅仅是因由工人和家庭主妇/照顾提供者的双重身份带来的双重负担而感觉到劳累"。理由是现在很多女性不得不去面对母亲和有薪工作者的双重负担，而之前他们只承担母亲的职责,而男性承担着谋生的职责。事实上,由于妇女在家务劳动和照顾孩子方面仍然承担着最大的责任,那些也在工作的妇女面临着三倍而不是两倍的负担。对这些不同任务需求的处理可能会带来角色冲突以及超负荷,从而导致压力过高(Bratberg et al.,2002)。因此从某种程度上说,申请工作能力丧失福利的女性人数的增多可能反映了难以平衡工作和生活的"新社会风险"(see Bonoli,2006)。然而,有关双重负担的研究证据多种多样,一些研究表明有工作的母亲比那些没有工作的母亲更加健康,而另一些研究的结论则相反。无论如何,尽管难以平衡工作和生活可能是一个因素,但是这不可能是工作能力丧失福利女性受益者数量增加的主要驱动因素。

奥弗贝(Overbye,2005,p.167)指出,"认为残疾人是从事工业或者农业的、身体有所损伤的男性,这种陈旧的刻板印象正在被另一种印象代替:残疾人是一位有社会和职业双重背景,有心理和身心问题的女性"。这对于解释一个复杂的过程来说确实过于简单,特别是由于精神疾病的增多不仅在男性中出现,也在女性中出现。然而很明显,由工业(在一些国家中是农业,比如丹麦)社会向后工业社会的转变已经带来了健康状况的本质、与工作能力丧失福利有关的损伤以及工作能力丧失福利领取者的年龄和性别结构的变化。这反映了工作能力丧失社会风险的变化而不是"旧"社会风险向"新"社会风险的转变。

工作能力丧失福利的重组

OECD(2003)报告中的残疾福利表明,成员国的残疾福利支出普遍高于失业津贴支出。表10-2说明了15个国家作为GDP一部分的工作能力丧失福利的相关开支。这些国家在这些项目上的平均支出为GDP的2.9%,数据的范围从加拿大的1.0%到瑞典的6.0%。社会民主主义福利国家平均支出为4.8%,保守主义福利国家为2.4%,自由主义福利国家为2.0%。与其他保守主义福利国家相比,荷兰的支出水平和斯堪的纳维亚模式的福利国家更接近。

表 10-2　　　　　　　2003 年工作能力丧失福利支出*

	百分比		百分比
自由主义福利国家		保守主义福利国家	
澳大利亚	2.5%	奥地利	2.6%
加拿大	1.0%	比利时	2.3%
新西兰	2.9%	法国	1.7%
英国	2.5%	德国	2.0%
美国	1.3%	意大利	1.8%
		荷兰	3.9%
社会民主主义福利国家			
丹麦	4.2%		
芬兰	3.5%		
挪威	5.4%		
瑞典	6.0%		

* 相关的工作能力丧失福利社会支出占 GDP 的百分比。
资料来源：OECD（2007）Social Expenditure Database.

高水平支出的工作能力丧失福利并没有被决策者忽视，这并不奇怪。确实，这让很多国家开始警觉（Hvinden，2004；van Oorschot and Boos，2000），特别是那些曾经历过失业率下降的国家，因为这总体上与工作能力丧失福利的个案数量不匹配。因此，近几十年来，普遍影响福利国家的紧缩压力同样影响丧失工作能力者的福利。

根据皮尔森（Pierson，2001b）的说法，发达的福利国家正处于持续财政紧缩时期，这迫使发达福利国家削减开支并且重新制订计划。他提出福利国家有着很大程度的"黏性体制"，这种转变可以通过三个关键特征来识别：成本控制、再商品化以及重新制定标准。这部分地说明工作能力丧失福利项目在这三个方面都有所改革。

成本控制

对日益增加的工作能力丧失福利个案和费用的担忧，促使各国政府定期尝试抑制费用增长。确实，在某些情况下采取这些成本控制手段是对之前扩大覆盖面或者提高工作能力丧失福利待遇改革引起个案增多做出的反应。比如1972年通过了提高残疾保险的效用和待遇的美国修正案，并且随后出现了受益者数量的快速增长。1980年通过了加强对残疾裁定过程的行政控制的法律，包括引入定期的"持续性残疾评估"，这有助于减少新增的人数以及增加停止领取保险金的人数。然而，1984年残疾裁定过程又一次被自由化（Autor and Duggan，2003；Bound and Burkhauser，1999）。这进一步突出了这样一个事实，即工作能力丧失在某种程度上是一个不稳定和有争议的概念，更广泛地说，福利国家也是如此（Clarke，2004）。

瑞典在残疾福利管理方面进行了很多改革。20世纪70年代和80年代，这些改革倾向于提高申请标准。20世纪90年代，申请资格的确定变得更加严格（Kruse，2003）。荷兰试图抑制残疾福利受益者高数量的行动被描述为"与数量的战争"（Oorschot and Boos，2000）。这场战争包括采取行动减少丧失工作能力者的流入人数，以及采取措施使残疾人重新融入劳动力市场，以便增加劳动力流出。

减少工作能力丧失福利流失的手段包括使工作能力丧失的定义变得更加严格、进行更加严格的医疗检查以及提高雇主处理长期疾病的责任。增加流出的措施包括推行索赔审查、医疗复审（或者将它们变得更加正规或更加严格）、鼓励受益者重返工作的新的财政奖励措施、加强残疾人康复措施以及倡议残疾人重新融入社会。

试图减少工作能力丧失福利待遇并不仅仅是为了减少现有或者新受益者的费用。他们也试图减少流入和流出这类计划的资金。然而，至少对现有的受益者来说极少有国家降低福利水平（OECD，2003）。残疾人的康复水平得益于工作能力丧失福利的削减水平，这可能反映了一个事实，残疾人往往被看成是"值得帮助的"，因此得到了广泛的社会支持。与失业者不同的是，人们通常认为残疾人和失业者不同，这使得削减福利不受欢迎（Kuipers，2006）。此外，在许多国家，残疾人被大声疾呼的游说团体代表，这种团体的存在使削减残疾福利在政治上更加困难。

英国和荷兰已经开始削减福利水平。在英国，保守党政府在1995年推行了一项重大改革，废除了与收入相关的工作能力丧失福利并对其征税。作为领取失业津贴的通道的医疗检查也严格了。这次改革的主要目的是削减迅速增长的福利申请者的数量（Waker and Howard，2000）。个案数量比例的增长在改革后有所减缓，尽管其他因素可能同样很重要（Kemp and Thornton，2006），如从1993年开始的就业的持续增长。2000年，工党政府实施了进一步削减，对每周职业年金或私人养老金收入超过85英镑的受领者实施了50%的收入削减。

1987年荷兰将工作能力丧失福利的替代率由之前收入的80%降到70%（在完全残疾的情况下）。然而，根据奎珀斯的说法（Kuipers，2006，p.186），这次削减"几乎没有影响到荷兰的大多数雇员"，因为社会成员（雇主的组织和工会）同意由私人保险弥补替代率80%与70%之间的差距。这些集体协议覆盖了约80%的劳动者。这种补充代表了工作能力丧失福利现金给付的部分私人化。用于削减福利的其他手段包括降低计算福利的收入基数、转变福利指数以及推行福利收入的社会保险缴费。最终结果是20世纪90年代因残疾而造成收入损失的平均工作能力丧失福利大幅降低（Kuipers，2006；de Vos，2006）。

有证据表明，流出有偿工作比流入有偿工作更难受到影响。工作能力丧失福利名单上的人几乎都不会重返工作，尽管每个国家的工作回归率都不同（Bloch and Prins，2001）。然而，尽管减少资金流入似乎更加简单，但针对这一目标的手段可能还是会将申请者分配到其他收入支持项目中，比如失业津贴或者社会救助。换句话说，设法限制工作能力丧失福利的措施可能产生大量的替代效应（Rasmussen et al.，2006）。一些用于减少工作流出的措施可能同样具有替代效应，比如医疗再检查。这是因为有一些人根据他们的个案审查而丧失了领取津贴的资格，从而可能转移到其他社会保障津贴中而不是就业。因此，减少工作能力丧失福利个案数量的手段可能造成申请其他津贴人数的增加。

再商品化

尽管很多致力于早期削减开支的成本控制措施在过去几十年间已经包含了再商品化，比如限制那些"真正"需要津贴者的津贴。特别是在一些国家，再商品化已经从被动的方式转变为更积极、以工作为中心的方式（OECD，2003），尽管这远不如失业救济制度。

比如说，三个自由主义福利国家——澳大利亚、英国和新西兰——已经使丧失工作能力的人进行了以工作为重点的面试或就业准备面试。此外，自愿计划试图鼓励工作能力丧失福利享有者尝试带薪工作或者参加帮助他们进入劳动力市场的活动。与此同时，就业之路试点计划还包括一项财政激励措施，鼓励工作能力丧失福利领取者在第一年带薪工作的周收入之外，每周再获得 40 英镑，以鼓励他们找到工作。

一些国家把领取福利的条件定为参加康复措施（OECD，2006c）。比如在奥地利和德国，政策是"残疾前的康复"。同样，荷兰和瑞典政府预计长期疾病津贴申请者会在他们申请工作能力丧失福利前参加康复或者复职活动。丹麦政府认定部分残疾者不再有资格申请工作能力丧失福利，除非他们没有合适的弹性工作。弹性工作提供不确定期限的全职工作，针对的是工作能力永久性、部分下降，无法在"正常"工作条件下获得或维持就业的人。政府向雇主提供永久性补贴作为回报（Rae，2005；Rasmussen，2006）。

因此，福利国家正朝着将工作能力丧失和其他非就业福利部分再商品化的方向迈进（see OECD，2006c）。在某种程度上，这一趋势反映出人们对人口老龄化的担忧。一方面，人们担心，除非就业率提高，否则依赖福利的人口比例"可能升至不可持续的水平"（Carcillo and Grubb，2006，p. 8）。另一方面，在工作年龄人口不断减少的情况下，只要领取工作能力丧失福利的人能够从事一些有报酬的工作，他们就是后备劳动力大军（Grover and Piggott，2005）。然而，在德国等失业率居高不下的国家，劳动力短缺并不那么令人担忧。

同时，对于失业津贴更加严格的资格限定以及对积极劳动力市场项目的担忧可能促使一些具有健康问题的失业者改为申请工作能力丧失福利，从而增加了那些实际上有能力从事有偿工作的人的数量。在工作能力丧失福利和失业保险中的转换反映了失业与工作致残之间的模糊界限（Marin，2003）。

重新制定标准

与再商品化措施一样，皮尔森（Pierson，2001b）所谓的重新制定标准同样可以被监测。在工作能力丧失福利中涉及改变"残疾文化"的尝试（Rae，2005），这种改变是指从认为残疾人什么工作都不能做转变为关注残疾人还能做什么工作。比如说，OECD（2006c）曾批评在工作能力丧失医疗检查中经常运用总体指标或者无价值的指标，这是基于申请者能或者不能工作的假定，可是事实上有些申请者可能会面临部分而不是全部的工作障碍。

同时，代表残疾人的游说团体开展了反"医疗模式"运动——工业资本主义的工作能力丧失福利本质上就是基于这种模式，这种模式将残疾看作人们内在的损伤。他们已经改为推进"社会模式"，这种模式将残疾看作社会无法向伤残人士提供比如合适的工作的结果。这一新观点转变了对雇主的关注焦点，使他们不再不愿雇用伤残人士并且不再不愿为他们提供无障碍工作环境。向更加积极的残疾人就业观点的转变也证明了不再将工作能力丧失福利受益者看作永远无法从事任何工作的"病人"是合理的，某些人可以在特定的状况下从事几种工作。[8]因此在这种背景下重新制定标准加强了再商品化的努力。

从英国、荷兰或者瑞典推行或者计划的改革中可以看到工作能力丧失福利重新制定标准的转变。2003年瑞典推行的改革的目标在于对工作能力丧失福利进行理论上的重新定位，将伤残养老金转变为更加符合瑞典的"工作线"福利模式。工作能力丧失福利从养老金系统中移除，与疾病保险合并（Rae，2005）；并且更改名称：对于19～29岁的受益者，"残疾养老金"的概念被"活动补偿"所替代；对于30～64岁的残疾受益者，则被"疾病补偿"所替代。由于活动补偿每次的受益时间不得超过三年，因此它被看作临时性的福利而不是永久性的养老金。社会保险办公室负责检查受益者是否可以参加改善他们的健康或者工作能力的活动，目的是尽可能减少他们对福利的消极依赖，且提高他们供养自身的能力（Swedish Social Insurance Agency，2002，p.49）。新体制没有改变享有福利资格的基本情况。这缓解了对改革的潜在抵制，且加深了对政策目标的认识，这个政策目标在于改变申请津贴的文化而不是削减工作能力丧失福利的成本。

在荷兰，重新制定标准的努力并不局限于理论。2006年实施的《就业和收入（工作能力）法》旨在鼓励部分丧失工作能力的人重返工作岗位。随着英国新劳动者影响下的工作能力丧失福利改革的进行，政府希望将关注点由人们不能做什么转为人们还能做什么。因此新体制的一个重要原则就是不完全工作能力丧失福利的受益人要承担寻找带薪工作的责任（de Vos，2006）。不完全残疾的工人以及他们的雇主都应该向社会保障机构说明他们已经在重新制定标准方面做出了充分的努力。

在英国，2008年10月推行的改革将用新就业和支持津贴（ESA）代替工作能力丧失福利。与瑞典一样，更名很重要，并且包含了在理论上重新定位的努力，即这项福利针对的是哪些工作他们能做而不是哪些工作他们不能做。这反映了"认为工作能力丧失福利受益人'丧失工作能力'是错误且有害的"（DWP，2006，p.41）。因此，新就业和支持津贴试图对那些将来可能从事全职或兼职工作的申请者以及严重残疾且前途具有不确定性的申请者进行区分。新津贴包含了一种新的"福利条件"元素，适用于那些被认为有能力在未来从事某些工作的人。

在评估能力之前，新就业和支持津贴的申请者主要是接受和失业津贴比例相同的固定福利。被确定为在中短期可能有能力从事全职或者兼职工作的申请者会被给付新津贴中的"就业支持"部分,这比失业津贴更丰厚。但是享有这项福利的前提是申请者是否同意一项以康复为重点并最终以工作为重点的行动计划。同时,被评定为具有较严重健康问题或者残疾的申请者无须受康复以工作为重点的要求,但是需要基于自愿。可以给付他们新就业和支持津贴中"支持"的部分,这部分要比"就业支持"更加丰厚(DWP,2006)。这两部分的受惠者之间的区别与2006年荷兰改革中引入的临时/部分/全额/永久受惠者之间的区别有一些相似之处。

机构的重新设置

皮尔森(Pierson,2001b)指出,福利国家变迁的特征有成本控制、再商品化和重新制定标准。除此之外,一些福利国家参加了特朗普什(Trampusch,2005)描述的"机构的重新设置"。另一个替代性的概念可能是机构的"替代"或者"重新配置"。荷兰的残疾保险项目可能是机构重新设置最具代表性的例子。

在荷兰,工作能力丧失福利由一个双边组织管理了很多年,这个组织是由雇主组织和工会联合会管理。社会成员双方都有兴趣利用工作能力丧失福利来便利劳工退出,为失业提供一个更有吸引力的选择(Kuipers,2006)。20世纪90年代,关于领取工作能力丧失福利的劳动年龄人口比例高的争论从该方案(福利水平、医疗评估等)转移到负责提供该方案的组织(de Vos,2006)。1993年,调查委员会的结论是,该制度已被滥用,并建议社会成员不应再参与福利的管理,而应将其私有化(Kuipers,2006)。

1996年疾病津贴实行私有化,并且将融资和管理责任移交给雇主。两年后荷兰政府在工作能力丧失福利中推行了"经验费率法":如果雇主中一个雇员接受福利,那么雇主所需缴纳的保险费则上升;如果雇主雇用了一个受益者,那么雇主所需缴纳的保险费下降(Aarts and de Jong,2003)。这种方式的目的是使雇主尽量不要放弃处于长期病假的员工,并且鼓励他们招募能够从事某些工作的患病者或者残疾的工作能力丧失福利受益者。实际上，经验费率法是与工作能力丧失福利有关的风险分担部分私有化的一种形式。

同时，1997年社会成员经营的公共保险机构分为5个组织，并且被私有化，希望这能够刺激管理失业保险和残疾（工作能力丧失）保险合同的竞争性市场。协议将委托给一个新的公共机构，并且另一个新公共机构会对其经营进行监督和审查。然而，面对政治反对者，政府在1999年停止了这一计划（Kuipers，2006；de Vos，2006）。2002年政府对社会成员参与工作能力丧失福利管理进行了限制。政府设立了公共机构（社会保险协会），根据社会事务和就业部的协议来运营工作能力丧失和失业保险。同时，重返社会方案的执行被私有化（de Vos，2006），这与澳大利亚和英国也在进行的进程相呼应。

虽然荷兰政府希望将工作能力丧失福利管理私有化，但是它只能退回到原点且将其国有化。尽管如此，还是实现了社会成员参与更宽泛的目的。2006年，《就业和收入（工作能力）法》（上文讨论过）的出台在一定程度上扭转了这一局面（see de Vos，2006）。根据该办法，工作能力丧失福利被分为两个方案。第一个方案包括向完全和永久丧失工作能力者提供基于政府资助的保险福利。第二个方案是由社会成员参与的私人保险计划，为那些被判断为部分或暂时受损的人提供保险。因此2006年的改革包括工作能力丧失福利的部分私有化，目的是转移成本、鼓励控制成本以及将部分工作能力丧失福利转移到社会成员身上。

2005年社会保险管理的根特模式被废除后，瑞典也进行了机构的重新设置。瑞典建立了名为瑞典社会保险局的政府机构，代替社会保险组织联合会（FKF）。瑞典合并了21个地区办公室，并将其改为以公务员为雇员的政府机构。因此与荷兰一样，机构的重新设置包括管理的国有化。瑞典重新设置机构的一个重要目的是对政府实施更加严格的控制，并且使社会保险政策得以执行，特别是使工作能力丧失福利的执行变得更加一致（Rae，2005）。

结　论

本章讨论了近几十年来工作能力丧失作为社会风险的本质已经有所变化，并且这种变化与向后工业社会的转变相联系。不仅工作能力丧失福利的个案数量有所增加，其结构也发生了重要变化。总的来说，工作能力丧失福利女性或年轻受益者的数量有所增加，而工作能力丧失福利男性或老年受益者的数量有所下降。现在工作能力丧失福利的受益者更有可能被诊断为具有精神问题。相对生理问题来说，精神问题一般更加主观，且不容易被发现；严格来说，精神问题更加可能产生对装病和"不当"申请工作能力丧失福利的担忧。

残疾福利参与者的规模和结构的变化趋势与向后工业社会的转变相联系。很多人由于工业减产被遣散，特别是有健康问题的老年人、男性、低能力工人，后工业服务经济时代减产使工作竞争变得更加激烈。某些具有健康问题或者有伤的人无法找到工作，最终获得了残疾福利而不是失业津贴。此外，有人认为失业的经历造成或者加重了健康问题，这些健康问题随后有可能导致申请残疾福利。同时，不断加大的工资差距以及津贴计算的累进税提高了像美国这些国家中低工资工人的替代率，因此增强了低能力或无能力工人申请残疾福利的经济激励而不是寻找工作的经济激励。

在后工业经济中具有获得工作必要的教育水平和能力的人也面临着健康风险。根据埃斯平-安德森（Esping-Anderson，2002）所指出的，工作的转变影响了与就业相关的健康风险，从旧经济中的生理健康风险转变为新经济中的由压力造成的健康风险。这可能是造成包括抑郁、焦虑和紧张在内的精神疾病的因素之一。确实，不断有证据显示有较大压力的工作环境和组织规模缩小化与不断增长的残疾福利申请的风险相联系（Vahtera et al.，2005）。

10 工作能力丧失福利的变迁

短时间内政府可能继续寻找降低或者至少控制残疾福利个案数量以及相关成本增长的方式。这种压力一方面来自控制社会保障开支，另一方面来自由人口老龄化带来的劳动力需求的增加（尽管后者的重要性在每个国家中不同）。在这一章中通过研究发现其原因是，很多福利国家正在试图转变福利受益者的福利文化，关注点转向更加重视工作；并且雇主对有健康问题且有伤残的人采取一种鼓励而不是禁止的方法。

皮尔森（Pierson，2001b）指出，对待工作能力丧失福利的新方法包括成本控制、再商品化、重新制定标准以及机构的重新设置。此外，一些具有较高工作能力丧失福利个案数量的国家同样存在重新设置机构的情况。后者包含了对公共和私人都参与的工作能力丧失福利进行的重新设置，尽管并不是简单地、线性地以"更加私人并且减少公共"为目标。在某些情况下这个过程包含了私人部门的参与增多（如在再整合和激活服务供给中，像在澳大利亚、英国和荷兰），而在其他情况下这个过程包含了忽视社会成员且加强了国家在管理中的作用（像在荷兰和瑞典）。然而，重新设置机构的根本目标是提供额外的或者更加有效的机制来推动成本控制、再商品化和重新制定标准的过程。这样的方式在大幅削减项目成本、激励申请者并且鼓励他们回归工作以及减少雇主将具有健康问题或残疾的员工转入工作能力丧失福利的动机方面是否会成功还有待进一步观察。

【注释】

[1] 本章借鉴了肯普等人的贡献（Kemp et al.，2006）。在这里我要感谢丹尼尔·克莱格和马丁·瑟勒博-凯泽对第一稿非常有益的意见。

[2] 申请工作能力丧失福利的好处可能是支付无限期，而失业保险的支付则一般有时间限制。

[3] 自1967年以来，当工伤保险和工作能力丧失福利合并时，荷兰一直是一个例外情况。

[4] 这与短期疾病福利形成对比，如英国、荷兰、美国等一些福利国家雇主提供的带薪病假。

[5] 然而，正如本章在后面的讨论，2006年荷兰的工作能力丧失福利部分私有化被认为是解决道德风险问题的一种尝试，这些问题被认为是造成该国高索赔率的原因。

[6] 鉴于工作能力丧失福利中非常低的退出率（OECD，2003），在许多国家年轻申请人的增加可能是工作能力丧失福利增加的原因，反过来这可能是个案增长的背后原因之一。

[7] 这加强了艾弗森提出的观点（Iversen，2005），即福利国家并不是破坏它们，而是可以帮助改善市场运行。

[8] 越来越多的发达福利国家在工作能力丧失福利中对重要福利文化转移的愿望涉及一个隐含的残疾社会模式的接受程度。

11 家庭社会政策中的"公"与"私"：消除性别观念与假设[1]

戴莉亚·本-格雷姆和理辰达·甘布里斯

近年来，在人口老龄化、劳动力市场变化、人们对家庭结构的不同认识以及对贫困儿童的关心不断增强的背景下，在很大程度上"传统"男性养家的模式已经日趋淡化。成年劳动者的结构发生了显著的变化，那就是女人像男人一样越来越积极地参与带薪工作（Lewis，2001，2002）。工作与家庭和谐的政策被认为是促成此状况不可或缺的因素，这项政策包括各种带薪和无薪休假、更加弹性的工作安排、儿童及其他照料方式的改进等。本章中我们从性别视角来发掘工作与家庭和谐的"公"与"私"，目的是更深入地质疑并动摇"公"与"私"的观念。工作与家庭和谐的话题理所当然地关系到男性和女性的角色，因此政策论述和提议必须涉及何为"公"与何为"私"的性别假设。

我们在整个欧洲范围内探讨英国家庭社会政策和带有性别观念的"公-私"变化，我们选择英国作为一个典型的例子。20世纪90年代初期，政策体系主要体现的是由男性来养家糊口，而最近几年来相比其他欧洲国家来说，英国已经在很大程度上支持女性尤其是母亲进入劳动力市场。这使人们对已经采用的工作与家庭和谐的论述以及旨在适应这些变化的倡议是否充分产生了疑问。在探讨最近英国社会政策之前，我们先来简要地讨论一下欧盟的政策措施。本章将主要关注有子女需要抚养的父母，他们是家庭社会政策的目标群体，所以优先关注他们。通过关注鼓励父母将工作和日常家庭照料相结合的政策论述、配置、提议，新工党已经找到关于何为"公"与何为"私"的性别假设的正确方法，我们将讨论这一方法。在本章的结尾，我们将考虑"公"与"私"在政策中的运用。我们认为理解"公"与"私"的方法正是性别，这也隐含并持续了性别变化和不平等。如果要实现与成年劳动者理想相关的就业目标，就需要以更微妙和多维度的方式理解"公"与"私"的性别概念。

欧盟层面的政策话语与举措

在欧盟及其成员国层面，政策表述和方向发生了明显变化，那就是在成年劳动者模式中，越来越多地假设女性和男性一样积极参与带薪工作。男性养家的传统假设，包括制度化的性别不平等已经在相当范围内受到批判，它落后于男性和女性不断变化的经验和期望，也未能利用劳动力市场的潜力和女性的技能（OECD，2001；Esping-Andersen et al.，2002；Daly and Rake，2003）。作为对这些焦虑的回应，并且迫于经济全球化的压力，欧盟制定了欧洲就业战略以（在其他行为中）识别不断增加的女性参与劳动力市场的需求，并辅之以家庭社会政策来有效地保证该战略的实施。欧洲就业战略是 2000 年确立的里斯本战略的一部分，包括在 2010 年实现女性劳动力增加 60％的就业目标，并且制定了 2005 年增加 57％的中期目标（European Union，2005）。[2] 考虑到这些目标，以带薪和无薪假期、灵活的劳动权利、儿童保育支持等为内容的家庭社会政策显得十分必要，这一政策通过欧盟指令在成员国中以多种方式得到贯彻。

成年劳动者模式的变化以及欧洲就业战略目标反映了领薪劳动者

的重点：尽管通常被作为男性和女性间日常家庭照料责任分担的方式，家庭社会制度也被认为是促进女性参与劳动力市场的主要机制（Employment and Social Affairs，2006）。这与对一种成年劳动者模式的批评是一致的，这种模式只着眼于增加女性劳动力市场的参与，而不考虑性别关系之间的紧张性与复杂性，以及由谁负责非正式家庭照料的问题（Lewis，2002；Gambles et al.，2007）。女性就业目标强调鼓励成员国制定支持女性就业政策，尤其是支持母亲就业。实际上，刘易斯（Lewis，2006）指出促进女性就业的政策受到前所未有的重视，尤其是在促进母亲就业方面，而且将儿童保育这一目标加入欧洲就业战略[3]，也成为促进女性无障碍参与劳动力市场的有效措施（European Commission，2005）。但是在鼓励男性，更确切地来说鼓励父亲来分担家庭照料责任和使用陪产假或育儿假方面，却没有设置相关的政策目标和政策激励。如果没有这些激励而仅仅在政策上关注母亲参与带薪工作，尽管在不同范围和程度上，欧洲的母亲们仍能继续争取带薪工作和各种照料活动、责任、关系的结合，但是在家庭照料等日常活动中，男性仍然主动或被动地排除在外（Daly and Rake，2003；Crompton et al.，2007）。这意味着家庭私人领域中的性别不平等现象将继续存在，而女性仍要继续承担大量家庭内部无报酬的照料工作（Gershuny，2000；Lader et al.，2006）。相应地，这也与公共劳动力市场的性别不平等现象有一定联系（Daly and Rake，2003；Crompton et al.，2007）。

有人认为，优先提高女性的劳动力市场参与率在促进性别平等的同时，也在欧盟范围内带来一些副作用（Rubery et al.，2003）。对欧盟持续多年的批评仍在继续：主要关注经济状况与就业情况（Stratigaki，2004），对劳动力市场供给划分等级，相比起直接鼓励女性参与劳动力市场来说，淡化了儿童或其他受赡养者照料中的男性或父亲角色（Rubery，2002）。另一种解释是，欧盟一直对所谓的"公"领域重点保持长期干涉，例如有偿雇佣，而撇开一般被视为"私"的和超出干涉范围的问题不谈，例如谁来从事各种带薪和无薪活动，以及由此产生的性别关系和认同问题。因此，这种策略就无法在提高女性劳动力市场参与率的同时也促进性别平等。

为了实现女性参与劳动力市场、促进性别平等，许多女权主义者认为，应该假设在参与带薪工作和日常照料活动关系中，女性和男性有同样的责任和机会（Pateman, 1989; Fraser, 1997; Gornick and Meyers, 2003）。也就是说承担日常照料责任并不能被视为"特殊的"，而是一种很正常的行为。这种做法侧重于性别认同和两性关系，需要在社会多个相互作用的层面进行改变，包括政府政策，工作场所结构、文化和习俗，家庭内部关系等。然而，哪些领域被视为政策可以干涉的"公"领域，哪些领域被视为政策干涉范围之外的"私"领域呢？就很多意义而言，性别身份、家庭关系和日常家庭照料被认为是"私"，因此超出了政府或工作场所的合法干涉范围。但是，在某种程度上性别身份、家庭关系和日常家庭照料活动的形成却是通过政府和工作场所的假设和政策干预来实现的。职业组织也可以被视为"私"，但是，在某种程度上它们却是通过政府干预和家庭经验所形成的公共（按性别分类）空间。鲍彻斯特（Borchorst）认为，应该利用南茜·弗雷泽（Nancy Fraser）的研究成果，从性别的角度讨论公–私的动态变化。

确定养育和性别平等具体政策的核心问题是定义哪些被公众关注，哪些是政府不应干预的私人领域。关于这个区别，斗争话语的结果反映了性别权力和支配关系的模式。（Borchorst, 2006, p. 104）

如果欧洲就业战略的目标能够达成，如果女性从事带薪工作方面能够有真正的变革，那么何为"公"（政府能够或应该干预的一些事情）、何为"私"（超出了"公共"干预的范围）关系重大。现在再来研究更具典型性的英国。

家庭与工作和谐与英国政府的立场

在很多方面，20世纪80年和90年代初保守党政府也认为"干

11　家庭社会政策中的"公"与"私"：消除性别观念与假设

预"性别身份与家庭环境关系等"私"领域不恰当，这已经超出了政府"干预"的范围（Fox Harding，1996；Muncie and Wetherell，1995）。[4]同时，经济改革增加了男性失业人数并造成大多数人工资下降，这加剧了不平等的程度（Hills，2004），并鼓励大量女性寻找带薪工作。具有专业资格的母亲带薪工作的参与率越来越高。与此同时，那些很少或者几乎没有专业资格的母亲却发现很难找到一份工作，尤其是找到一份足够负担孩子抚养费用的带薪工作，即使她们已经努力在平衡工作和照料孩子（Hewitt，1993；Brannen and Moss，1998）。此外，随着劳动力市场女性参与率的提高，著名的"弹性工作"（其在20世纪80年代到90年代被雇主广泛作为一种规范工作的流程使用，并能降低成本）却带来明显的负面影响，例如低工资，对男性和女性而言都缺乏工作保障（McRae，1989）。新工党上台之前和之后不久都认为，保守党的做法让很多父母在平衡带薪工作和照顾年幼子女中努力挣扎，并且让他们面临着严重的时间不足或经济困难（Coote et al.，1990；Hewitt，1993；Home Office，1998）。而新工党则试图证明，它是一个"现代"的政党，能够组成一个"现代"的政府，来回应和支持家庭的"现代"的需求——包括工作和家庭和谐的问题，是"现代"自我定位的中心（see Clarke and Newman，2004）。

186

成为执政党之后不久，新工党发表了名为《支持家庭》（*Supporting Families*）的绿皮书（Home Office，1998）。它强调新工党的新做法。随后内政大臣杰克·斯特劳（Jack Straw）宣布："这是首次由政府（在英国范围内）发表的家庭咨询文件。"（Home Office，1998，p.2）这份文件概述了税收福利制度改革，该改革在支持父母参与带薪工作的同时也支持增加怀孕补贴计划并实行育儿假，发展可负担的托儿设施，使得父母们在从事带薪工作的同时能够照顾孩子。通过颁布该文件，新工党做出明确声明，指出政策应该积极介入家庭事务，并了解到抚养子女的父母需要比他们在前几届政府得到更多的支持。《支持家庭》绿皮书认为，保守党的政策步伐未能跟上不断变化的家庭经验。从本质上讲,新工党表明它已经认识到很多曾经被看作"私人"的努力挣扎应该也被视为需要"公共"的支持。政府希望大家注意到一个事实,那就是当更多的女性,尤其是母亲在从事带薪工作时,育儿假或政府资助的儿童保育计划已从保守党的议程中叫停或驳回。

新工党回归欧盟的《社会宪章》并开始根据建议和指示更新法规政策。1998年制定的《国家儿童保育战略》旨在提供更广泛和更优质的儿童保育,并制定了一系列协调育儿假和工作时间的政策(下面将详细讨论)。克拉克和纽曼(Clarke and Newman,2004,p.54)认为,新工党的现代化计划是围绕着主要的断层线展开的。尤其是:

> 这些断层线是围绕着新工党的理想而形成的,即建立一个认识一致、包容的社会(解决保守党政府的政策造成和加深的分裂、冲突和不平等),以及它决心在假定全球经济化的基础上继续新自由主义经济改革的议程。(Clarke and Newman,2004,p.54)

新工党试图通过政策和提议将保守党视为"私人"的领域"公共化",这些政策和提议包括对育儿假、工作时间和儿童保育的规定,以此作为解决父母所经历的冲突和不平等的方式。而且来自经济振兴和竞争的巨大压力也在推动着这一变革。那些更好地支持父母们将带薪工作和照料儿童结合起来的政策和提议不只是(也将一直是)社会的"进步",而且也是节约型"现代"经济全球化竞争的需要。新工党的很多政策发展框架,尤其是那些旨在促进更好的"工作与生活平衡"的政策,在很多商业改进的案例中有所强调:新工党的"工作与生活平衡"运动发起于2000年,该运动向雇主强调对父母们将带薪工作和家庭生活结合起来的法律条文的支持,可以使得那些曾享受育儿假并很可能返回到工作岗位上的员工更具生产力和积极性,对成为母亲的女性而言尤为如此(see for example DfES,2000;HM Treasury and DTI,2003)。在对"双赢"案例进行研究后发现,雇主提供休假和弹性工作时间帮助父母合理地安排他们的工作和儿童保育，同时有助于雇主们的经营更具活力且更容易得到员工的响应。[5]

虽然并没有普遍接受"工作与生活平衡"这一提法，但目前英国仍普遍使用"工作与生活平衡"的表述。英国政府通过贸易与工业部（DTI）将"工作与生活平衡"描述为：

> 有关工作模式的调整，不管年龄、种族或者性别，人人都能够找到将他们的工作与其他责任或抱负结合起来的规则。（DTI，2004）

DTI将"工作与生活平衡"条款做了进一步的归类：（1）员工通过共享工作、定期工作、休假、弹性工作、压缩工作或年化工作等方式工作；（2）员工是在家里工作或者远程工作；（3）给予员工休假的机会，如产假、陪产假和收养假、育儿假、公休或职业休假，或者学习假（DTI，2004）。其他服务和福利，如通过托儿券或补贴、税收减免特别是针对儿童保育的贷款来获得儿童保育援助或者老人保育援助，也被认为是"工作与生活平衡"政策的一部分。

这个概念提出了"工作与生活平衡"政策的普遍性，但也受到广泛批评。首先，尽管作为一个性别中立的术语被提出，但"工作与生活平衡"隐藏了许多性别假设（Smithson and Stokoe，2005），特别是考虑到带薪工作和无薪工作中的性别差异。有学者认为，"工作与生活平衡"这个术语的提出简化了"工作"与"生活"的概念，从而忽略了带薪工作和无薪工作之间的区别，并低估了无偿照料工作的价值（Gambles et al.，2006）。"工作与生活平衡"还取决于性别观念和带薪工作的"公"领域与家庭生活的"私"领域之间的区别假设，其中"公"领域往往与社会性构建的能力和意愿联系，这些概念是通过男性在带薪工作中的主导地位产生的（see Rapoport et al.，2002）。其次，"工作与生活平衡"政策的论述和提议在很大程度上优先那些拥有幼儿且双方都参与劳动力市场的父母。这意味着承担其他照料责任的大多数人或者那些没有参与劳动力市场的父母将被忽视，他们所面临的具体挑战也将被掩盖。然而，"工作与生活平衡"的论述中"养育"很明显是从性别的角度来考虑的。斯克莱特等（Sclater et al., 1999, p.4)认为,在战后建设的背景下和传统男性养家的前提下,"'父母'这个性别中立的术语几乎不可能出现,更不用说它今天承担的一系列意义了"。那么,为什么当前在"工作与生活平衡"的政策论述和提议中使用"父母"这一术语?在这里与成年劳动者假设的转变有什么联系?一方面,政策论述和提议中用到的"父母"这一术语可以被看作以性别中立的方式支持父母双方既积极从事带薪工作又照料他们的孩子。另一方面,当"养育"这个词使用得越来越多时,母亲仍然是幼儿的主要照料者,这也说明"父母"这一性别中立的词语隐藏了很多仍在继续的性别不平等(see Williams, 2005; Featherstone, 2004)。我们接下来探讨(按性别分类的)"工作与生活平衡"的政策提议及其对父母(按性别分类)的影响结果,这些结果是通过对什么是"公"和什么是"私"产生特定的性别概念和假设产生的。

"工作与生活平衡"的提议和结果

在以支持父母为目标的"工作与生活平衡"政策的提议中,我们关注休假和弹性工作场所的政策。这是因为普福-埃芬格(Pfau-Effinger, 2006, p.142)主张"父母花在孩子们身上的时间并不是一项责任,而是自我实现的重要组成部分",父母照顾小孩的时间可以按性别分类。结合以时间为导向的"工作与生活平衡"提议,对探讨性别假设如何影响对"公"与"私"的认识非常有用。我们将探讨政策办法和性别结果,分别结合:(1)产假、陪产假和可转移的育儿假;(2)弹性工作制。

产假、陪产假和可转移的育儿假

近年来,法定的产假已从26周延长至39周,同时产假工资也有所提升:自1997年以来新工党将法定产假工资增长了几乎一倍(自

2008年4月6日起每周支付117.18英镑）。2005年的数据显示产假休假率很高。2005年大约有一半的产妇休26周的产假，另外还有14%的产妇休了额外产假（另外的26周，这期间不能享受法定产假工资）（Smeaton and Marsh，2006）。怀孕期间受雇的母亲中有80%重新从事带薪工作（拥有一个孩子的母亲中有88%将对她们的工作安排做一些变动，拥有一个孩子以上的母亲这个比例是68%）。可以进一步注意到"对从事提供弹性机会的高级别职位的母亲，其工作场所往往有工会组织并得到雇主善待，她们在产假结束之后更可能重返工作岗位"（Smeaton and Marsh，2006，p. 3）。有1/5的母亲在产假结束后将换工作——这个比例在2001年后减少了几乎一半（Smeaton and Marsh，2006）。能够得到要求提供弹性工作的权利被认为是促成这个比例下降的原因（见下文），这些数字共同表明政府的"公共"措施和雇主的"私人"措施明显地影响了父母的决策。然而有很多女性并不休满她们的产假，例如那些工资低的或自我雇用者，因为她们的产假工资比较低，而育儿费用却非常高，这往往意味着她们负担不起。

2003年英国同时还实行了陪产假，这让父亲能够享受两周的法定带薪假。对这个休假的评价目前是复杂的。有证据显示越来越多的父亲想在孩子的生活中扮演重要的角色（Egual Opportunities Commission，2003；O'Brien，2005）。这表明他们想要更多地参与那些往往被视为"私人"的活动。然而，很多父亲发现在他们的角色和责任方面，参与这些活动和"公共"的期望之间是有冲突的。确实，对于很多父亲来说，"主动参与"和"被动参与"之间产生了责任冲突（Warin et al.，1999，p. 41）。父亲在孩子生产时休的假越来越多，但是很多情况下休的是年假或者根据合同规定的条款而不是法规政策（Carvel，2006）。这和陪产假的低工资有关（和法定带薪产假一样，现行的陪产假工资是每周117.18英镑），这对于许多初为人父的男性来说是一个很大的阻碍，在如此重要的人生阶段，他们承担不起收入的损失（或者他们不想失去高收入）（O'Brien，2005；

Kilkey，2006）。

现行的产假已经延长到 9 个月，仍有人提议将其延长至整整 12 个月，并且提供可转移的假期，母亲可将休假转让给父亲。然而如果母亲愿意的话，可以将其产假让父亲来休，这可以被视为对母亲需求和责任的强烈假设：首先应该由母亲来休产假。此外，有学者认为"现有的政策远远不能满足父亲对平衡工作与家庭照料的需要"（Kilkey，2006，p. 173）。在讨论最近提议的立法修订应在何种程度上将父亲列入或排除时，基尔肯（Kilkey，2006）认为父亲分担家庭照料的最大障碍被忽略了，即额外的陪产假工资与收入无关，那么如果父亲的收入比母亲的高，这很可能会让他们放弃带薪休假；此外，夫妻之间从产假到陪产假的时间和次数也没有弹性。在这个计划下，她认为夫妇们可能会出于谨慎考虑把这 12 个月作为产假。

可转移休假的推出让英国的政策更加具有进步性。在北欧和一部分欧洲大陆国家，父母们能够对如何划分延长的可转移的育儿假做出选择（在较短的法定产假之后）。但是，北欧的经验表明这种选择受到了限制，只有很少的父亲选择休可转移的育儿假（Lammi-Taskula，2006）。事实上，拉米-塔斯库拉认为那些受到良好教育且在公共部门任职的父母才是分享育儿假的主要夫妻群体：

> 对于大部分北欧父母来说，未经证实的假设阻碍了他们在家庭和工作中的谈判，例如关于平等分享育儿假的经济后果以及性别和为人父母，特别是为人母亲的文化观念。欠考虑的不平等的性别假设仍被采用并且没有受到质疑。(Lammi-Taskula，2006，p. 95)

北欧国家还有一个"父亲配额"的措施。该措施专门为父亲保留了一个月或两个月的带薪假，如果不休就会作废。因此休假率很高，例如挪威的休假率高达 90%，而冰岛则为 80%（Lammi-Taskula，2006，p. 83）。[6]对比父亲可转移的休假和限于父亲的不可转移的休假这两种方式的不同之处发现了比较有趣的问题：不可转移休假的公共规则使得父亲能够与他们的雇主和配偶进行谈判（cf. Brandth and

Kvande，2001，2002）。尽管在英国，对父亲给予的关注越来越多（Kilkey，2006），但是英国范围内并没有实行"父亲配额"的休假措施。看来由谁来休假——就母亲或父亲而言——仍然是一个"私人"问题，是父母之间的选择，在"公共"干预范围之外。

弹性工作制

弹性工作的申请权于2003年推出。[7]这为6岁以下儿童（或者享受残疾生活津贴的18岁以下的孩子）的父母提供了申请弹性工作的权利并强制雇主考虑这项申请。政府起初只是打算将弹性工作作为一种权利，但是对欧洲大陆的一些国家而言，基于对商业的考虑，这种请求权的效果大打折扣（Kilkey，2006）。然而，最近DTI的调查显示弹性工作制"已经是一种正常规范，而非例外"（Fitzner and Grainger 2007，p. ii）。超过90%的雇员反映弹性工作制的选择对他们来说很适用，同时有56%的雇员反映他们最近正在采用弹性工作制，或者在去年已经采用（cf. Hooker et al.，2007）。从这个意义上来说，弹性工作制通常不同于标准工作时间，往往是指兼职工作。但是必须注意到：尽管弹性工作制比例很高，但是高频率的兼职工作令人关切，因为它与最显著的性别薪酬差距、工作场所的脆弱性和就业率的下降趋势有关。除此之外，在英国大多数女性从事兼职工作，而且兼职工作者中带着幼儿的母亲占了很大比例。

在探讨请求权的行使方面，现有的证据是不足的。这是因为现有的数据并不能说明弹性工作的请求是由拥有"请求权利"的父亲或母亲提出的，还是由一般的雇员提出的。不过大多数最新报告的数据显示有17%的雇员请求减少他们的工作时间，而且女性（22%）比男性（14%）更可能申请弹性工作制。雇主拒绝了23%由男性提出的申请，拒绝了13%由女性提出的申请（Hooker et al.，2007），而在私人部门工作的男性提出的申请最不可能被通过（Fitzner and Grainger，2007）。这表明，提出申请的母亲比父亲多，而且她们的申请通过率也比较高——在英国针对父亲的研究证实了这个断言。

依靠弹性工作制与在家工作，父亲能够在带薪工作之外投入更多的时间来照料孩子。然而，这些变化通常不会招致罚款或者合同变化：只有4%的父亲反映将他们的时间分散会影响收入（Smeaton and Marsh，2006）。由于可能牵涉罚款，目前男女工资的差异促使大多数父亲从事带薪工作，而母亲从事兼职工作。这还是复制了性别假设，即父亲主要活跃在带薪工作的"公"领域，而母亲则"选择"活跃在家庭照料的"私"领域。事实上，英国劳动力市场的重要特点是，那些拥有配偶和受抚养家属的男性更倾向于全职工作，同时他们的配偶则选择兼职工作。根据英国劳工联合会（TUC）发布的报告《过时了：为什么英国需要新的弹性工作时间方法》（*Out of Time: Why Britain Needs A New Approach to Work-time Flexibility*），取消了《欧洲工作时间指令》中的"选择退出"条款，并拓宽了弹性工作的法律框架，这将有助于减少这些限制的影响（Fagan et al.，2006）。即使如此，英国仍然承诺保留"选择退出"条款。

"工作与生活平衡"的政策论述和提议在某种程度上可以认为父母可以通过谈判选择他们的工作生活方式，包括产假、陪产假、育儿假和弹性工作机会（Mooney，2004）。新工党已经设法将之前保守党政府认为"私人"的领域转变为"公共"的领域，政策论述和提议意味着父母现在能够得到更多的支持和可供考虑的选项。这个消息似乎说明"公共"政策现在能为父母们提供多种"私人"选择。但是穆尼（Mooney，2004）强调父母的选择方式仍受到极大的限制。事实上，政府最近委托的一项平等审查中发现，相对其他组来说，带有幼儿的母亲这一组更容易受到歧视（Equalities Review，2007）。而且佩龙斯（Perrons，2006）指出，在英国的低工资经济中，许多低技能和移民母亲尤其容易受到冲击。此外，还指出"黑人"女性更可能从事全职工作，而"白人"和"印度"女性则趋向于从事兼职工作（Lindley et al.，2004）。威廉斯（Williams，2005）发现"支持"父母从事带薪工作的政策和提议对于性别、阶层、种族的交叉问题几乎不予承认。这反映了"公"和"私"的观念不仅仅涉及性别，而且也涉及深刻复杂的阶层与种族。

提议将产假（和收养假）延长至 12 个月，推行让母亲和父亲都享受可转移的育儿假的措施，扩大请求弹性工作制的权利范围，所有这些都朝着为父母亲们提供更为综合的"工作与生活平衡"议程的方向发展。但是，如果没有产假工资的显著增加，父亲没有休陪产假的权利，那么关于固有的性别模式的观念将会通过"公共"政策而得到进一步强化，这涉及"公"与"私"的性别领域和假设。由雇主提供的平衡工作和生活的机会也因为职位等级制度而分布不均（Lambert and Waxman，2005），雇主会根据男性和女性的社会经济地位为他们提供不同的"选择"。

关于"公"与"私"的多维化概念

目前已经出现向成年劳动者期望的规范性转变，人们对于性别平等理想有了进一步的认识，许多政策变化反映出"公"与"私"条款正在转型（或是二者的边界日渐模糊），"公"可以被理解为政府行为，"私"可以被理解为市场活动。我们试图证明，在这里更重要的是性别假设及"公"和"私"的表述，即所谓的合法或超出政府干预范围。

尽管新工党支持父母将带薪工作与照料孩子结合起来的做法，涉及重新界定"公"与"私"，但"结果"仍带有明显的性别差异。正如格雷厄姆（Graham，1983，p. 18）指出的那样，"照料本来就是女性的任务，这已经成为她们自我定位的必然特征，也是她们毕生的工作。与此同时，照料与男性无关，免于照料也成为男性的必然特征"。尽管政策给予父母越来越多的"选择"，但是在某种程度上照料任务由女性承担而与男性无关的老观念仍然通过政策在持续。一方面，政策论述强调支持父母将带薪工作和照料孩子结合起来；但是另一方面，欧洲就业战略和英国的政策提议却主要强调鼓励母亲积极参与带薪工作,并非鼓励父亲更多地参与对孩子的照料。值得注意的是,政策论述和提议中"理想化"的成年劳动者仍然被设想为在生活中没有其他责任、关系和业余爱好的(按性别分类)人。事实上,工作场所的文化和结构仍然是许多父亲积极参与照料孩子的障碍(O'Brien,2005)。这样一来,结果仍然是母亲很少参与带薪工作,父亲很少参与对孩子的照料。

这些性别差异和不平等的问题依然存在,是不是因为"公共"政策结构不能提供应有的支持以使女性能够参与带薪工作,使男性能够积极参与对孩子的照料?或者是因为"私"工作场所结构和文化依然假设理想化的劳动者没有紧迫的日常照料责任?又或者是因为男性和女性"个人"抗拒对他们的家庭事务做出的特别改变?父亲作为家庭经济供养者可能抗拒对他们(由社会构建的)自我身份认同做出的改变,这让他们感觉很不相容,许多母亲可能也不情愿积极参与带薪工作,因为她们担心这将疏忽家庭照料活动,而女性的社会结构让她们觉得家庭照料是她们的"个人"责任(Duncan et al.,2003;Williams,2004)。性别身份、家庭关系和日常家庭照料往往被看作超出政府或职业干预范围的"私"领域,但是性别身份、家庭关系和日常家庭照料的安排,在某种程度上却是通过政府和职业假设的干预来形成的。职业组织也可以被看作"私"领域,因为它们是公共性别空间,在某种程度上也是通过政府干预和家庭经验形成的。什么被认为是"公共"的或什么被认为是"私人"的,这是"性别权力和支配关系的模式"辩论斗争的结果(Borchorst,2006,p.104)。这些辩论通过性别假设产生,辩论的结果以深刻的性别化方式塑造了政策提议和政策结果。

一系列将"公"理解为政府、将"私"理解为市场的政策忽略了"公"与"私"的性别观念,这些政策支持成年劳动者将带薪工作和家庭照料结合起来,同时在很大程度上也忽略了性别、阶层、种族的动态交互影响,造成多种形式的障碍,而且未能充分理解"公共"与"私人"领域中性别观念的重要意义和影响力,这将使一系列相互作

11 家庭社会政策中的"公"与"私"：消除性别观念与假设

用的不平等现象持续下去。政策致力于性别关系和身份的形成，如果不认识到政策对形成性别关系和身份的贡献方式，就意味着持续存在的性别不平等可以被视为"自然的"，因此超出了"公共"政府干预的范围。未能质疑"工作与生活平衡"的论述和提议对"公"与"私"的性别假设进一步产生了影响，也就是母亲和父亲的性别行为与反应是"自然的"，而不是由社会形成和限制的。在工作与生活平衡的论述和提议中，包括强调和使用更中性的语言和概念化的"父母"，试图掩盖和延续不断存在的性别假设和不平等。如果不采用更加细致和多维度的"公"与"私"的概念理解它并行动起来，那么为实现欧洲就业战略目标而采取的针对成年劳动者的办法和尝试将无果而终。更重要的是，如果针对成年劳动者的办法仅仅是优先让母亲参与带薪工作，而同时不辅以让父亲更多地参与家庭照料活动的办法，那么性别不平等的现象仍将持续下去。因此，迫切需要由社会形成更多细致且多维度的性别概念以及"公"与"私"的相互作用机制。

【注释】

[1] 我们非常感谢亚当·惠特沃思（Adam Whitworth）在初始阶段对该文草稿的贡献。

[2] 中期目标并没有在欧盟的一些成员国中实现，也没有在欧盟整体层面实现（Eurostat, 2005）。

[3] 巴塞罗那峰会（2002年）上确立的儿童保育目标是，为至少90%的3岁到义务教育年龄的儿童提供保育，对至少33%的3岁以下的儿童提供保育。

[4] 在一系列相当紧张的矛盾中，新主权政策依然改进了"家庭"的具体形象，即由一对异性恋、已婚且拥有受抚养幼儿的夫妇组成的能够自给自足的单位。参见对这些冲突的讨论：Abbott and Wallace, 1992; George and Wilding, 1994。

[5] 参见 www.employersforwork-lifebalance.org.uk; www.dti.gov.uk。

[6] 德国推出了育儿假薪酬方面的新规定。根据这些规定，将为父亲或母亲支付最长达14个月的育儿假工资，如果是单亲父母，就为单亲父母支付最长

达12个月的育儿假工资。实际上，这导致了一部分带薪育儿假是为生活在异恋关系中的父亲所设置的。但是由于这个新规定2007年才生效，很多符合享受条件的父亲现在并不知情。

［7］这项申请权可以让有照料责任的成年人申请弹性工作，它的范围在2007年4月得到扩大。要求将这项申请权范围扩大的呼声越来越高，例如，儿童部长兼国会议员贝弗利·休伊斯（Beverley Hughes）呼吁将这项申请权的范围扩大到所有的雇员（Hughes and Cooke，2007）。

第三部分　结　论

12 民族、国家与福利的重构：福利国家的变迁

约翰·克拉克

福利国家的变迁一直是各种争论的核心——围绕着变迁的深度和规模、变迁的原因、变迁的方向以及与周围福利国家的融合或差异程度。这种激烈的争论通常假设存在一个特定的分析对象——福利国家，或者有时是它的复数形式，即众多的福利国家。这种假设存在一些令人不安的后果。一方面，这意味着关于福利国家性质的概念上的困难被避免了——取而代之的是作者和读者将共享一个共同的或想当然的福利国家概念。与往常一样，在社会科学中想当然的假设或知识形式都应标明"谨慎处理"。另一方面，缺乏对概念的注意直接导致偶然的经验主义——在这种经验主义中，更具体的调查对象被允许代表福利国家。通常情况下这些都是支出项目或社会支出模式。例如，最近的书把主要的社会方案（失业/劳动力市场政策、养老金方案）或更大规模的社会支出模式作为研究福利国家/福利国家财富变化的代理（see，for example，Castles，2004；Ellison，2006）。

选择具体指标作为福利国家指标的问题已经被广泛讨论（see，*inter alia*，Castles，2004；Daly，2000；Sykes，1998），但这往往集中在有争议的选择性原则上，如充足性、焦点（相对的明显性和模

糊性被创建）或比较性。他们很少扩展到代理和被讨论对象之间关系的概念性问题。例如卡斯尔斯在引用OECD国家的社会支出数据库时指出："大多数章节强调社会支出的趋势，这是初步认识到的重要观点，即支出不是福利国家的全部。"（2004，p.14）但是，其他可能构成福利国家的因素仍然被支出数据的威力（和可用性）所掩盖，完全看不见。想当然地抽象和偶然的经验主义之间的差异留下了大量关于福利国家未触及的重大问题。在这种背景下，我打算提出一些关于我们如何理解"福利国家"这一概念的问题，并将这些问题与最近的研究将国家作为复合实体的发展联系起来。诸如组合、集群以及集合体等术语包含的新解释，也许应该扩展到对福利国家的思考。然后，我建议把福利国家看作是表达福利、国家和民族的组成部分，它可以阐明"转型"的问题。特别是，这种观点使人们看到在重建福利国家方面所面临的不同的和可能是不同的变革动力。

什么是福利国家？

在某种意义上，福利国家研究的基本问题本身难以把握，正如雷蒙德·威廉斯的《关键词》（Williams，1976）所指出的，"福利"一词有一段历史，它将普遍的幸福感（作为对"幸福"禁令的颠覆）与支持这种幸福感的公共或集体的做事意识联系起来。我们或许应该停下来，思考一下最近社会政策界"幸福"的复兴的意义，它对福利有着不同的含义。另外，我们可以回到威廉斯的观点，即如何运用"福利"这一词语——至少与"国家"联系——并将其作为替代来表达19世纪英国慈善与慈善事业的理念与实践。于是在政治话语和通常的用法中，"福利国家"的理念结合了两个正面取向，即鼓励促进集体性福利并反对世界慈善的社会性狭隘与偏见。

然而，这些流行的用法并没有指向概念上的严格程度。相反，它们指出了福利和福利国家的理念在大众话语（以及它们所表达的政治对立）中所占的地位。在更多的学术环境中，"福利国家"是一贯难以把握的概念术语。例如，国家性的福利涉及不同的国家类型和不同的国家议案方式。根据福利，我们也许可以区分国家扮演的不同角色，如资金、直接提供服务、混合经济供给的协调、管理与公平治理以及权力保障等。哪些是关于福利国家"民族性"的定义？同样地也存在如何界定各国"福利"方面的问题。正如我在前面提到的，福利国家的研究趋势是确定哪些可以被称为议案或方案的"核心"。福利国家似乎涉及失业或劳动力市场方面的相关政策（尽管我们可能会回答它是否重要的问题，假如它们是直接针对失业或劳动力市场）。它们似乎涉及解决老年问题的政策（至少是养老金政策，但是社会护理政策同样也有可能）。在英国的社会政策中，福利国家曾被解释为涉及针对稳定收入、健康、教育与住房的公共政策机构。

这样的程序规范留下了两个开放性问题。第一，其他国家的政策与实践可能促进福利，但是很少被视为福利国家领域的一部分。国家资助、促进或管制的"闲暇"机构和活动的存在，可被视为国家促进健康、平衡和增加幸福人口的努力。这些目标与福利不同吗？同样地，输送（基础设施、供给、管理）的问题也可以被认为是"福利"的问题，因为它们以多种方式冲击个人与集体健康、福利与社会参与。第二，也许更令人不安的是一系列政策和实践涉及政策与治安设备、犯罪及法律，许多学者认为法律在曾被视为"国家"角色的"福利"部分中占据日益重要的作用（see, for example, Garland, 2001; Stenson, 2000）。这种观点表明，分析的重点从国家的"福利"活动转向关注旨在"治理社会"的政策和实践组合的转变（Clarke, forthcoming a）。

关于国家"福利"性质的方案概念所隐含的第二组问题涉及它们与社会关系的关系。福利国家的许多研究隐含着规范性，假定"福利"是仁慈与进步。在许多方面这种暗含福利的规范倾向已被新自由主义与新保守主义政治运动的反福利主义与反中央集权政治深深地加强了。对于这样的反对，如何对待关于福利国家的疑惑（假如不考虑有助于提高它们的效率或效果的方面)？然而，福利国家的"福利"特性比通常情况下更明显，这是有原因的。它可能使我们能够考虑与福利资源有关的包容和排斥的结构化模式。我们同样会看到更多的包容条件：附属或依赖形式，在这里福利的获得不是个人的或无条件的状态。这些问题与福利国家的公民权问题及其与阶层、性别、性倾向、年龄、民族或种族和健康体魄的形成相联系。每一种形式的分化，都提供了形成公民地位和获得福利的途径。

更具挑战的是，这些问题可能指向在产生社会分裂及社会分歧中的福利角色。大多数关于福利国家的研究认为它们是"次要"的社会制度，它们对一部分社会关系起作用。在这方面，我们可以评估其影响或效果：它们有强化或纠正社会不平等的结构形式吗？它们在减少阶层差异吗？它们在缩小性别差距吗？等等。但是福利国家也形成了机构：它们通过服务和福利被组织和分配的方式来归类。它们决定并依据差异行动（例如，思考我们有多少种年龄类别被包括在福利政策与实践中）。它们排序、分类以及给人们分配职务；它们为一定阶层的人们和行动类别给予激励和奖赏，并对他们进行约束和惩罚。正是这样的条件为福柯关注的"人口治理"提供了福利和福利国家一个独特和有利的优势（see, for example, Marston and McDonald, 2006）。在这点上福利国家致力于人口工作并指导这些工作，如人口的组织、分类、改善与管理。

在回答"什么是福利国家"这个老生常谈的问题时，走这些弯路可能显得既没有必要，又令人沮丧。但我想强调的是，"福利"和"国家"这两个词都很难捉摸，而且把它们作为一个调查对象放在一起是一件令人担忧的事情。接下来我想提供一种研究福利国家的方法，而不是通过理论的方法（"福利国家是养老金、医疗保健、劳动力市场及教育政策的总和"）来解决问题或者是通过经验总结（"我们有这三个项目的比较数据"）来解决。相反，我想从这个观点开始：首先"福利国家"是一个深深植根于流行与政治话语的政治性概念。那么它的实用性导致对其使用的关注——它是如何做到的；它的意向如何被动员、挑战、改变、重视与忽视。从这点出发，福利国家是根本思路或理念，这使得制度、政策与实践的复杂结合成为现实。

福利国家的集合

我们可以通过思考"福利国家"一词如何包含对"福利"（从它在美国的用法，指的是补充的或非社会保险计划，例如在 1996 年"福利结束"时被废除的对有子女的家庭的援助，到北欧"福利模式"中相联系的一系列福利和服务）的不同理解来探讨这个"复杂组合"的问题。这些与国家从事福利工作的不同模式——直接向不同的非国家机构提供监管和资金——相联系。以这样的方式拆分福利国家的概念能使我们看到全国性的福利国家参与福利与国家的特殊组合是多么的不同，其中内容的不同与福利的意义及国家扮演角色的不同是"福利国家"模式的核心。

这种对结合的兴趣与社会科学其他领域的发展是一致的，特别是，但不限于国家方法的发展。结合回应了"集合"（Latour, 2005）、"合奏"（Sharma and Gupta, 2006）、"星宿"（Leibfried and Zürn, 2005b）与"铰接式结构"（Clarke, 2004）。这些术语表达了构建与结合的意义，即要素构建了一个临时的联合。对于拉图尔（Latour）来说，集合是重提社会是如何构成的这一问题的一个概念：

> 当社会科学家对一些现象冠以"社会"时，他们指定了事物的稳定状态，之后捆绑式的联系可能被发动起来接受其他一些现象。这个词的使用没有什么不妥，只是它指定的内容**已经**集合在一起，而没有对集合的**本质**做任何多余的假设。（Latour, 2005, p. 1; emphasis in original）

对于拉图尔来说，这种将集合视为"事物的稳定状态"的想法，突显了追踪联系的分析工作面临着挑战，即人与物之间联系网络的产生，从而形成一个集合。拉图尔为我们在这个简短的评论中提供了两个重要的见解。第一，集合的概念是一个过程（聚集是其结果）。第二，是对时间性的坚持，即什么是已经集合的，事物的稳定状态。将这些时间问题嵌入我们的机构、体系或结构中，它们在某个时间段将被集合、构建或稳定化。它们很容易不稳定、解构或项目重组。

在他们最近收集到的对《民族人类学》（*The Anthropolgy of the State*）的介绍中，夏尔马（Sharma）和格普塔（Gupta）认为"研究国家的条件已经改变"，需要"新的思考方式"（2006，p. 27）：

> 思考国家是如何由文化构建的，它们如何在人们的生活中被证实，以及社会政治与这些构建的日常后果，涉及从超越宏观观察层面的"国家"制度分析转向在公共文化体系中寻求社会和官僚作风的实践和遭遇。（2006，p. 27）

对于夏尔马和格普塔来说，国家是集合体，即理念（国家理想与民族性）、政治、实践、人民与事务（其中民族性是被赋予的）的集合。国家的这种概念在研究领域是自由的，且已经占据主导地位，这将制度主义的国家作为分析的整体和连贯对象。夏尔马与格普塔的第二个分析是考虑"跨国框架"中的国家，并认为"目前全球化制度的必要性使我们从民族国家的框架中展开了国家的研究"（2006，p. 28）。稍后我将回到这种分裂的一些含义，但在这里，它的重要性在于，这种关注与国家作为民族国家的框架以及与斯蒂芬·莱布福瑞德（Stephan Leibfried）和迈克尔·朱恩（Michael Zürn）对民族国家作为"星宿"的反思不谋而合。更具体地说，他们认为民族国家的黄金时代可以最好地理解为四个关键要素的集合，即资源、法律、合法性与福利，这些被全部社会和政治空间集合在一起。这个集合被命名为"特鲁迪"（TRUDI），设计的民族国家形式"涉及四个维度且形成了紧密联系的物体，结合领土国家、确保法治的国家、民主的国家与国家干预的多功能国家"（2005b，p. 3）。

虽然斯蒂芬·莱布福瑞德和迈克尔·朱恩的多功能国家概念来自更传统的政治主义国家观点，但"星宿"与"构造"的隐喻指向建构性（如果不是建构主义）的框架合同与国家转型。因此，例如当他们

12 民族、国家与福利的重构：福利国家的变迁

探索民族群体的"重新配置"时，他们的隐喻强调集合与分解它们的复杂性，例如讨论目前和未来可能的轨迹，"构造"的隐喻在假设中占主导作用。

过去40年中的变化并不仅仅是民族国家组合的痕迹，而是在黄金时代精细编制的国家构造的瓦解。对于四个维度在地平线上的交织发展似乎也不存在任何标准。然而，尽管结构不确定的时代在等待我们，但这不是一成不变的混乱。相反，在每个维度的不同转型中，在国家的组成中，我们看到结构性的但不对称的变化（2005b，p.1）。

而且，随后他们探索与"特鲁迪"类似的术语：

这是"特鲁迪"的消磨还是它的解散？可以将它修补或者重新编制吗？这或许可以转化成一个巨大的具有统一模式的世界国家或将形式重新转化为半主权、附属国家与地区政府？或者，随着法治进入国际舞台，民族国家紧紧抓住领土国的资源，干预国不请自来，大行其道，特鲁迪的线索会以后现代的方式简单地分离和追随个人命运吗？（2005b，p.3）

有人可能会说，这些术语只是隐喻性的，而不是严格意义上的概念。但是，它们确实指出了概念化状态及其转换的分析问题。对我来说，具有同时识别两种福利国家发展动态的重要价值，即各元素聚集成一种福利国家模式（拉图尔可能更愿意将其称为"事物的稳定状态"），不同元素（"线索"）可能受到不同的压力和变化轨迹（而不是超越国家的独特转变）的影响。对我来说，他们的反思也同样更能看见局部和构建的民族国家的民族性特征，重要的"民族主义方法论"是研究福利国家的组织原则。福利国家或多或少隐含着民族国家的一种理解（Clarke，2005）。

在自己的工作中，我越来越有兴趣把福利国家（以及它们对民族国家的影响）作为具体的表达方式，在这方面，福利、国家和民族的制度化实践和观念是结合在一起的（e.g.，Clarke，2004；Clarke and Fink，forthcoming）。由于民族国家的黄金时代被斯蒂芬·莱布福瑞德和迈克尔·朱恩确定，因此福利国家的黄金时代（Huber and Stephens，2001）涉及集合元素，即福利的扩展概念；在具体的国家建设或重构范围中扩大了社会干预的国家范围，这被固定或稳定到我们将称之为"福利国家"的构建中。这种组合的稳定性倾向于掩藏它们自身集合的条件，它们看上去更像是被作为核心或单个的整体。只有当主题被废弃时，才会担心福利国家的内部结构脱钩，通过它们被构造才有可能看到"联合会的痕迹"。而且，在这点上更容易发现不同元素可能有差别、分歧或者甚至具有矛盾性、暴力性、压力性和寻求新方向与新集合的政治文化项目。

当然，至少在两种意义上，这些都是国家的构造。很显然它们发生在国家声称占有和代表的稳定的领土政治和社会空间。但是在某种意义上它们仍然是民族国家，且是通过国家被构建、发明和改进的机构、政策和实践领域的一部分。人民、地方与政治独特结合的国家总是处于被卷入的过程中，尽管福利国家的研究很少集中在这点上（对于一些不同的个案参见 Castells and Hineman，2002；Hughes and Lewis，1998；and Lewis，1998）。将福利国家作为福利、国家和民族的铰接式结构有三个关键方面：第一，不同的因素已经被阐明；第二，思考福利国家中国家的具体意义；第三，不同因素显示清晰度的可能性。在关于福利国家转型或福利改革的辩论中，让我再对福利国家的解构问题做一点说明。我将在最后一部分表明评估什么是所谓福利、国家或民族"改革"或"变迁"的重要性。诱惑总是混淆视听。相反，就像莱布福瑞德和朱恩建议的"线索"，我们最好把不同的元素及其轨迹分开。

福利国家作为民族国家：创造民族与人类

在本节我想谈一点将福利国家作为民族国家的问题。福利国家研究的民族主义方法论意味着福利国家的"民族性"特征未被重视。我们如何评估并解释不同福利国家或体系的差异？这需要将"国家"作为福利国家发生的地方，它使用了一个国家空间的"容器"模式。在这种分析中，有时国家是一个更活跃的因素——作为一种政治或文化，它与其他国家在福利政策中的反映或再现明显不同。但是这种方式从未将国家视为构建的对象，因为通过社会实践一些事情被从事、集合与产生（国家建设被认为是发展中国家或新兴国家的事务，与"成熟"社会的研究无关）。

夏尔马与格普塔无疑是正确的，"现在全球化的政权"更容易看到国家的构建性特征（对于国家的阐述）。在实践与学术工作中，各种进程都有助于"扰乱"国家的表面稳定。全球化问题、国际化或超国家机构、财政流量、商品与移民、不断增加的争议与国家的移动空间（从德国的统一到苏联的解体）都提出了民族国家作为一个统一和稳定的整体的问题（并且适用于主权国家）。值得注意的是，这些问题的新可见性不应该让我们认为过去没有这样的变化、不确定性或不安。我们称为民族国家的"稳定状态"掩盖了其自身建设的条件（尤其是其与其他国家，特别是殖民地国家的密切关联和依赖）。在全球化的当代政权中很容易看到国家构成条件的变迁。但是早期的全球化体制，尤其是欧洲的殖民主义制度，明显地促进了封闭地域民族国家的崛起，这些国家依赖于其他国家的经济政治和文化关系。

国家的形成可以被看作传承的过程，而不是国家发展的特殊阶段。对于这个过程各个国家需要一个重要的引擎，建立和传播需要保护或发扬的民族历史，预期未来及民族特征或文化概念。福利政策及其实践一直是各国开展此类工作的内容之一，从具体规定和监测"国家成员"（因此也就是"资格"）到"改善"人口状况，再到当前关注的问题，使政策个性化，确保公民积极参与。在下面的部分，我将返回到这样的一些问题，但是最重要的是思考福利如何参与国家形成的过程。我认为这些民族福利国家表达了两个方面：由帕莎·查特杰确定了近期塑造人民与塑造人类的工作（Chatlerjee，2003）。查特杰认为公民权被双逻辑架构托起，即民族的同质性概念与治理对象的异质性概念：

> 简而言之，在公民平等的法律-政治事实中所表达的人民主权的古典思想是在国家的同质结构中产生的，而治理活动需要把人口的变化、交叉和变化的分类作为多种政策的目标。因此，在这里，我们看到了人民主权的崇高政治想象与治理的世俗行政现实之间的矛盾：这是同质民族与异质社会之间的矛盾。（2003，p. 36）

我发现这是一个极具启发性的区别。福利国家一直是国家同质化建设的关键之一，特别是"公民平等的法律-政治事实"的颁布（还有争论我们可以补充）。马歇尔认为公民权依赖于这些发展和它们制度化的国家机器，用"社会"公民权代表福利政策和国家实践。但是，福利仍然表达了更多具体的国家特征，使国家特性、价值、文化与生活方式的具体概念稳定并强制执行。

福利也是人口建设和管理的一个关键："治理的世俗现实"。它涉及劳动分类（这里指的是哪种人？）。它需要人口构成（人口结构的变化和总是有问题的人口结构）、实际和期望的发展水平（健康、教育等）、"需求"和失调（功能失调的家庭、社会排斥、罪犯、被动依赖的个人等等）等知识的产生。从福柯的工作中衍生出来的对治理性的研究，对我们理解福利及其作为界定和治理人口的重要性产生了重大影响（e. g., Marston and McDonald, 2006）。"社会治理"以一种不同的方式框定了国家的福利工作，并在此过程中，让我们思考自19世纪以来一直是社会政策研究核心关注的"社会事实"［或普维（Poovey, 1995）所说的"政治算术"］。

福利国家的变迁：解构与重构？

在最后一节中，我将回到福利国家作为铰接式结构、集合、合奏或星宿而产生的可能性。早些时候，我曾指出，这些概念可能使我们能够考虑福利国家构成中所阐述的不同因素如何受到不同的争论，并受到可能不同的"改革"政治项目的制约。简单地说，一些政治项目把"福利改革"作为重点，一些人把"国家改革"作为他们的目标，而其他一些项目肯定是关于国家重建的。这些都有可能有助于"福利国家的变迁"，但我们应该警惕地认为，它们都是相辅相成的，并拥有一个连贯而统一的方向。无论是在具体的福利国家还是在它们之间形成鲜明对比的情况下，认为当代的转变进程是不连贯的、多样的甚至可能是相互矛盾的，或许更好（Clarke，2006 and forthcoming b）。

这里的每一个术语——福利、国家与民族——都是多重挑战的焦点（Clarke，2004）。例如"反福利主义"社会运动结合和凝结对如下问题的批判，如福利不充足、不易获得性、贬低条件、福利提供者的焦虑、对于"客户群体"管理关系问题的挫伤、新保守主义与新自由主义对于"福利依赖"的批判。这种新自由主义与新保守主义的挑战已经在一些福利国家供给改革中占主导地位（当然最主要的是在美国），这不应该掩饰在"反福利主义"和"福利改革"驱使下的多重性与相反的方向。同样，"反国家主义"浓缩了对国家作为社会内外"力量"的权威地位的许多不同怀疑和挑战。即使是那些认为国家是社会进步最好的"引擎"的人，也对其有效性和"黑暗面"——在没有充分控制的情况下行使权力和权威——表示怀疑。北方和南方的社会运动都指望国家保障权利、正义和平等，同时又指望一个积极和强大的公民社会作为对国家提出挑战和要求的手段。即使我们注意到新自由主义的"反国家主义"的"市场解放"话语在某些国家和"全球治理心态"国际组织中占主导地位，这种对国家的矛盾心态也需要保留在我们的视野中（Larner and Walters，2004）。

国家改革的目标很少是单一的或连贯的（Clarke et al.，2007）。社会治理所依靠的工具、实践和人员的改造是由不同的力量塑造的，而且采取了不同的形式。我们可能想要考虑国家改革项目通常比"福利国家"更重要，但还是要讨论治理的整个架构以及国家和社会、国家和经济之间的关系，乃至国家与国家之间的关系。在关于治理和治理心态的辩论中提出的问题、关于国家变得"分散"的争论或不同权威模式之间关系的转变，对福利国家的讨论几乎没有影响（好像福利国家在某种程度上是独立于国家的：see inter alia，Newman，2005；Slaughter，2004；Hansen and Salskov-Iversen，forthcoming；van Berkel，2007）。

这样国家改革通常与"国家"的重新发现有关。在这里，我们可以看到不同力量、利益和项目之间的紧张及其交集：从压力到国家的"开放"，再到全球化世界的流动，再到试图在面对人口（或者至少是错误类型的人口）流动时恢复人民、地方和种族"传统"的统一。欧洲对这种目标恢复主义——族裔文化的"保护"主义版本（在经济自由化的背景下）——变得越来越怀疑。例如，卡尔布认为"全球化"的新自由主义市场改革的一个影响是民族主义、地方主义、宗教与传统的一股反叙述热潮，这通常是大男子主义和家长式的劝说（Kalb，2005，p.187）。国家的这种发散性抗争对于福利与国家有强大的影响，因为构建一个统一的民族概念的管理与不舒服地治理一个多民族国家的挑战相适合。

对福利国家及其转型的研究，区分了这三个要素，开辟了新的分析政策。过去20年的许多辩论是关于统一的和线性的变革概念（福利国家的终结/生存，全球化与国家差异的趋同性，新自由主义的兴起和"社会"的终结）。通过观察这三个因素和它们阐明的形式，我们可以看到更加不均衡和差异化的动态变化。克拉克（Clarke，2004）用一个三角形框架分析福利、国家和民族之间的各种不同争论，这些争论被认为是理所当然的（我们曾经说过的福利国家）。在这里，我想谈谈福利与国家之间的第三条轴线，并提出一个问题，即福利的治理安排是怎样的。这种讨论的基本形式倾向于用国家形式和市场形式（或等级制度、市场和网络）之间的区别来表述。另外，福利混合经济的概念已经被用于解决在福利实施过程中多样化"部门"（公共、私人与非营利性第三部门）的角色与移动路线，虽然瑟勒博-凯泽在本书第 1 章中提醒我们,这样的治理安排需要解决供给、融资和管理问题。在这种角色中,国家可能继续扮演被杰索普称为"元治理"的代理人角色,组织治理结构和它的内部关系:

> 在复杂的新治理机制中,国家"保留开放、关闭、调整和重新阐明治理安排的权利,不局限于特定职能的条款,还包括从党派和整体政治优势的角度"。(Jessop,2000,p. 19)

虽然治理系统和部门的类型指向福利治理的一些当代动态变化,但它们似乎过于死板,无法应对涉及福利生产和分配的新兴与混合组织形式(Clarke,forthcoming b)。跨部门的工作形式(在英国,如信托、伙伴关系和社会企业)带来了分析和评价的新问题。贾宁·韦德尔对"灵活组织"的深入思考和启发性的工作指出了一种参与此类开发的方法(Wedel,2000)。这种治理安排不能只从部门的角度来把握,也不能用私有化或市场化的简单模式来把握。相反,我们需要研究如何在福利治理的混合架构中重构资源、权威、专业知识和(偶)责任。随着"新福利空间"的产生,这些创新还影响着福利领域的扩展及其福利组织的数量(Cochrane,2006)。有时分权的形式和权力下放与福利组合的变化一致。例如,奥尔德雷德对卫生领域公私伙伴关系的研究揭示了参与"地方卫生经济"的发明和实现的创新组织形式(Aldred,2007);而范·伯克尔指出在荷兰劳动力市场鼓励在政策与实践中的"个性化",并鼓励服务本身的私有化和分散化结合(van Berkel,2007)。

简而言之,将福利国家视为集合或铰接式结构,使这些过程更加明显,或许还解释了当代有关福利国家转型中存在的一些挫折。如果福利国家不是一个连贯的、单一的分析对象,那么跟踪变化可能需要不止一个单一指标(甚至一组单一指标)。最后,这是一个用更精细的方法来研究福利国家(单独或相对)的论据。它要求注意作为集合、合奏、星宿或结构的社会对象,从而注意多种而不是单一的转变过程的可能性。

它还意味着要摆脱主导福利国家研究的民族主义方法论。这并不是回到对全球与国家无益的辩论中。相反，它是一种主张，即所有国家构成都是在跨国关系、过程和实践中产生的（而且这种跨国条件在时间和地点上各不相同）。国家福利体系一直坚持国家政治和制度的形成对于政治与政府目标和冲突保持的重要地位。然而，福利、民族和国家（且它们如何可能更好地集合）的概念本身受到思想、政策、比较竞争力评估、"最佳实践"及学习与模仿关系的跨国流动的影响（see *inter alia*, Djelic and Sahlin-Andersson, 2006；Hansen and Salskov-Iversen, forthcoming；Larner and Walters, 2004；Lendvai and Stubbs, 2006；Newman, 2006）。每一项福利改革的"国家性"目标都以这种跨国流动、借款、拒绝和使不同的因素本土化的方式联系起来。而"全球治理"的这种流动和制度主义带有一定的主导信息、模式和话语（最重要的是，要传播福利和国家改革都需要的新自由主义观念），它们形成了特定国家目标参与的交换领域。这些参与是多样性的（而不是单独的联系或传播模式），并为"国家"计算和操纵提供了可能性空间——尽管这些空间在国家之间的分布有所不同。因此，在这方面，我们也应该避免我们的研究对象的单一概念（以及它们所带来的二元差别）：不是纯粹的国家（以及全球或国家性的区别），而是存在于跨国联系领域的国家构成。有人说研究福利国家应该很容易吗？

13 多样化与多维度的福利国家变迁

马丁·瑟勒博-凯泽

本书的分析已经表明，我们没有见证福利国家的一维变迁，这种变迁很容易被看作一种无声的或消亡的公共责任与"新自由主义"的胜利。我们并没有看到只允许有轻微变化的"福利国家冻结的场景"。此外，福利国家的变迁是非常复杂的过程，因而不能被清晰地感知且以一种简单的方式表达，现实中，我们发现福利国家的变迁具有多样化、多维度的特征。例如，"私有化"的政策领域可能伴随着政府在另一政策或"私有化"政策领域的干预，或者在一个政策领域存在两种政策干预模式，再比如融资和供给可能会伴随着政府干预在第三领域（管理）的扩张。此外，虽然一些国家很明确地扩大了整体公共资金，如第1章中所显示的各国的支出数据，但其他国家已经降低了公共支出的整体水平，同时在具体的政策领域允许更多的公共财政资源，如社会服务。因此，我们的目标结果与利维（Levy, 2006b, p.27）所提出的观点一致，即"国家应该被理解为其宗旨和干预模式是不断发展的，而不仅仅是膨胀或收缩的"。

研究表明，通过分析各种干预形式，如融资、供给与管理，在先前研究中变迁的三个维度通常无法完全捕捉动态的变迁，即紧缩、再商品化与重新制定标准。此外，必须强调的是，许多国家和政策领域的治理模式已经发生了变化，这种方式在政府文献的假设基础上是不可能实现的。正如克拉克在第 12 章中的总结，所有的章节已经清楚地表明显著的政策变迁已经在近十年间发生，其中一些变化确实可以被描述为"未解决"的公-私混合模式下社会政策安排的转型过程。因此，我们发现了更多显著的变化，这是基于以往的研究对路径依赖的关注（cf. Pierson，2001a），尤其是增量变化可以积累，并随着时间的推移导致显著的变化甚至政策变迁（cf. Seeleib-Kaiser，2002；Bleses and Seeleib-Kaiser，2004；Streeck and Thelen，2005b）。简言之：我们目睹了重大和复杂的政策变化，这些变化不能归入撤销公共责任或"私有化"的总标题之下，但其特点是重新集中国家干预和重新定义福利的混合经济（cf. Siegel and Jochem，2003；Levy，2006b）。正如范·克斯伯根（van Kersbergen，2000，p. 30）所言："相比于我们的预期或到目前为止的观察，这有可能是更为激进的根本不可能的变革。不过，并非每次福利国家的改革必然导致福利国家崩溃。"然而，变迁过程是否会导致新的制度产生并不是很清楚。尽管我们没有明确地专注于本书第一部分成熟的保守主义福利国家，但是，在这些国家我们的研究结果同样大致反映了最近的分析变化（cf. Palier and Claude，2007；Seeleib-Kaiser et al.，2008）。

本书的总结

鲍威尔（第 2 章）分析的英国的案例清楚地表明各种动态正在进行中。在政治话语层面，促进私人社会政策不再是保守党的唯一主张；经过多年的激烈反对，新工党采用选择性和多样性的核心概念同样支持和推动更多的私人参与社会政策领域。在制度层面，我们见证了有重要意义的变革。在某些领域，如公共房屋，国家显然从它以前提供服务的作用中退出，而没有同时大幅度扩大其管理范围，而在其他一些领域，如医疗保健和教育，私人供给的增加伴随着甚至通过更多的政府支出与更严格的监管规定来实现。采用公-私合作的新工党政府管理了NHS历史上最大的医院建设方案。考虑到传统的收入保障计划，如失业补助和退休金，政策变迁导致工人的进一步商品化，而税收抵免已经扩展到支持那些最低收入者。同时，职业年金的管理框架得到加强。根据现有的数据，对英国福利国家的变化进行全面分类似乎是不可能的；但是可以说，私人参与的增加，特别是在福利供给方面，对英国福利国家变化的影响更大，但这并不是公共责任全面下降的同义词。

安德森（第3章）强调紧缩和再商品化的概念不足以理解和赋予最近丹麦福利国家发展的特征。此外，他强调服务确实在被扩展。从制度的角度来看，社会保障项目中的变化可能导致观察家以紧缩或再商品化的路径来描述其特征，但是将结果都考虑在内，情况则完全不同。例如，尽管失业工人的平均生产替代率（APW）已被削减，条件也得到改善，但安德森认为，失业的通常不是一般的生产工人，而是那些收入较低的人。对于低收入群体，丹麦仍然提供非常慷慨的失业津贴。养老金制度的变化非常显著，并在一定程度上实现了无重大立法的改革。这显然是针对正式"私人"养老金（被称为劳动力市场养老金）的变化，这是由几乎涵盖所有员工的集体谈判协议管理的。在社会服务领域的供给方面，丹麦引入了市场化原则，然而，主要目标并不是削减开支，而是主要在国家体制内提供更优质的服务、选择自由和赋予用户权力。对于儿童保育，安德森总结道："整个政策领域一直是在扩张，而不是收缩。"据他介绍，丹麦福利国家的变迁"维持甚至确保成果现状的净效应"。然而关键的问题是这些结果在将来是否能实现，尤其是在经济状况恶化的情况下。

正如吉伦和派特麦斯都在第4章指出的，南欧国家目睹了公共责任在社会政策的一些重要领域的扩张，这是由追赶进程和要求公共干预以满足大量未得到满足的需求的强大压力所造成的。在这种情况下，需要强调四个南欧国家引入公共的NHS的研究，如希腊、意大利、葡萄牙和西班牙。尽管如此，希腊医疗保健的供给很大程度上依赖自费与社会保险缴费。公共社会保健同样也在扩张，但吉伦和派特麦斯都强调"普遍可提供的第一站系统服务的供给几乎没有发展"。关于养老金政策，南欧国家仍然主要依赖公共支柱，这对于退休人员来说只是提供微不足道的退休金福利，特别是在希腊和葡萄牙。虽然西班牙已看到核心工人的养老金待遇的削减，但对非正规就业工人的保护得以改善并实施。职业年金在南欧国家很不发达，然而，在这四个国家中，意大利似乎是这个领域的领导者。同样，个人私人养老金也没有发挥太大作用，西班牙除外。该国约22％的劳动人口参与了这类计划，这些计划通过扩大财政豁免范围得到公开推广。在劳动力市场和就业政策领域出现了明显的自由化和灵活化的趋势，尽管在某些情况下这些被嵌入在灵活的政策方式中。西班牙、意大利和葡萄牙的许多福利国家改革是通过国家和社会伙伴之间的谈判达成的协议来实现的，而且可以被称为改革。然而，在希腊改革更多是渐进式的，并不意味着要大幅改变游戏规则。

毫无疑问，最深远的社会政策变迁发生在中欧和东欧的转型国家中（第5章）。尽管所有国家都发生了显著的私有化与再商品化过程，但公共供给与社会政策融资仍然扮演重要的角色。在就业和失业政策方面，再商品化进程尤其严重。除捷克外，所有的国家通过民营企业引入强制性的第二支柱养老金。尽管有许多相似之处，但波图切克认为这八个东欧国家在2004年已经加入欧盟，并发展了不同的政策轨迹且引入各种公私混合。据他估计，波罗的海国家或多或少地陷入残留的自由主义福利国家的范畴，而斯洛伐克正在走向这种模式。另一方面，斯洛文尼亚是最接近欧洲大陆的福利国家模式，而对匈牙利和波兰的描述不是很清楚，据说它们正在努力克服困难。

波图切克对捷克进行了更详细的分析，该国经历了不同的改革阶段，而其总体发展轨迹则是建立在俾斯麦式的福利概念之上的。总体而言，社会公共政策支出水平保持相当稳定，尽管1992年至1997年由保守党政府负责，1998年至2006年由社会民主党领导的政府负责。尽管后者带来了一些劳动力市场的扩展，但失业保险津贴非常低且受益时间较短，这导致了依靠社会救济的大量失业工人出现。虽然公共养老金的替代率在明显缩减，且在未来可能会降低到最低生活水平之上，但从1994年开始政府通过国家补贴和所得税减免支持私人自愿养老金项目的选择。这些项目覆盖了40%的18岁以上人口。在医疗方面供给几乎完全私有化，但融资仍然是国家的主要责任。最后，在最近公共家庭政策已经明显扩大，包括育儿假与儿童保育供给。捷克的情况以及对中东欧国家的比较分析清楚地表明，在不同的社会政策领域中存在着各种各样的动力，这些动力加在一起足以说明社会政策的转变，但是，这些转变尚未导致新的政策均衡。

长期以来，日本并没有被纳入福利国家的比较分析中或作为一个独特的案例。在第6章，20世纪90年代末至21世纪初古德曼的各种社会政策改革的轨迹采用社会福利的"日本模式"作为参考。"日本模式"依赖相对较低的国家支出，资源聚集在教育和医疗方面的社会投资、高度依赖家庭以及企业和社区作为福利供给的方式。供应商已经受到"攻击"，各种社会经济挑战引发了一些显著的政策变化。在着眼于家庭政策和社会保健方面，古德曼令人信服地表明，国家已经扩大了一些方案，将儿童和老年人照料方面的责任从家庭转移到国家。在机构照料供给方面，国家一方面强调市场化原则，如竞争，而同时在机构接受政府补贴时要求透明度更高的问责机制。就业方案更明确地侧重于向有特殊需要的失业工人提供投资，而不是向公司提供维持就业的补贴。然而，与此同时国家继续通过各种凯恩斯主义宏观经济措施简单地稳定就业。在日本，政府对就业的做法植根于这样的设想，即就业机会继续被视为一项基本的权利。

根据对工作的关注，从来没有非常全面的工作计划被削减。公共养老金计划有一些缩减，包括福利的缩减和退休年龄的增加在数年内分阶段实施。被限制且不适用于穷人的医疗保健共同支付增加了。相应地，这些变化可以被描述为走向私有化的步骤，然而，在融资方面与其他领域的社会政策发展相反。因此，同所分析的其他福利国家的发展情况类似，我们目睹了一些动态变化，这些动态扰乱了以前的公私混合，但是，它们由于指向不同的方向，而不能轻易地归入一个概念或标题。

本书的第二部分，我们近距离地分析社会政策发展的横截面。在养老保险政策方面，我们可能在那些国家看到从公共系统转型的最深远变化，对私人供给几乎没有留下发展空间支持多支柱养老金制度的发展。在一个非常新颖和独特的计划中，布里德根和迈耶所假设的转移效果将会对未来退休人员产生影响，从福利体系的视角考虑，如六个国家（英国、德国、意大利、荷兰、波兰和瑞士）2050 年的退休者将属于补充的收入群体和职业阶层，这在第 1 章已经有所介绍。虽然它们表明，原则上私人养老金可以补充公共养老金，并提供确保社会融合的收入水平，但只有荷兰和瑞士的公共养老金和私人养老金制度结合起来才接近于满足福利制度的条件，其方式是为接近社会融合水平的各种群体提供收入。这两个国家在私人养老金计划中提供最大的公共供给和最完整的覆盖面。然而，即使在这些国家中公共养老金和私人养老金的角色可以被认为是唯一的相似之处，但功能并不等同。因为私人计划为劳动力市场的脱离提供了较弱的保护，这降低了再分配和不太确定的未来福利收益水平。布里德根和迈耶对于未来的这些安排有一点怀疑，因为它们已经承受了压力且经历了一定的紧缩。

在第 8 章，罗特冈等人研究了 OECD 国家的医疗保健体系，充分表明没有私有化的一维过程，因为平均公共支出占 GDP 的百分比的确在继续增长。然而，平均私人消费增长更快导致公共努力相对下降，可以计算 23 个 OECD 国家中平均公共支出占医疗保健支出的百分比。考虑到供给，它们确定了一个向私人供给的过程。然而更重要的是，他们所研究的三个国家在细节上应该更多地考虑管理，如英国、德国和美国。这三个国家已分别失去了它们以前的一些特点。总体而言，它们的诊断过程是针对混合的 NHS，通过在医疗的混合经

13 多样化与多维度的福利国家变迁

济中转变各种干预模式来驱动。

尽管克莱格在第9章中明确指出，自由化政策可以假定国家行动主义的增加，但这很可能不仅仅是在就业和失业政策方面。首先，克莱格提醒我们，在福利国家的黄金时代，针对失业风险的保险在很多情况下是通过国家影响下的社会合作者经营的自治体系来管理的。其次，他表明英国最主要的改革和丹麦的失业保险制度在很大程度上归功于治理失业津贴的杠杆状态。然而在比利时、法国和德国，变化较少，且难以实现，这些国家的社会合作者在治理体系上有更大的利益。因此，克莱格认为在治理中私人的参与和失业津贴的管理在向更多的市场支持和更强大的再商品化政策转变中起到"刹车"的功能。据他介绍，相对于其他保守主义福利国家，荷兰可以实施更深远的改革，因为在管理失业津贴的制度安排中可以重申国家的作用。

同样在工作能力丧失福利领域，荷兰和瑞典增加了对福利管理的参与，而牺牲了社会合作者的利益，正如肯普在第10章中指出的那样。上述两个国家以及若干其他OECD国家的许多改革的根本目标，是将工作能力丧失福利的重点和理念从补偿办法转移到使人民重新融入劳动力市场。肯普强调，工作能力丧失的概念在不同国家、不同时期都是不同的。尽管他指出，工业社会向后工业社会的过渡是工作能力丧失福利领取者全面增加的主要推动力，但成熟的福利国家不同程度地实施工作能力丧失计划。在OECD国家中，斯堪的纳维亚福利国家拥有最高的工作能力丧失福利受益率。在世界保守主义福利国家中荷兰脱颖而出，其受益率高于一些斯堪的纳维亚国家。在自由主义福利国家，英国具有相对较高的工作能力丧失福利受益率。在自由主义福利国家中，英国的工作能力丧失福利领取者比例相对较高。在这些国家中，享受工作能力丧失福利的工人和支出的百分比显著上升（在一些国家中相对于那些失业津贴其水平更高），随着总体焦点转向增加就业率，国家也开始改革并确实改变了工作能力丧失的政策。

虽然从20世纪80年代至90年代许多国家开始增加了失业补偿

216

251

支付的条件，但有些国家，至少在一段时间内，含蓄地或甚至明确地使用工作能力丧失福利来保护某些（易受伤害的）群体，从而"补偿"向"失业"工人提供福利方面减少的公共责任。有意思的是这个战略在英国，导致在北方一些前工业地区1/4的工人依赖工作能力丧失福利，而实际上在一些南方繁华的后工业区没有工人领取工作能力丧失福利（cf. Toynbee and Walker，2005，p. 68）。

正如本-格雷和甘布里斯在第11章的研究表明，英国新工党推动了政策，将原来私人领域的工作与生活平衡的政策转向政府干预的公共领域。随后，公共家庭政策与更广泛的工作与生活平衡政策确实明显地扩张了，现在更加契合欧洲其他国家的政策。但是，他们强调，这种办法在许多方面有性别之分，主要是因为它侧重于优先照顾母亲的就业，而没有相应地解决使父亲更多地参与家庭照料的问题。此外，他们还强调，结果仍然是由性别决定的，部分原因在于人们在政治讨论和职场实践中对成年员工的印象。这一章清楚地表明"公"与"私"的概念是社会构建性的。他们含蓄地指出，私营企业所扮演的角色对公共政策的成功至关重要（cf. Crompton, 2006）。

比较社会政策变迁

尽管所研究的国家和政策各不相同，各章也强调在公私混合方面社会政策改革的多重方向和范围，但可以看出一些相似之处。大多数国家在养老金政策方面增加了对私人供给和融资的依赖，或通过含蓄地减少福利，或明确地通过各种管理措施积极鼓励私人或职业年金计划，或通过扩大税收优惠。失业补偿的变化通常强化对激励和再商品化失业工人的措施，尽管在一些国家，这些政策被赋予灵活保障的概念。日本是唯一实行凯恩斯财政赤字战略以保持低失业率的国家。

13 多样化与多维度的福利国家变迁

　　与此同时，大多数国家通过增加公共财政和对儿童和老人提供一定服务的方式扩大公共责任，同时在公共服务供给方面鼓励市场竞争及更彻底的私人供给。虽然医疗保健服务的公共供给除冰岛、荷兰和日本之外在所有OECD国家都有所下降，但正如罗特冈等人在第8章所指出的，公共财政在许多国家增加了。本书通过对福利国家更细致的研究，发现英国和丹麦运用市场机制增加了私人供给，以及捷克几乎完全实行私人化的供给。相比之下，地中海国家已经建立了NHS，并随后增加公共资金用于医疗保健。从20世纪90年代末起，英国NHS同样经历了资金的显著增加。然而，应该指出的是，在比较富裕的OECD国家中医疗保健方面增加的经济资源消费大体上导致了在这些国家公共资金的相对减少和私人资金的增加（参见第8章）。最后，考虑到医疗保健的供给、工作与生活的平衡和家庭政策或者私人与职业年金，许多国家开始加强管理。同样，改变管理框架以提高灵活就业人员社会保障的可获得性经常被忽视，但是，分类的重要性越来越大。

　　虽然国家案例的研究与比较以及本书横截面的分析显著地证明在制度设计层面的差异继续存在，在某种意义上，国家社会政策方法的特殊性、福利国家甚至政体的重要性已经下降，在其他方面，我把这种现象称为"不同的趋同"过程（Seeleib-Kaiser，2001）。趋同的发现并不主要基于第1章提出的定量数据，而主要是通过比较后面几章关于融资、供给和管理方面的细致分析的结果。丹麦的分析结果最清楚地表明以国家为中心的社会民主党改革方式的全盛时期明显地改变了制度设计，现在包括更多的私人计划并利用市场机制。同样，英国似乎已经远离了经典版本的福利国家，向福利多元主义的混合方向发展。在地中海国家的研究中，我们见证了福利国家高度碎片化的合理化过程以及新的公共社会政策的扩张和出台，也许最不突出的是希腊，而在日本我们见证了通过增加财政资源和保健领域的更高责任标准来显著扩张公共干预。东欧和中欧国家已向自由主义或保守主义的福利国家模式发展。正如上文指出的，OECD国家的医疗保健政策正在经历趋同的过程，现在大多数国家依赖多支柱养老金制度，并已转向激活无工作人员。长期以来，英国的公共工作与生活和谐政策在欧盟内部一直处于落后地位，而这一政策的引入和扩大，使英国更接近于其他欧洲国家所奉行的政策。

从福利国家到福利体系：结果透视

根据第1章中介绍的福利制度的概念，对于是否以及在多大程度上增加某些部门的私人供给和融资确实能产生与公共制度类似的结果目前还没有定论。然而，在本书中应该强调的是并非所有的公共政策都能确保公平与公正的结果。至于提供服务，必须强调的是尽管在丹麦市场机制（在公共部门内部）和私人供给被越来越广泛地应用，但普遍主义和国家责任是不容置疑的。在英国NHS内，等待时间已经减少，部分原因是通过向NHS患者提供更多的私人服务（King's Fund，2007）。虽然南欧国家已经出现了一定程度公共服务的扩张，但家庭仍然是护理的主要提供者。而在同一时间，我们见证了"非正式私有化"服务计划的出现，即家庭继续协调照顾，但照顾本身通过大多数移民工作者提供。而在中欧和东欧国家，低质量的公共医疗服务体系导致同时建立通过个人自费提供资金支持的"非正式"或"私人"的服务体系。遗憾的是，数据限制不允许对这些发展进行量化。因此，尽管在制度层面取得一致，但我们看到各国在结果方面继续存在着重大差异。

如果我们把收入贫困看作是评估福利国家有效性的一项措施，那么差异将继续存在。总体来说，贫困风险在欧盟国家内一直保持比较稳定的态势，在过去十年中不同国家之间的差异非常小（参见表13-1）。[1]公私混合的转变对贫困风险的总体水平没有产生很大的影响，这似乎合情合理。

13 多样化与多维度的福利国家变迁

表13-1 社会转移后的贫困率风险* (百分比)

	1995年	1996年	1997年	1998年	1999年	2000年	2001年	2002年	2003年	2004年	2005年
欧盟（25国）	17(s)	:	:	15(s)	16(s)	16(s)	16(s)	:	15(s)	16(s)	16(s)
欧盟（25国）	:	16(s)	16(s)	15(s)	16(s)	15(s)	15(s)	:	15(s)	17(s)	16(s)
捷克	10	:	:	:	:	:	8	:	:	:	10(b)
丹麦	:	:	10	:	10	:	10	:	12(b)	11	12
爱沙尼亚	22	21	21	21	21	18	18	18	18	20(b)	18
希腊	19	18	20	18	19	20	20	:	21(b)	20	20
西班牙	20	20	19	18	18	18	19	19(b)	19	20(b)	20
意大利	:	:	:	:	:	16	19	:	:	19(b)	19(b)
拉脱维亚	:	:	:	:	:	17	17	:	:	:	21(b)
立陶宛	:	:	:	:	:	11	11	10	12	:	13(b)
匈牙利	:	:	:	:	:	16	16	:	:	:	21(b)
波兰	:	:	:	:	:	21	20	20(p)	19(p)	20(b)	19
葡萄牙	23	21	22	21	21	21	11	10	10	:	12(b)
斯洛文尼亚	:	:	:	:	:	11	11	10	10	:	12(b)
斯洛伐克	:	:	:	:	:	:	:	:	:	:	13(b)
英国	20	18	18	19	19	19(b)	18	18	18	:	18(b)

* 人均可支配收入低于贫困风险门槛的人所占比例，该门槛设定为国家平均可支配收入中位数的60%（社会收入转移后）。
(:) 无资料。
(s) 欧盟统计局估计。
(b) 序列数据。
(p) 初步估计。

资料来源：Eurostat; downloaded from http://epp.eurostat.ec.europa.eu/, 21 November, 2007.

然而，为了回答关于更多私人供给和融资分配影响的问题，在考虑具体的管理框架和治理结构的情况下，我们需要更细致地分析。在某些情况下，这些改变只会在将来的某个时候实现，尤其是在养老金领域。事实上布里德根和迈耶在第 7 章中强调，在许多国家公共养老金与私人养老金的结合将不足以防范年老所面临的风险——以这种方式为那些在 2050 年退休的人提供超过社会融合门槛的待遇水平。尽管在一些依赖自愿主义的国家，如英国，甚至低收入者也可以避免贫困，但是，根据布里德根和迈耶的分析，"在这个群体（低收入者）中谁在逃脱或谁不是主要的独断者的决定因素是：这是一个充满机会的偶然结果，而不是计划或者意向"。为了克服这些"意外的机会"，设计一个共同的框架来管理这些安排，为每一位雇主提供或多或少的职业年金，且每一位雇员报名参加职业年金，这是必要的。基本上这可以通过法律法规或集体谈判来实现，正如瑞士与荷兰的情况。然而，在多大程度上这种强制方式构成了真实的政治可能将取决于在议会中工会的权力资源和（或）拥有私人支持者或职业安排。

正如安德森所指出的，丹麦的养老金制度正在成为世界上最"私有化"的体系之一。然而，建立在给付确定型的基础上，经过公司员工的广泛覆盖和社会合作者的治理，"私人"劳动力市场养老金可以被定性为在功能上或多或少等同于国家养老金。有人可能会提出不同意见，尽管这些正式的私人养老金计划构成了一个很好的例子，如第 1 章在公共领域中什么被定义为私人社会政策。类似于瑞士和荷兰的例子，丹麦的情况表明越来越多依赖于私人安排的方式并不一定是确定公共责任减少的必要条件。对低收入退休者的公共社会政策安排与随后这些群体的低贫困率象征着丹麦这种持续的公共责任。服务领域确实已经外包，即丹麦的私人供给与市场化，但是一般的目的是提高而不是裁减服务。总体来看，丹麦的例子很好地说明国家可以保留包容性的福利制度，即使福利国家变迁的基本原则是福利国家采取更符合市场的行动，包括更高程度地依赖私人供给和融资。

最后，克拉克在第 12 章中指出比较福利国家的研究需要考虑更多的复杂结构或福利集合,并更注重具体的治理结构。本书的各章节旨在强调公私混合的变迁以及三种政策干预模式如融资、供给和管理中各种行为者之间的相互关系。尽管提供了多样化的第一见解与多维度的福利国家变迁,但更多系统和深入的数据需要收集和分析。尤其是关于私人供给和管理的分配效应方面可获得的数据仍然相当有限。最后,我们需要将治理结构和涉及的不同形式的问责制转移到我们研究的中心阶段,因为它们很可能将决定福利制度的包容性,而福利制度在更大程度上依赖于私人供给和融资。

【注释】

[1] 过去十年,除了葡萄牙出现4个百分点的显著下降以及波兰出现5个百分点的增长。

参考文献

Aarts, L.J.M., Burkhauser, R.V. and de Jong, P.R. (eds) (1996) *Curing the Dutch Disease: An International Perspective on Disability Policy Reform* (Aldershot: Avebury).

Aarts, L.J.M. and de Jong, P.R. (2003) 'The Dutch Disability Experience' In C. Prinz (ed.) *European Disability Pension Policies* (Aldershot: Ashgate), pp. 253–76.

Abbott, P. and Wallace, C. (1992) *Family and the New Right* (London: Pluto).

Adema, W. (2001) 'Net Social Expenditure. 2nd Edition', *OECD Labour Market and Social Policy Occasional Papers*, No. 52 (Paris: OECD).

Adema, W. and Ladaique, M. (2005) 'Net Social Expenditure. 2005 Edition. More Comprehensive Measures of Social Support', *OECD Social, Employment and Migration Working Papers*, No. 29 (Paris: OECD).

Adão e Silva, P. (2003) 'Putting the Portuguese Welfare System in Context' In F. Monteiro, J. Tavares, M. Glatzer and A. Cardoso (eds) *Portugal: Strategic Options in a European Context* (Boston, MA: Lexington Books).

Aidukaite, J. (2004) *The Emergence of the Post-Socialist Welfare State* (Stockholm: Södertörns Högskola).

AIHW (various issues) *Australia's Health* (Canberra: Australian Institute of Health and Welfare).

Alber, J. (1992) *Das Gesundheitswesen der Bundesrepublik Deutschland. Entwicklung, Struktur und Funktionsweise* (Frankfurt a. M.: Campus).

Alber, J. (2003) 'Health, Care, and Access to Services', First Draft of a Report. (Berlin: Wissenschaftszentrum für Sozialforschung).

Alcock, P., Beatty, C., Fothergill, S., Macmillan, R. and Yeandle, S. (2003) *Work to Welfare: How Men Become Detached from the Labour Market* (Cambridge: Cambridge University Press).

Aldred, R. (2007) *Governing 'local health economies': The case of NHS Local Improvement Finance Trust (LIFT)*. PhD thesis (London: Goldmsiths College, University of London).

Andersen, J.G. (1993) *Politik og samfund i forandring* (Copenhagen: Columbus).

Andersen, J.G. (1996) 'Marginalisation, Citizenship and the Economy: The Capacity of the Universalist Welfare State in Denmark' In E.O. Eriksen and J. Loftager (eds), *The Rationality of the Welfare State* (Oslo: Scandinavian University Press), pp.155–202.

Andersen, J.G. (1997) 'Beyond Retrenchment: Welfare Policies in Denmark in the 1990s', Paper prepared for the ECPR Round Table on 'The Survival of the Welfare State'. Bergen, Sept.18–21, 1997. *Working Paper* (Aalborg: Department of Economics, Politics and Public Administration, Aalborg University).

Andersen, J.G. (2000) 'Welfare Crisis and Beyond' In S. Kuhnle (ed.), *Survival of the European Welfare State* (London: Routledge), pp. 69–87.

Andersen, J.G. (2002a) 'Work and Citizenship: Unemployment and Unemployment Policies in Denmark, 1980–2000' In J.G. Andersen and P.H. Jensen (eds), *Changing Labour Markets, Welfare Policies and Citizenship* (Bristol: Policy Press), pp. 59–84.

Andersen, J.G. (2002b) 'Denmark: From the Edge of the Abyss to a Sustainable Welfare State' In J.G. Andersen, J. Clasen, W. van Oorschot and K. Halvorsen, *Europe's New State of Welfare. Unemployment, Employment Policies and Citizenship* (Bristol: Policy Press), pp. 143–62.

Andersen, J.G. (2002c) 'De-standardisation of the Life Course in the Context of a Scandinavian Welfare Model: The Case of Denmark', Paper Presented at the

International Seminar: Recomposing the Stages in the Life Course. Paris, Maison des Sciences de l'Homme, 5–6 June, 2002.

Andersen, J.G. (2002d) 'Velfærd uden skatter. Det danske velfærdsmirakel i 1990'erne', *Politica*, 34(1), 5–23.

Andersen, J.G. (2003) 'Farligt farvand: Vælgernes holdninger til velfærdspolitik og skatter' In J.G. Andersen and O. Borre (eds), *Politisk forandring. Værdipolitik og nye skillelinjer ved folketingsvalget 2001* (Aarhus: Systime), pp. 293–314.

Andersen, J.G. (2004) 'Pensionsbomber og pensionsreformer. Danmark som rollemodel', *Social Kritik*, 94, 24–45.

Andersen, J.G. (2005) 'Ambiguity of Welfare State Change. Discourse, Institutions, Output and Outcomes', Paper prepared for ESPAnet Conference, Fribourg, 22–24 Sept., 2005.

Andersen, J.G. (2007a). 'Conceptualizing Welfare State Change', Paper prepared for the ECPR Conference, Pisa, 6–8 Sept., 2007.

Andersen, J.G. (2007b) 'Public Support for the Danish Welfare State. Interests and Values, Institutions and Performance' In E. Albæk, L. Eliason, A.S. Nørgaard and H. Schwartz (eds), *Crisis, Miracles and Beyond: Negotiated Adaptation of the Danish Welfare State* (Aarhus: Aarhus University Press).

Andersen, J.G. (2007c) *Ældrepolitikken og velfærdsstatens økonomiske udfordringer. Tilbagetrækning, pension og ældreservice i Danmark*. CCWS Working Paper No. 47.

Andersen, J.G. (2007d) 'Restricting Access to Social Protection for Immigrants in the Danish Welfare State', *Benefits*, 15(3), 257–70.

Andersen, J.G. and Borre, O. (eds) (2003) *Politisk forandring. Værdipolitik og nye skillelinjer ved folketingsvalget 2001* (Aarhus: Systime).

Andersen, J.G. and Christiansen, P.M. (1991) *Skatter uden velfærd* (Copenhagen: DJØF Forlag).

Andersen, J.G. and Hoff, J. (2001) *Democracy and Citizenship in Scandinavia* (Basingstoke: Palgrave).

Andersen, J.G. and Johansen, B.H. (2006) 'Welfare Regimes and De-standardisation of the Life Course: The Case of Denmark'. Paper presented at international conference on *Welfare State Change: Conceptualisation, Measurement and Interpretation*, St. Restrup, Denmark, 13–15 January, 2006.

Andersen, J.G. and Kongshøj, K. (2007) 'Privatisation of Social Risk: From State Financing to Member Financing of Unemployment Benefits in Denmark and Sweden', CCWS Working Paper (in press).

Andersen, J.G. and Larsen, C.A. (2002) 'Pension Politics and Policy in Denmark and Sweden: Path Dependencies, Policy Style, and Political Outcome'. Paper Presented at XV World Congress of Sociology, Brisbane, 7–13 July, 2002.

Andersen, J.G. and Pedersen, J.J. (2007) 'Continuity and Change in Danish Active Labour Market Policy: 1990–2006. The Battlefield between Activation and Workfare', CCWS Working Paper.

Andersen, J.G. and Rossteutscher, S. (2007) 'Small-scale Democracy. Citizen Power in the Domains of Everyday Life' In J.W. van Deth, J.R. Montero and A. Westholm (eds), *Citizenship and Involvement in European Democracies: A Comparative Analysis* (London: Routledge), pp. 221–54.

Andersen, J.G., Halvorsen, K. and Ervasti, H. (eds) (2007) Unemployment and Citizenship in the Nordic Countries. Unpublished book manuscript.

Anderson, K.M. (2004) 'Pension Politics in Three Small States: Denmark, Sweden and the Netherlands', *Canadian Journal of Sociology*, 29(2), 289–312.

Anderson, K.M. (2007) 'The Netherlands: Political Competition in Proportional System' In K. Anderson, E. Immergut and I. Schulze (eds), *The Handbook of West European Pension Politics* (Oxford: Oxford University Press), pp. 713–57.

Anessi-Pessina, E., Cantu, E. and Jommi, C. (2004) 'Phasing Out Market Mechanisms in the Italian National Health System', *Public Money & Management*, 24(5), 309–16.

Arber, S. (1989) 'Class and the Elderly', *Social Studies Review*, 4(3), 90–5.

Ascoli, U. and Ranci, C. (2002) *Dilemmas of the Welfare Mix. The New Structure of Welfare in an Era of Privatization* (New York: Kluwer).

Association of British Insurers (2004) *European Pension Reform and Private Pensions* (London: ABI).

Association of Greek Insurance Companies (2006) *Private Insurance in Greece. 2005 Report.* (AGIC: Athens) (in Greek).

Atkinson, A.B., Cantillon, B., Marlier, E. and Nolan, B. (2005) *Taking Forward the EU Social Inclusion Process. An Independent Report commissioned by the Luxemburg Presidency of the Council of the European Union.* (Luxembourg. Available at: http://www.ceps.lu/eu2005_lu/report/final_report.pdf).

Autor, D.H. and Duggan, M.G. (2003) 'The Rise in the Disability Rolls and the Decline in Unemployment', *Quarterly Journal of Economics*, 118(1), 157–205.

Baggott, R. (2004) *Health and Health Care in Britain* (Basingstroke: Palgrave Macmillan).

Baldwin, P. (1990) *The Politics of Social Solidarity. Class Bases of the European Welfare State 1875–1975* (Cambridge: Cambridge University Press).

Bannink, D. and de Vroom, B. (2007) 'The Dutch Pension System and Social Inclusion' In T. Meyer, P. Bridgen and B. Riedmüller (eds), *Private Pensions versus Social Inclusion? Non-state Provision for Citizens at Risk in Europe* (Cheltenham, UK and Northampton, US: Edward Elgar).

Barbier, J.-C. (2004) 'Systems of Social Protection in Europe: Two Contrasted Paths to Activation, and Maybe a Third' In J. Lind, H. Knudsen and H. Jørgensen (eds), *Labour and Employment Regulation in Europe* (Brussels: Peter Lang), pp. 233–54.

Barbier, J.-C. and Ludwig-Mayerhofer W. (2004) 'Introduction: The Many Worlds of Activation', *European Societies*, 6(4), 423–36.

Barr, N. (1998) *The Economics of the Welfare State,* 3rd edition (Oxford: Oxford University Press).

Barr, N. (2001) *The Welfare State as Piggy Bank. Information, Risk, Uncertainty, and the Role of the State* (Oxford: Oxford University Press).

Beatty, C. and Fothergill, S. (1996) 'Labour Market Adjustment in Areas of Chronic Industrial Decline: the Case of the UK Coalfields', *Regional Studies*, 34(7), 627–40.

Ben-Ari, E. (1991) *Changing Japanese Suburbia: A Study of Two Present-Day Localities* (London: Kegan Paul International).

Benio, M. and Ratajczak-Tuchołka, J. (2007) 'The Polish Pension System and Social Inclusion' In T. Meyer, P. Bridgen and B. Riedmüller (eds), *Private Pensions versus Social Inclusion? Non-state Provision for Citizens at Risk in Europe* (Cheltenham, UK and Northampton, US: Edward Elgar).

Bentzon, K.-H. (ed.) (1988) *Fra vækst til omstilling – moderniseringen af den offentlige sektor* (Copenhagen: Nyt fra Samfundsvidenskaberne).

Bertozzi, F. and Bonoli, G. (2007) 'The Swiss Pension System and Social Inclusion' In T. Meyer, P. Bridgen and B. Riedmüller (eds), *Private Pensions versus Social Inclusion? Non-state Provision for Citizens at Risk in Europe* (Cheltenham, UK and Northampton, US: Edward Elgar).

Bestor, V.L. (2002) 'Toward a Cultural Biography of Civil Society in Japan' In R. Goodman (ed.), *Family and Social Policy in Japan: Anthropological Approaches* (Cambridge: Cambridge University Press).

Bettio, F., Simonazzi, A. and Villa, P. (2006) 'Change in Care Regimes and Female Migration: the "Care Drain" in the Mediterranean', *Journal of European Social Policy*, 16(3), 271–85.

Bifulco, L. and Vitale, T. (2006) 'Contracting for Welfare Services in Italy', *Journal of Social Policy*, 35(3), 495–513.

Bleses, P. and Seeleib-Kaiser, M. (2004) *The Dual Transformation of the German Welfare State* (Basingstoke and New York: Palgrave Macmillan).

Bloch, F. S. and Prins, R. (eds) (2001) *Who Returns to Work and Why? A Six-country Study on Work Incapacity and Reintegration* (Somerset, US: Transaction Publishers).

Blomqvist, P. (2004) 'The Choice Revolution: Privatization of Swedish Welfare Services in the 1990s', *Social Policy & Administration*, 38(2), 139–55.

Blomqvist, P. and Rothstein, B. (2000) *Välfärdsstaten nya ansikte. Demokrati och marknadsreformer inom den offentliga sektorn* (Stockholm: Agora).

Böckerman, P. and Uusitalo, R. (2006) 'Erosion of the Ghent System and Union Membership Decline: Lessons from Finland', *British Journal of Industrial Relations*, 44(2), 283–303.

Bode, I. (2006) 'Disorganized Welfare Mixes: Voluntary Agencies and New Governance Regimes in Western Europe', *Journal of European Social Policy*, 16(4), 346–59.

Bode, I. (2005) 'Einbettung und Kontingenz. Wohlfahrtsmärkte und ihre Effekte im Spiegel der neueren Wirtschaftssoziologie', *Zeitschrift fur Soziologie*, 34, 250–269.

Boekraad, B. (1998) 'Un modèle de polder en pleine evolution: histoire recente et reorganisation de la sécurité sociale aux Pays-bas', *Revue Belge de Sécurité Sociale*, 40(4), 723–67.

Bolanowski, W. (2007) 'Organizational Attachment of Interns in Poland to Healthcare System', *International Journal of Occupational Medicine and Environmental Health*, 20(3), 281–5.

Bolderson, H. (1986) 'The State at One Remove: Examples of Agency Arrangements and Regulatory Powers in Social Policy', *Policy and Politics*, 13(1), 17–36.

Boling, P. (1998) 'Family Policy in Japan', *Journal of Social Policy*, 27(2), 173–90.

Bonoli, G. (2003) 'Two Worlds of Pension Reform in Western Europe', *Comparative Politics*, 35(4), 399–416.

Bonoli, G. (2006) 'New Social Risks and the Politics of Post-industrial Social Policies' In K. Armingeon and G. Bonoli (eds), *The Politics of Post-Industrial Welfare States* (London: Routledge).

Bonoli, G. and Palier, B. (1998) 'Changing the Politics of Social Programmes: Innovative Change in British and French Welfare Reforms', *Journal of European Social Policy*, 8(4), 317–30.

Borchorst, A. (2006) 'The Public–Private Split Rearticulated: Abolishment of the Danish Daddy Leave' In A.L. Ellingsaeter and A. Leira (eds), *Politicising Parenthood in Scandinavia: Gender Relations in Welfare States* (Bristol: Policy Press), pp. 101–20.

Borghi, V. and van Berkel, R. (2007) 'New Modes of Governance in Italy and the Netherlands: the Case of Activation Policies', *Public Administration*, 85(1), 83–101.

Bound, J. and Burkhauser, R.V. (1999) 'Economic Analysis of Transfer Programs Targeted on People with Disabilities' In O. Ashenfelter and D. Card (eds), *Handbook of Labor Economics*. Volume 3C (Amsterdam: Elsevier).

Brady, D., Beckfield, J. and Seeleib-Kaiser, M. (2005) 'Economic Globalization and the Welfare State in Affluent Democracies, 1975–2001', *American Sociological Review*, 70, 921–48.

Brandth, B. and Kvande, E. (2001) 'Flexible Work and Flexible Fathers', *Work, Employment and Society*, 15(2), 251–67.

Brandth, B. and Kvande, E. (2002) 'Reflexive Fathers: Negotiating Parental Leave and Working Life', *Gender, Work and Organization*, 9(2), 186–203.

Brannen, J. and Moss, P. (1998) 'The Polarisations and Intensifications of Parental Employment: Consequences for Children, Families and the Community', *Community, Work and Family*, 1(3), 229–47.

Bratberg, E., Dahld, S.-A. and Risa, A.E. (2002) 'The Double Burden: Do Combinations of Career and Family Obligations Increase Sickness Absence among Women?', *European Sociological Review*, 18, 233–49.

Bredgaard, T., Larsen, F. and Møller, L.R. (2005) 'Contracting out the Public Employment Service in Denmark: A Quasi-market Analysis' In T. Bredgaard and F. Larsen (eds), *Employment Policy from Different Angles* (Copenhagen: DJØF Forlag), pp. 211–33.

Bredgaard, T. and Larsen, F. (2006) *Udliciteringen af beskæftigelsespolitikken — Australien, Holland og Danmark* (Copenhagen: DJØF Forlag).

Bredgaard, T. and Larsen, F. (2007) 'Implementing Public Employment Policy: What Happens when Non-public Agencies Take Over?' *International Journal of Sociology and Social Policy*, 27(7/8), 287–300.

Bridgen, P. and Meyer, T. (2007a) 'The British Pension System and Social Inclusion' In T. Meyer, P. Bridgen and B. Riedmüller (eds), *Private Pensions versus Social Inclusion? Non-state Provision for Citizens at Risk in Europe* (Cheltenham, UK and Northampton, US: Edward Elgar).

Bridgen, P. and Meyer, T. (2007b) 'Private Pensions versus Social Inclusion? Three Patterns of Provision and their Impact on Citizens at Risk' In T. Meyer, P. Bridgen and B. Riedmüller (eds), *Private Pensions versus Social Inclusion? Non-state Provision for Citizens at Risk in Europe* (Cheltenham, UK and Northampton, US: Edward Elgar).

Bruckenberger, E., Klaue, S. and Schwintowski H.-P. (2006) *Krankenhausmärkte zwischen Regulierung und Wettbewerb* (Berlin: Springer-Verlag).

Brunsdon, E. and May, M. (2007) 'Occupational Welfare' In M. Powell (ed.), *Understanding the Mixed Economy of Welfare* (Bristol: Policy Press), pp. 149–76.

Brunsson, N. and Olsen, J.P. (1993) *The Reforming Organization* (London: Routledge).

Bundesen, P. and Henriksen, L.S. (2001) *Filantropi, selvhjælp og interesseorganisering: Frivillige organisationer i dansk socialpolitik 1849–1990'erne* (Odense: Odense Universitetsforlag).

Bundesamt für Statistik (2001) *Rechtlich-wirtschaftlicher Status der Betriebe. Statistik der stationären Betriebe des Gesundheitswesens* (Neuchâtel: Bundesamt für Statistik der Schweiz).

Bundesministerium für Arbeit und Soziales (2007) 'Rente – Zusätzliche Altersvorsorge – Staatliche Förderung der betrieblichen Altersversorgung', http://www.bmas.bund.de/BMAS/Navigation/Rente/Zusaetzliche-Altersvorsorge/Betriebliche-Altersvorsorge/staatliche-foerderung.html; accessed 4 April 2007.

Bundesministerium für Wirtschaft und Arbeit (2007) 'Tarifvertragliche Arbeitsbedingungen im Jahr 2004', http://www.bmas.bund.de/BMAS/Redaktion/Pdf/tarifvertragliche-arbeitsbedingungen-2004; accessed 4 April 2007.

Burchardt, T. (1997) 'Boundaries between Public and Private Welfare: A Typology and Map of Services', *CASEpaper* 2, (London: LSE).

Burchardt, T. and Hills, J. (1999) 'Public Expenditure and the Public/Private Mix' In M. Powell (ed.), *New Labour, New Welfare State?* (Bristol: Policy Press), pp. 29–49.

Burke, T.F. (1997) 'On the Rights Track: The Americans with Disabilities Act' In P.S. Nivola (ed.), *Comparative Disadvantages? Social Regulations and the Global Economy* (Washington, D.C.: Brookings Institution), pp. 242–318.

Burkhauser, R.V. and Daly, M.C. (2002) 'Policy Watch: U.S. Disability Policy in a Changing Environment', *Journal of Economic Perspectives*, 16(1), 213–24.

Cabiedes, L. and Guillén, A. (2001) 'Adopting and Adapting Managed Competition: Health Care Reform in Southern Europe', *Social Science & Medicine*, 52, 1205–17.

Cacace, M. (2007) 'The Changing Public/Private Mix in the American Health Care System', *TranState Working Paper*, No. 58, (Bremen: TranState Research Center).

Cacace, M. (forthcoming) 'The Coexistence of Market and Hierarchy in the US Healthcare System' In H. Rothgang, M. Cacace, S. Grimmeisen, U. Helmert and C. Wendt *The Changing Role of the State in OECD Health Care Systems. From Heterogeneity to Homogeneity?* (Basingstoke: Palgrave Macmillan).

Campbell, J.C. (2002) 'Japanese Social Policy in Comparative Perspective', *World Bank Institute Working Papers*.

Campbell, J.C. and Ikegami, N. (2003) 'Japan's Radical Reform of Long-Term Care', *Social Policy and Administration*, 37(1), 21–34.

CANSTAT (2004) *Statistical Bulletin 2003/4* (Praha: Český statistický úřad).

Capano, G. (2003) 'Administrative Traditions and Policy Change: When Policy Paradigms Matter. The Case of Italian Administrative Reform during the 1990s', *Public Administration*, 81(4), 781–801.

Carcillo, S. and Grubb, D. (2006) 'From Inactivity to Work: The Role of Active Labour Market Policies', *OECD Social, Employment and Migration Working Papers*, No. 36 (Paris: OECD).

Carvel, J. (2006) 'Fathers fail to make full use of paternity leave, survey finds' *The Guardian*, 1.8.06, www.guardian.co.uk.

Castel, R. (1995) *Les métamorphoses de la question sociale: une chronique du salariat* (Paris: Fayard).

Castellino, O. and Fornero, E. (2000) 'Il TFR: una coperta troppo stretta', *Rivista di Politica Economica*, 90(9).

Castells, M. and Himenan, P. (2002) *The Information Society and the Welfare State: The Finnish Model* (Oxford: Oxford University Press).

Castles, F. (2004) *The Future of the Welfare State* (Oxford: Oxford University Press).

Castles, F.G. and Obinger, H. (2006) 'Towards More Comprehensive Measures of Social Support: Adding in the Impact of Taxes and Private Spending or Netting Out the Impact of Politics on Redistribution?', *ZeS-Arbeitspapier*, Nr. 04/2006 (Bremen: Centre for Social Policy Research, University of Bremen).

Cavounidis, J. (2006) 'Migration and Policy Trends' In M. Petmesidou and E. Mossialos (eds), *Social Policy Developments in Greece* (Aldershot: Ashgate).

CBI (2006) *CBI Submission to the Department of Work and Pensions. Responding to the Pensions Commission Final Report* (London: Confederation of British Industry).

Cerami, A. (2005) Social Policy in Central and Eastern Europe. Emergence of a New European Model of Solidarity?. PhD Dissertation, (Erfurt: Universität Erfurt).

CES, Consejo Económico y social, 1994–2006, yearly publication: *España 1993–2005. Economía, trabajo y sociedad. Memoria sobre la situación socioeconómica y laboral.* (Madrid: CES).

CES (May 2005) 'Una década de Empresas de Trabajo Temporal', *Observatorio de Relaciones Industriales*, no. 81 (Madrid: Consejo Económico y Social).

CES (June–July 2006) 'Acuerdo para la mejor del crecimiento y del empleo', *Observatorio de Relaciones Industriales*, No. 92 (Madrid: Consejo Económico y Social).

CES (2006) 'Acuerdo sobre medidas en materia de Seguridad Social', *Observatorio de Relaciones Industriales*, no. 93, August–September (Madrid: Consejo Económico y Social).

Chatterjee, P. (2003) *The Politics of the Governed* (New York: Columbia University Press).

Chorney, H. (1996) 'Debits, Deficits and Full Employment' In R. Boyer and D. Drache (eds) *States Against Markets – The Limits of Globalization* (London and New York: Routledge), pp. 357–79.

Christensen, J.G. (1991) *Den usynlige stat* (Copenhagen: Gyldendal).

Christensen, A.M. (2007) '300 timers reglen – hvordan virker den? Effekter af stærke økonomiske incitamenter på de ledige – og på systemet', CCWS Working Paper no. 52, 2007.

Christiansen, P.M. (1998) 'A Prescription Rejected: Market Solutions to Problems of Public Sector Governance', *Governance*, 11(2), 179–202.

Chulià, E. (2006) 'Spain: Incremental Changes in the Public Pension System and Reinforcement of Supplementary Private Pensions' In K.M. Anderson, E. Immergut and I. Schulze (eds), *Oxford Handbook of West European Pension Policies* (Oxford: Oxford University Press).

Clark, G. (2003a) *European Pensions and Global Finance* (Oxford: Oxford University Press).

Clark, G. (2003b) 'Twenty-first Century Pension (In-)security' In G. Clark and N. Whiteside (eds), *Pension Security in the 21st Century* (Oxford: Oxford University Press), pp. 225–49.

Clark, G. (2006) 'The UK Occupational Pension System in Crisis' In H. Pemberton, P. Thane and N. Whiteside (eds), *Britain's Pension Crisis: History and Policy* (Oxford: Oxford University Press), pp. 145–68.

Clark, G., Munnell, A. and Orszag, M. (2007) 'Pensions and Retirement Income in a Global Environment' In G. Clark, A. Munnell and M. Orszag (eds), *The Oxford Handbook of Pensions and Retirement Income* (Oxford: Oxford University Press), pp. 10–28.

Clarke, J. (2004) *Changing Welfare, Changing States: New Directions in Social Policy* (London: Sage).

Clarke, J. (2005) 'Welfare States as Nation States: Some Conceptual Reflections', *Social Policy and Society*, 4(4), 407–15.

Clarke, J. (2006) 'Disorganizzare Il Publicco?', *La Rivista delle Politiche Sociali*, no. 2 (April–June).

Clarke, J. (forthcoming a) 'Introduction: Governing the Social', *Cultural Studies* (special issue on Governing the Social).

Clarke, J. (forthcoming b) 'Governance Puzzles' In L. Budd and L. Harris (eds), *eGovernance: Managing or Governing?* (London: Routledge).

Clarke, J. and Fink, J. (forthcoming) 'Unsettled Attachments: National Identity, Citizenship and Welfare' In M. Opielka, B. Pfau-Effinger and W. van Oorschot (eds), *Culture and Welfare State* (Cheltenham: Edward Elgar).

Clarke, J. and Newman, J. (2004) 'Governing in the Modern World?' In D.L. Steinberg and R. Johnson (eds), *Blairism and the War of Persuasion: Labour's Passive Revolution* (London: Lawrence and Wishart), 53–65.

Clarke, J., Newman, J., Smith, N., Vidler, E. and Westmarland, L. (2007) *Creating Citizen-Consumers: Changing Publics and Changing Public Services* (London: Sage).

Clasen, J. (2001) 'Social Insurance and the Contributory Principle: a Paradox in Contemporary British Social Policy', *Social Policy and Administration*, 35(6), 641–57.

Clasen, J. (2004) 'From Unemployment to Worklessness; The Transformation of British Unemployment Policy', Unpublished manuscript.

Clasen, J. (2005) *Reforming European Welfare States: Germany and the United Kingdom Compared* (Oxford: Oxford University Press).

Clasen, J. and Clegg, D. (2006) 'Beyond Activation: Reforming European Unemployment Protection Systems in Post-industrial Labour Markets', *European Societies*, 8(4), 527–53.

Clasen, J. and Siegel, N. (2007) *Exploring the Dynamics of Reform. The Dependent Variable Problem in Comparative Welfare State Analysis* (Cheltenham: Edward Elgar).

Clasen, J., Duncan, G., Eardley, T., Evans, M., Ughetto, P., van Oorschot, W. and Wright, S. (2001) 'Towards "Single Gateways"? A Cross-national Review of the Changing Roles of Employment Offices in Seven Countries', *Zeitschrift für ausländisches und internationales Sozialrecht*, 15(1), 43–63.

Clayton, R. and Pontusson, J. (1998) 'Welfare-State Retrenchment Revisited: Entitlement Cuts, Public Sector Restructuring, and Inegalitarian Trends in Advanced Capitalist Societies', *World Politics*, 51(1), 67–98.

Clegg, D. (2007) 'Continental Drift: On Unemployment Policy Change in Bismarckian Welfare States', *Social Policy and Administration*, 41(6), 597–617.

Cochrane, A. (2006) *Understanding Urban Policy* (Oxford: Blackwell).

Colombo, F. and Tapay, N. (2004) *Private Health Insurance in OECD Countries: The Benefits and Costs for Individuals and Health Systems* (Paris: OECD).

Coote, A., Harman, H. and Hewitt, P. (1990) *The Family Way: A New Approach to Policy Making* (London, IPPR).

Coughlin, R. (1980) *Ideology, Public Opinion and Welfare Policy: Attitudes Towards Taxes and Spending in Industrialised Countries* (Berkeley: University of California Press).

Crompton, R. (2006) *Employment and the Family. The Reconfiguration of Work and Family Life in Contemporary Societies* (Cambridge: Cambridge University Press).

Crompton, R., Lewis, S. and Lyonette, C. (2007) *Women, Men, Work and Family in Europe* (Basingstoke: Palgrave Macmillan).

Cutler, T. and Waine, B. (2001) 'Social Insecurity and the Retreat from Social Democracy: Occupational Welfare in the Long Boom and Financialisation', *Review of International Political Economy*, 18(1), 96–118.

Dahlberg, L. (2005) 'Interaction between Voluntary and Statutory Social Service Provision in Sweden: A Matter of Welfare Pluralism, Substitution or Complementarity?', *Social Policy & Administration*, 39(7), 740–63.

Daly, M. (2000) *The Gender Division of Welfare* (Cambridge: Cambridge University Press).

Daly M. and Rake K. (2003) *Gender and the Welfare State: Care, Work and Welfare in Europe and the USA* (Cambridge: Polity Press).

Daniel, C. (2001) 'Les politiques sociales françaises face au chômage' In C. Daniel and B. Palier (eds), *La protection sociale en Europe: le temps des réformes* (Paris: La Documentation Française), pp. 141–9.

Daniel C. and Tuchszirer C. (1999) *L'État face aux chômeurs. L'indemnisation du chômage de 1884 à nos jours* (Paris: Flammarion).

Davaki, K. and Mossialos, E. (2006) 'Financing and Delivering Health Care' In M. Petmesidou and E. Mossialos (eds), *Social Policy Developments in Greece* (Aldershot: Ashgate).

Day Sclater, S., Bainham, A. and Richards, M. (1999) 'Introduction' In A. Bainham, S. Day Sclater and M. Richards (eds), *What is a Parent? A Socio-Legal Analysis* (Oxford: Hart Publishing), pp. 1–22.
Deacon, B. (1993) 'Developments in East European Social Policy' In C. Jones (ed.), *New Perspectives on the Welfare State in Europe* (London and New York: Routledge), pp. 177–97.
De Jong, P.R. (2003) 'Disability and Disability Insurance' In C. Prinz (ed.) *European Disability Pension Policies* (Aldershot: Ashgate), pp. 77–106.
De Lathouwer, L. (2004) 'Reforming Policies and Institutions in Unemployment Protection in Belgium', Unpublished manuscript.
Department of Health (2006) 'Expenditure on In-patient and Out-patient Services by NHS Organisations in England', e-mail correspondence, 13 October.
De Swaan, A. (1988) *In Care of the State: Health Care, Education and Welfare in Europe and the USA in the Modern Era* (Cambridge: Polity).
De Vos, E.L. (2006) 'New Initiatives to Privatise Social Security in the Netherlands' In H. Emanuel (ed.), *Ageing and the Labour Market: Issues and Solutions* (Antwerp: Intersentia).
DfES (2000) *Creating a Work–Life Balance: A Good Practice Guide for Employers* (DfES: London).
DH (1988) *Community Care: An Agenda for Action*. Griffiths Two (London: HMSO).
DH (2000) *The NHS Plan* (London: HMSO).
DHSS (1981) *Growing Older* (London: HMSO).
Djelic, M.-L. and Sahlin-Andersson, K. (eds) (2006) *Transnational Governance: Institutional Dynamics of Regulation* (Cambridge: Cambridge University Press).
DoE (1987) *Housing: The Government's Proposals* (London: HMSO), Cm 214.
Döhler, M. and Manow-Borgwardt, P. (1992) 'Korporatisierung als gesundheitspolitische Strategie', *Staatswissenschaften und Staatspraxis*, 3, 64–106.
Drakeford, M. (2000) *Privatisation and Social Policy* (Harlow: Pearson).
DSS (1998) *New Ambitions for Our Country* (London: HMSO).
DTI (2004) *What is Work–Life Balance?*, DTI, www.dti.gov.uk (accessed March 2005).
Dufour, P., Boismenu, G. and Noel, A. (2003) *L'aide au conditionnel: La contrepartie dans les mesures envers les personnes sans emploi en Europe et en Amérique du Nord* (Brussels: P.I.E.-Peter Lang).
Duncan, S., Edwards, R., et al. (2003) 'Motherhood, Paid Work and Partnering', *Work, Employment and Society*, 17(2), 309–30.
DWP (2004) *Income Related Benefits Estimates of Take-up in 2000/2001* (London: Department for Work and Pensions).
DWP (2006) *A New Deal for Welfare: Empowering People to Work* (London: The Stationery Office).
DWP (2008) 'Job Seekers' Allowance Claimants: Time Series by Type of JSA', http://83.244.183.180/5pc/jsa_prim/ccdate/ccstatu/a_stock_r_ccdate_c_ccstatu.html, consulted 30 April 2008.
Ebbinghaus, B. (2006) *Reforming Early Retirement in Europe, Japan and the USA* (Oxford: Oxford University Press).
Eichorst, W. (2007) 'The Gradual Transformation of Continental European Labour Markets: France and Germany Compared', *IZA Working Paper*, No. 2675.
Ejersbo, N. and Greve, C. (2005) 'Public Management Policymaking in Denmark, 1983–2005'. Paper for IIM/LSE Workshop on Theory and Methods for Studying Organizational Processes: Institutional, Narrative and Related Approaches, LSE 17–18 Feb. 2005.

Ellison, N. (2006) *The Transformation of Welfare States?* (London: Routledge).
Elmeskov, J. and MacFarland, M. (1993) 'Unemployment Persistence', *OECD Economic Studies*, 21, (Paris: OECD), pp. 59–88.
Employment and Social Affairs (2006) *Equality between Women and Men in the European Union 2006* (Luxembourg: Office for Official Publications of the European Communities).
Equal Opportunities Commission (2003) 'Fathers: Balancing Work and Family' Research findings (Manchester, Equal Opportunities Commission: 7).
Equalities Review (2007) *Fairness and Freedom: The Final Report of the Equalities Review* (London: HMSO).
Esping-Andersen, G. (1990) *The Three Worlds of Welfare Capitalism* (Cambridge: Polity Press).
Esping-Andersen, G. (ed.) (1996a) *Welfare States in Transition: National Adaptations in Global Economics* (London: Sage).
Esping-Andersen, G. (1996b) 'After the Golden Age? Welfare State Dilemmas in a Global Economy' In G. Esping-Andersen (ed.), *Welfare States in Transition. National Adaptations in Global Economies* (London: Sage), pp. 1–31.
Esping-Andersen, G. (1997) 'Hybrid or Unique? The Japanese Welfare State between America and Europe', *Journal of European Social Policy*, 7(3), 179–89.
Esping-Andersen, G. (1999) *Social Foundations of Postindustrial Economies*. (Oxford: Oxford University Press).
Esping-Andersen, G., Gallie, D., Hemerijck, A. and Myles, J. (2002) *Why We Need a New Welfare State* (Oxford: Oxford University Press).
Etzioni, A. (1993) *The Spirit of Community. Rights, Responsibilities, and the Communitarian Agenda* (New York: Crown Publishers).
European Central Bank (2004) *Statistics Pocket Book* (Frankfurt/M.: European Central Bank), December 2004, http://ecb.eu/pub/pdf/stapobo/spb200412en.pdf.
European Commission (2005) *Reconciliation of Work and Private Life. A Comparative Review of Thirty European Countries*. Directorate-General for Employment, Social Affairs and Equal Opportunities (Luxembourg: Office for Official Publications of the European Communities).
European Commission (2007) *European Social Statistics. Social Protection, Expenditure and Receipts. Data 1996–2004* (Luxembourg: Office for Official Publications of the European Communities).
European Insurance and Reinsurance Federation (2006) 'European Insurance in Figures in 2005', *CEA Statistics*, No. 24 (CEA: Brussels).
European Observatory on Health Systems and Policies (1999) *Health Care Systems in Transition: United Kingdom* (Copenhagen: WHO Regional Office for Europe on behalf of the European Observatory on Health Systems and Policies).
European Observatory on Health Systems and Policies (2000) *Health Care Systems in Transition: Norway* (Copenhagen: WHO Regional Office for Europe on behalf of the European Observatory on Health Systems and Policies).
European Union (2005) *The EES: A Key Component of the Lisbon Strategy*. European Commission, http://ec.europa.eu/employment_social/employment_strategy/index_en.htm (accessed August 2007).
Eurostat (2005) *Structural Indicators*. European Commission. Eurostat, http://epp.eurostat.ec.europa.eu/ (accessed August 2007).
Eurostat (2006) Various data found on: http://epp.eurostat.ec.europa.eu.
Evandrou, M. and Falkingham, J. (2005) 'A Secure Retirement for All? Older People and New Labour' In J. Hills and K. Stewart (eds), *A More Equal Society? New Labour, Poverty, Inequality and Exclusion* (Bristol: Policy Press).

Fagan, C., Hegewisch, A. and Pillinger, J. (2006) *Out of Time: Why Britain Needs a New Approach to Work-time Flexibility* (London: Trades Union Congress).

Featherstone, B. (2004) *Family Life and Family Support: A Feminist Analysis* (Basingstoke: Palgrave Macmillan).

Ferge, Z. (2000) 'In Defence of Messy or Multi-Principle Contracts', *European Journal of Social Security*, 2(1), 7–33.

Ferge, Z. (2001) 'Welfare and "ill-fare" Systems in Central-Eastern Europe' In R. Sykes, B. Palier and P. Prior (eds), *Globalization and European Welfare States. Challenges and Change* (Basingstoke: Palgrave Macmillan), pp. 127–52.

Ferrera, M. (1996) 'Modèles de solidarité, divergences, convergences: perspectives pour l'Europe', *Swiss Political Science Review*, 2(1), 55–72.

Ferrera, M. (2003) 'European Integration and National Social Citizenship. Changing Boundaries, New Structuring', *Comparative Political Studies*, 36(6), 611–52.

Ferrera, M. and Gualmini, E. (2000) 'Reforms Guided by Consensus: the Welfare State in the Italian Transition' In M. Ferrera and M. Rhodes (eds), *Recasting European Welfare States* (London: Frank Cass).

Ferrera, M. and Gualmini, E. (2004) *Rescued by Europe. Social and Labour Market Reforms in Italy from Maastricht to Berlusconi* (Amsterdam: Amsterdam University Press).

Ferrera, M. and Jessoula, M. (2007) 'Italy: a Narrow Gate for Path-shift' In K. Anderson, E. Immergut and I. Schulze (eds), *The Handbook of West European Pension Politics* (Oxford: Oxford University Press), pp. 396–498.

Filippini, M. and Farsi, M. (2004) *An Analysis of Efficiency and Productivity in Swiss Hospitals*. Final Report to the Swiss Federal Statistical Office and Swiss Federal Office for Social Security, June.

Finlayson, G. (1994) *Citizen, State and Social Welfare in Britain 1830–1990* (Oxford: Clarendon Press).

Fitzner, G. and Grainger, H. (2007) 'The Right to Request Flexible Working: A Review of the Evidence. Executive Summary', *Employment Relations Research Series*, no. 59 (Department for Trade and Industry).

Flora, P. (ed.) (1986) *Growth to Limits: The Western European Welfare States since World War II.* (Berlin: de Gruyter).

Fox Harding, L. (1996) *Family, State and Social Policy* (Basingstoke: Macmillan).

Fraser, N. (1997) 'After the Family Wage: A Postindustrial Thought Experiment' In N. Fraser, *Justice Interruptus: Critical Reflections on the 'Postsocialist' Condition* (New York and London: Routledge), pp. 41–66.

Freedland, J. (1998) *Bring Home the Revolution* (London: Fourth Estate).

Freeman, R. and Schmid, A. (forthcoming) 'Health Systems, Western Europe' In K. Heggenhougen (ed.), *International Encyclopedia of Public Health* (Amsterdam: Elsevier).

Frericks, P., Maier, R. and de Graaf, W. (2005) 'Shifting the Pension Mix: Consequences for Dutch and Danish Women', *Social Policy & Administration*, 40(5), 475–92.

Gallie, D. (2002) 'The Quality of Working Life in Welfare Strategy' In G. Esping-Andersen (ed.), *Why We Need a New Welfare State* (Oxford: Oxford University Press).

Gambles, R., Lewis, S. and Rapoport, R. (2006) *The Myth of Work–Life Balance: The Challenge of Our Time for Men, Women and Societies* (London: John Wiley and Sons).

Gambles, R., Lewis, S., et al. (2007) 'Evolutions and Approaches to Equitable Divisions of Paid Work and Care in Three European Countries: A Multi-level Challenge' In R. Crompton, S. Lewis and C. Lyonette (eds), *Women, Men, Work and Family in Europe* (Basingstoke: Palgrave Macmillan), pp. 17–34.

Garland, D. (2001) *The Culture of Control: Crime and Social Order in Contemporary Society* (Chicago: University of Chicago Press).
Gazeta Wyborcza (2005) 'Konkurs na najlepszy fundusz emerytalny rozstrzygnięty'.
George, V. and Wilding, P. (1994) *Welfare and Ideology* (London: Prentice Hall).
Gershuny, J. (2000) *Changing Times: Work and Leisure in Postindustrial Society* (Oxford: Oxford University Press).
Giddens, A. (1998) *The Third Way. The Renewal of Social Democracy.* (Cambridge: Polity Press).
Giddens, A. (2002) *Where Now for New Labour?* (Cambridge: Polity Press).
Gilbert, N. (2002) *Transformation of the Welfare State. The Silent Surrender of Public Responsibility* (Oxford: Oxford University Press).
Gilbert, N. (2005) 'The "Enabling State?" From Public to Private Responsibility for Social Protection: Pathways and Pitfalls', *OECD Social, Employment and Migration Working Papers*, No. 26 (Paris: OECD).
Gilson, S. and Glorieux, M. (2005) 'Le droit à l'intégration sociale comme première emblématique de l'Etat social actif: Quelques commentaires de la loi du 26 mai 2002' In P. Vielle, P. Pochet and I. Cassiers (eds), *L'Etat social actif: vers un changement de paradigme?* (Brussels: P.I.E-Peter Lang), pp. 233–55.
Ginn, J. and Arber, S. (1991) 'Gender, Class and Income Inequalities in Later Life', *British Journal of Sociology*, 42(3), 369–93.
Ginn, J. and Arber, S. (1993) 'Pension Penalties: The Gendered Division of Occupational Welfare', *Work, Employment and Society*, 7(1), 47–70.
Glasby, J. and Littlechild, R. (2002) *Social Work and Direct Payments* (Bristol: Policy Press).
Glyn, A. (2006) *Capitalism Unleashed: Finance, Globalization and Welfare* (Oxford: Oxford University Press).
Goodman, R. (1996) 'On Introducing the UN Convention of the Rights of the Child into Japan' In R. Goodman and I. Neary (eds), *Case Studies on Human Rights in Japan*, (Japan Library, Curzon Press).
Goodman, R. (1998) 'The Delivery of Personal Social Services and the "Japanese-Style Welfare State"' In R. Goodman, G. White and H.-J. Kwon (eds), *The East Asian Welfare Model: Welfare Orientalism and the State* (London and New York: Routledge).
Goodman, R. (2000) *Children of the Japanese State: The Changing Role of Child Protection Institutions in Contemporary Japan* (Oxford: Oxford University Press).
Goodman, R. (2001) 'Images of the Japanese Welfare State' In H. Befu and S. Guichard-Anguis (eds) *Globalizing Japan: Ethnography of the Japanese Presence in Asia, Europe and America* (London and New York: Routledge).
Goodman, R. (2002) 'Child Abuse in Japan: 'Discovery' and the Development of Policy' In R. Goodman (ed.) *Family and Social Policy in Japan: Anthropological Approaches* (Cambridge: Cambridge University Press).
Goodman, R. (2003) 'Can Welfare Systems Be Evaluated Outside their Cultural and Historical Context? A Case Study of Children's Homes in Contemporary Japan' In M. Blecher, B. Benewick and S. Cook (eds), *Asian Politics in Development* (London: Frank Cass).
Goodman, R. (2006) 'Policing the Japanese Family' In M. Rebick and A. Takenaka (eds), *The Japanese Family* (London: RoutledgeCurzon Press).
Goodman, R. and White, G. (1998) 'Welfare Orientalism and the Search for an East Asian Welfare Model' In R. Goodman, G. White and H.-J. Kwon (eds), *The East Asian Welfare Model: Welfare Orientalism and the State* (London and New York: Routledge), pp. 3–24.

Gordon, M. (1988) *Social Security Policies in Industrial Countries* (Cambridge: Cambridge University Press).

Gornick, J.C. and Meyers, M. (2003) *Families that Work: Policies for Reconciling Parenthood and Employment* (New York: Russell Sage Foundation).

Gould, A. (1993) *Capitalist Welfare Systems – A Comparison of Japan, Britain and Sweden* (London, New York: Longman).

Graetz, M.J. and Mashaw, J.L. (1999) *True Security: Rethinking American Social Insurance* (New Haven: Yale University Press).

Graham, H. (1983) 'Caring: A Labour of Love' In J. Finch and D. Groves (eds), *A Labour of Love: Women, Work, and Caring* (London and Boston: Routledge & K. Paul), pp. 12–30.

Grant, R.W. and Keohane, R.O. (2005) 'Accountability and Abuses of Power in World Politics', *American Political Science Review*, 99(1), 29–43.

Graziano, P. (2003) 'Europeanization or Globalization? A Framework for Empirical Research (with some evidence from the Italian case)', *Global Social Policy*, 3(3), 173–94.

Green-Pedersen, C. (2002a) *The Politics of Justification. Party Competition and Welfare-State Retrenchment in Denmark and the Netherlands from 1982 to 1998* (Amsterdam: Amsterdam University Press).

Green-Pedersen, C. (2002b) 'New Public Management Reforms of the Danish and Swedish Welfare States: The Role of Different Social Democratic Responses', *Governance*, 15(2), 271–94.

Green-Pedersen, C. (2004) 'The Dependent Variable Problem within the Study of Welfare-State Retrenchment: Defining the Problem and Looking for Solutions', *Journal of Comparative Policy Analysis*, 6(1), 3–14.

Green-Pedersen, C. (2007) 'Denmark: a "World Bank" Pension System' In E.M. Immergut, K.M. Anderson and I. Schulze (eds), *The Handbook of West European Pension Politics* (Oxford: Oxford University Press), pp. 454–95.

Green-Pedersen, C., Hemerijck, A. and Van Keesbergen, K. (2001) 'Neo-liberalism, Third Way or What?', *Journal of European Public Policy*, 8(2), 307–25.

Greve, C. (2007) 'Kvalitetsreformen og moderninseringen af den offentlige sektor', *Samfundsøkonomen*, no. 3, pp. 4–8.

Greve, C. and Ejersbo, N. (2005) *Moderniseringen af den offentlige sektor* (Copenhagen: Børsens Forlag).

Grimmeisen, S. (forthcoming) 'The Role of the State in the British Health Care System – Between Marketization and Statism' In H. Rothgang, M. Cacace, S. Grimmeisen, U. Helmert and C. Wendt, *The Changing Role of the State in OECD Health Care Systems. From Heterogeneity to Homogeneity?* (Basingstoke: Palgrave Macmillan).

Grover, C. and Piggott, L. (2005) 'Disabled People, the Reserve Army of Labour and Welfare Reform', *Disability and Society*, 20(7), 705–17.

Guillén, A. (2002) 'The Politics of Universalization: Establishing National Health Services in Southern Europe', *West European Politics*, 25(4), 49–68.

Guillén, A., Álvarez, S. and Adào e Silva, P. (2003) 'Redesigning the Spanish and Portuguese Welfare States: The Impact of Accession into the European Union', *South European Society and Politics*, 8(1), 231–69.

Gutiérrez, R. and Guillén, A. (2000) 'Protecting the Long-Term Unemployed. The Impact of Targeting Policies in Spain', *European Societies*, 2(2), 195–216.

GVG (2002) *Study on the Social Protection Systems in the 13 Applicant Countries.* Study carried out for the Commission by Gesellschaft für Versicherungswissenschaft und–gestaltung. November. Second Draft (Brussels: Commission of the European Communities).

Hacker, J.S. (2002) *The Divided Welfare State: The Battle over Public and Private Social Benefits in the United States* (Cambridge MA: Cambridge University Press).

Hall, P.A. (1993) 'Policy Paradigms, Social Learning and the State', *Comparative Politics*, 25(3), 275–96.

Hansen, H. (2002) *Elements of Social Security*. 9th ed. Report 2002:05. (Copenhagen: Danish National Institute of Social Research).

Hansen, H. (2006) *From Asylum Seeker to Refugee to Family Reunification. Welfare Payments in These Situations in Various Western Countries* (Copenhagen: The Rockwool Foundation Research Unit).

Hansen, H.K. and Salskov-Iversen, D. (eds) (forthcoming) *Critical Perspectives on Private Authority in Global Politics* (Basingstoke: Palgrave Macmillan).

Harada, S. (1998) 'The Ageing Society, the Family, and Social Policy' In J. Banno (ed.), *The Political Economy of Japanese Society*. Vol. 2, (Oxford: Oxford University Press), pp. 175–228.

Harris, J. (1992) 'Political Thought and the Welfare State 1870–1940: An Intellectual Framework for British Social Policy', *Past and Present*, no. 135, 116–41.

Hemerijck, A. (2003) 'A Paradoxical Miracle: The Politics of Coalition Government and Social Concertation in Dutch Welfare Reform' In S. Jochen and N. Siegel (eds), *Konzertierung, Verhandlungsdemokratie und Reformpolitik im Wohlfahrstaat* (Opladen: Leske & Budrich), pp. 232–70.

Hendriks, F. (2001) 'Polder Politics in the Netherlands: the Viscous State Revisited' In F. Hendriks and A. Toonen (eds), *Polder Politics: The Reinvention of Consensus Democracy in the Netherlands* (Aldershot: Ashgate), pp. 21–40.

Henke, K.-D., Schreyögg, J. (2005) *Towards Sustainable Health Care Systems* (Geneva: ISSA).

Henriksen, L.S. and Bundesen, P. (2004) 'The Moving Frontier in Denmark: Voluntary-State Relationships since 1850', *Journal of Social Policy*, 33(4), 605–25.

Hernes, H. (1988) 'Scandinavian Citizenship', *Acta Sociologia*, 31(3), 199–215.

Hewitt, P. (1993) *About Time: The Revolution in Work and Family Life* (London: IPPR).

Hill, M. (2007) 'The Mixed Economy of Welfare: A Comparative Perspective' In M. Powell (ed.), *Understanding the Mixed Economy of Welfare* (Bristol: Policy Press), pp. 177–98.

Hills, J. (2004) *Inequality and the State* (Oxford: Oxford University Press).

Hiraoka, K. (2001) 'Long-Term Care Insurance and Welfare Mix in Japan', *Ochanomizu University Studies in Arts and Culture*, vol. 54, 133–47.

Hiršl, M. (2003) *V jaké míře přispívá český stát na náklady spojené s výchovou dětí*. Prague. Unpublished manuscript.

HM Treasury and Department of Trade and Industry (2003) *Balancing Work and Family Life: Enhancing Choice and Support for Parents* (Norwich: HSMO).

Hogarth, T., Hasluck, C. and Pierre, G. (2001) *Work–Life Balance 2000: Results from the Baseline Study* (Nottingham: DfEE).

Home Office (1998) *Supporting Families: A Consultation Document* (London: HMSO).

Hood, C. (1991) 'A Public Management for all Seasons?', *Public Administration*, 69(1), 3–19.

Hood, C., Scott, C., James, O., Jones, G. and Travers, T. (1999) *Regulation Inside Government. Waste-watchers, Quality Police and Sleaze-Busters* (Oxford: Oxford University Press).

Hooker, H., Neathey, F., Casebourne, J. and Munro, M. (2007) 'The Third Work–Life Balance Employees' Survey: Main Findings', *Employment Relations Research Series*, no. 58 (London: Department of Trade and Industry), p. 9.

Horibayashi, T. (2006) 'Central European Welfare System: The Present Characteristics'. (Available at http://project.iss.u-tokyo.ac.jp/nakagawa/members/papers/ 4(4) Horibayashi.final.pdf).

Houston, D.M. and Waumsley, J.A. (2003) *Attitudes to Flexible Working and Family Life* (Bristol: Published for the Joseph Rowntree Foundation by The Policy Press).

Howard, C. (1997) *The Hidden Welfare State. Tax Expenditures and Social Policy in the United States* (Princeton: Princeton University Press).

Huber, E. and Stephens, J.D. (2001) *Development and Crisis of the Welfare State. Parties and Policies in Global Markets* (Chicago: University of Chicago Press).

Hughes, B. and Cooke, G. (2007) 'Children, Parenting and Families: Renewing the Progressive Story' In N. Pearce and J. Margo (eds), *Politics for a New Generation* (Basingstoke: Palgrave Macmillan), pp. 235–55.

Hughes, G. and Lewis, G. (eds) (1998) *Unsettling Welfare: The Reconstruction of Social Policy* (London: Routledge/The Open University).

Hvinden, B. (2004) 'Nordic Disability Policies in a Changing Europe: Is There Still a Distinct Nordic Model?', *Social Policy & Administration*, 38(2), 170–89.

Ibsen, F. (1992) 'Efter Zeuthen-rapporten', *Samfundsøkonomen*, vol. 10, pp. 37–45.

IEA (1967) *Towards a Welfare Society* (London: IEA).

Immergut, E. (2001) 'Health Policy' In N.J. Smelser and B.P. Baltes (eds), *International Encyclopedia of the Social Behavioral Science* (Cambridge MA: Elsevier Science Ltd.), pp. 6586–91.

Institute of Health Information and Statistics of the Czech Republic (2006) Czech Health Statistics 2005 (Prague: ÚZIS ČR) Available at: http://www.uzis.cz/ download.php?ctg=10&search_name=ro%E8enka&region=100&mnu_id=5300.

IPPR Commission on Public Private Partnerships (2001) *Building Better Partnerships* (London: IPPR).

Ito, Y. (1995) 'Social Work Development in Japan', *Social Policy and Administration*, 29(5), 258–68.

Iversen, T. (2005) *Capitalism, Democracy, and Welfare* (Cambridge: Cambridge University Press).

Izuhara, M. (2003) 'Ageing and Intergenerational Relations in Japan' In M. Izuhara (ed.), *Comparing Social Policies: Exploring New Perspectives in Britain and Japan* (Bristol: Policy Press), pp. 73–94.

Jessop, B. (2000) 'Governance Failure' In G. Stoker (ed.), *The New Politics of British Local Governance* (Basingstoke: Macmillan).

Johnsen, J.R. (2006) *Health Care Systems in Transition: Norway* (Copenhagen: WHO Regional Office for Europe on behalf of the European Observatory on Health Systems and Policies).

Jordan, B. (2006) *Social Policy for the Twenty-First Century* (Cambridge: Polity Press).

Jørgensen, H. (2000) 'Danish Labour Market Policy Since 1994: The New Columbus Egg of Labour Market Regulation' In P. Klemmer and R. Wink (eds), *Preventing Unemployment in Euope: A New Framework for Labour Market Policy* (Cheltenham: Edward Elgar), pp. 108–36.

Jørgensen, H. (2006) *Arbejdsmarkedspolitikkens fornyelse – innovation eller trussel mod dansk 'flexicurity'?* (Aalborg: LO & FTF).

Jørgensen, H. (2007) Frit valg og sociale skillelinjer. MSc Thesis (Aalborg: Department of Economics, Politics and Public Administration, Aalborg University).

Kaelble, H. (2004) 'Das europäische Sozialmodell – eine historische Perspektive' In H. Kaelble and G. Schmid (eds), *Das europäische Sozialmodell. Auf dem Weg zum transnationalen Sozialstaat*. WZB-Jahrbuch 2004 (Berlin: Edition Sigma), pp. 31–50.

Kalb, D. (2005) 'From Flows to Violence: Politics and Knowledge in the Debates on Globalization and Empire', *Anthropological Theory*, 5(2), 176–204.

Kasza, G.J. (2002) 'The Illusion of Welfare Regimes', *Journal of Social Policy*, 31(2), 271–87.

Kasza, G.J. (2006) *One World of Welfare. Japan in Comparative Perspective* (Ithaca and London: Cornell University Press).

Kaufmann, F.-X. (1994) 'Staat und Wohlfahrtsproduktion' In H.-U. Derlien, U. Gerhardt and F.W. Scharpf (eds), *Systemrationalität und Partialinteresse*. Festschrift für Renate Mayntz (Baden-Baden: Nomos), pp. 357–80.

Kemp, P.A. (2006) 'Comparing Trends in Disability Benefit Receipt' In P.A. Kemp, A. Sundén and B. Bakker Tauritz (eds) *Sick Societies? Trends in Disability Benefits in Post-industrial Welfare States* (Geneva: International Social Security Association).

Kemp, P.A. and Thornton, P. (2006) 'Disguised Unemployment? The Growth of Incapacity Benefit Claims in Great Britain' In P.A. Kemp, A. Sundén and B. Bakker Tauritz (eds) *Sick Societies? Trends in Disability Benefits in Post-industrial Welfare States* (Geneva: International Social Security Association).

Kemp, P.A., Sunden, A. and Bakker Tauritz, B. (eds) (2006) *Sick Societies? Trends in Disability Benefits in Post-industrial Welfare States* (Geneva: International Social Security Association).

Kendall, J., Anheier, H. and Potůček, M. (2000) 'Ten Years After: The Third Sector and Civil Society in Central and Eastern Europe', *Voluntas*, 11(2), 103–6.

Keune, M. (2006) 'The European Social Model and Enlargement' In M. Jepsen and A. Serrano (eds), *Unwrapping the European social model* (Bristol: Policy Press), pp. 167–88.

Kilkey, M. (2006) 'New Labour and Reconciling Work and Family Life: Making it Fathers' Business', *Social Policy and Society*, 5(2), 167–75.

King, D. (1995) *Actively Seeking Work: The Politics of Unemployment and Welfare Policy in the United States and Great Britain* (Chicago: Chicago University Press).

King, D. (1999) *In the Name of Liberalism: Illiberal Social Policy in the United States and Great Britain* (Oxford: Oxford University Press).

Kingo, T. (2003) 'Development of Social Policy in Japan' In M. Izuhara (ed.), *Comparing Social Policies: Exploring New Perspectives in Britain and Japan* (Bristol: Policy Press), pp. 35–47.

King's Fund (2007) '18-week Waiting Times Target – An Update'. Briefing August 2007. Retrieved from http://www.kingsfund.org.uk/publications/briefings/18week_waiting.html; 22 November.

Kittel, B. and Obinger, H. (2003) 'Political Parties, Institutions, and the Dynamics of Social Expenditure in Times of Austerity', *Journal of European Public Policy*, 10(1), 20–45.

Klein, R. (2005) *The New Politics of the National Health Service* (Oxford: Pitman Medical).

Kono, M. (2005) 'The Welfare Regime in Japan' In A. Walker and C.-K. Wong (eds), *East Asian Welfare Regimes in Transition: From Confucianism to Globalisation* (London: Polity Press).

Korobtseva, E. (2006), Making the Choice to Become an Unwed Mother in Contemporary Japan. Unpublished DPhil Thesis (Oxford: Department of Sociology, University of Oxford).

Korpi, W. (2002) *Velfærdsstat og socialt medborgerskab. Danmark i et komparativt perspektiv, 1930–1995* (Aarhus: Magtudredningen).

Korpi, W. (2003) 'Welfare-State Regress in Western Europe: Politics, Institutions, Globalization, and Europeanization', *Annual Review of Sociology*, 29, 589–609.

Korpi, W. and Palme, J. (1998) 'The Paradox of Redistribution and Strategies of Equality: Welfare State Institutions, Inequality, and Poverty in Western Countries', *American Sociological Review*, 63(5), 661–87.

Korpi, W. and Palme, J. (2003) 'New Politics and Class Politics in the Context of Austerity and Globalization: Welfare State Regress in 18 Countries 1975–1995', *American Political Science Review*, 97(3), 425–46.

Kruse, A. (2003) 'Social Security and Disability in Sweden' In C. Prinz (ed.), *European Disability Pension Policies* (Aldershot: Ashgate).

Kuipers, S. (2006) *The Crisis Imperative: Crisis Rhetoric and the Reform of Social Security in Belgium and the Netherlands* (Amsterdam: Amsterdam University Press).

Lader, D., Short, S. and Gershuny, J. (2006) *The Time Use Survey, 2005: How We Spend Our Time*. A report on research using the ONS Omnibus Survey produced on behalf of the Economic and Social Research Council (ESRC), Department of Culture, Media and Sport (DCMS), Department for Education and Skills (DfES), Department of Health (DH), Office for National Statistics (ONS) (London: ONS).

Lambert, S.J. and Waxman, E. (2005) 'Organizational Stratification: Distributing Opportunities for Balancing Work and Personal Life' In E.E. Kossek and S.J. Lambert (eds) *Work and Life Integration: Organizational, Cultural, and Individual Perspectives* (Mahwah, N.J.: Lawrence Erlbaum Associates Publishers), pp. 103–26.

Lammi-Taskula, J. (2006) 'Nordic Men on Parental Leave: Can the Welfare State Change Gender Relations?' In A.L. Ellingsaeter and A. Leira (eds), *Politicising Parenthood in Scandinavia: Gender Relations in Welfare States* (Bristol: Policy Press), pp. 79–100.

Larner, W. and Walters, W. (eds) (2004) *Global Governmentality* (London: Routledge).

Latour, B. (2005) *Reassembling the Social: An Introduction to Actor-Network-Theory* (Oxford: Oxford University Press).

Le Grand, J. (2005) 'Inequality, Choice and Public Services' In A. Giddens and P. Diamond (eds), *The New Egalitarianism* (Cambridge: Polity), pp. 200–10.

Leibfried, S. and Zürn, M. (eds) (2005a) *Transformations of the State?* (Cambridge: Cambridge University Press).

Leibfried, S. and Zürn, M. (2005b) 'Reconfiguring the National Constellation' In S. Leibfried and M. Zürn (eds), *Transformations of the State* (Cambridge: Cambridge University Press), pp. 1–36.

Leisering, L. (2003) 'From Redistribution to Regulation. Regulating Private Pension Provision for Old Age as a New Challenge for the Welfare State in Ageing Societies', Paper presented at the 4th International Research Conference on Social Security, Antwerp, 5–7 May 2003. *Regina Working Paper*, No. 3 (Bielefeld: University of Bielefeld).

Leisering, L. (2007). 'The Social Regulation of Welfare Markets. Chances and Limits of Social Policy beyond the Post-war Welfare State' *ESPAnet Conference 2007*. Vienna.

Lendvai, N. and Stubbs, P. (2006) 'Translation, Intermediaries and Welfare Reforms in South Eastern Europe', Paper presented at the 4th ESPAnet Conference, Bremen, September 2006.

Leven, B. (2005) 'Corruption and Reforms: A Case of Poland's Medical Sector', *Communist and Post-Communist Studies*, 38(4), 447–55.

Levy, J. (ed.) (2006a) *The State after Statism: New State Activities in an Age of Liberalization* (Cambridge: Harvard University Press).

Levy, J.D. (2006b) 'The State Also Rises. The Roots of Contemporary State Activism' In J.D. Levy (ed.), *The State after Statism. New Activities in the Age of Liberalization* (Cambridge: Harvard University Press), pp. 1–28.

Lewis, G. (1998) *Forming Nation, Framing Welfare* (London: Sage).

Lewis, J. (1992) 'Gender and the Development of Welfare Regimes', *Journal of European Social Policy*, 2(3), 159–73.

Lewis, J. (2001) 'The Decline of the Male Breadwinner Model: Implications for Work and Care', *Social Politics*, 8(2), 152–69.

Lewis, J. (2002) 'Gender and Welfare State Change', *European Societies*, 4(4), 331–57.

Lewis, J. (2006) 'Work/family Reconciliation, Equal Opportunities, and Social Policies: The Interpretation of Policy Trajectories at the EU Level and the Meaning of Gender Equality', *Journal of European Public Policy*, 13(3), 420–37.

Lewis, J. and Campbell, M. (2007) 'Work/Family Balance Policies in the UK since 1997: A New Departure?', *Journal of Social Policy*, 36(3), 365–81.

Lewis, J. and Giullari, S. (2004) 'The Adult Worker Model Family, Gender Equality and Care: The Search for New Policy Principles and the Possibilities and Problems of a Capabilities Approach', *Economy and Society*, 34, 76–104.

Lewis, R., Alvarez Rosete, A. and Mays, N. (2006) *How to Regulate Health Care in England? An International Perspective* (London: Kings Fund).

Leys, C. (2001) *Market-driven Politics* (London: Verso).

Lind, J. (2004) 'The Restructuring of the Ghent Model in Denmark and Consequences for the Trade Unions', *Transfer*, 10(4), 621–5.

Lindley, J., Dale, A. and Dex, S. (2004) 'Ethnic Differences in Women's Demographic, Family Characteristics and Economic Activity Profiles, 1992–2002', *Labour Market Trends*, 112(4), 153–65.

Lødemel, I. and Trickey, H. (eds) (2001a) *An Offer You Can't Refuse. Workfare in International Perspective* (Bristol: Policy Press).

Lødemel, I. and Trickey, H. (2001b) 'A New Contract for Social Assistance' In I. Lødemel and H. Trickey (eds) *An Offer You Can't Refuse. Workfare in International Perspective* (Bristol: Policy Press), pp. 1–40.

Lowe, R. (2004) 'Modernizing Britain's Welfare State: The Influence of Affluence, 1957–64' In L. Black and H. Pemberton (eds), *An Affluent Society?* (Aldershot: Ashgate), pp. 35–51.

Ludwig-Mayerhofer, W. (2005) 'Activating Germany' In T. Bredgard and F. Larsen (eds), *Employment Policy from Different Angles* (Copenhagen: DJOF Publishing), pp. 95–112.

Maarse, H. (ed.) (2004), *Privatisation in European Health Care. A Comparative Analysis in Eight Countries* (Maarsen, Elsevier).

Maarse, H. and Okma, K. (2004) 'The Privatisation Paradox in Dutch Health Care' In H. Maarse (ed.), *Privatisation in European Health Care. A Comparative Analysis in Eight Countries* (Maarsen, Elsevier), pp. 97–116.

Madsen, P.K. (2002) 'The Danish Model of Flexicurity: A Paradise – With Some Snakes' In H. Sarfati and G. Bonoli (eds), *Labour Market and Social Protection Reforms in International Perspective: Parallel or Converging Tracks?* (London: Ashgate), pp. 243–65.

Madsen, P.K. (2006) 'Strukturreformen og beskæftigelsespolitikken', *Samfundsøkonomen*, no. 6, pp. 26–30.

Madsen, P.K. (2007): Distribution of Responsibility for Social Security and Labour Market Policy. Country Report: Denmark. Amsterdam: Amsterdam Institute for Advanced Labour Studies, University of Amsterdam. AIAS working paper.

275

Mairé, J. (2005) *Service(s) public(s) de l'emploi? 40 années de rapports et de demi-mesures à mmoitié appliqués,* note prepared for UNSA colloquium 'Pour un service public de l'emploi rénové au service des chômeurs', Paris, 21 November.
Mares, I. (2001). 'Firms and the Welfare State: When, Why, and How Does Social Policy Matter to Employers?' In P. Hall and D. Soskice (eds), *Varieties of Capitalism* (Oxford: Oxford University Press).
Marin, B. (2003) 'Transforming Disability Welfare Policy. Completing a Paradigm Shift' In C. Prinz (ed.) *European Disability Pension Policies: 11 Country Trends 1970–2002* (Aldershot: Ashgate).
Marmor, T. (2000) *The Politics of Medicare.* 2nd Edition (New York: De Gruyter).
Marquand, D. (2004) *Decline of the Public* (Cambridge: Polity Press).
Marshall, T.H. (1950) *Citizenship and Social Class and Other Essays* (Cambridge: Cambridge University Press).
Marshall, T.H. (1975) *Social Policy in the Twentieth Century* (London: Hutchinson).
Marshall, T.H. (1992) *Bürgerrechte und soziale Klassen. Zur Soziologie des Wohlfahrtsstaates* (Frankfurt/M.: Campus).
Marston, G. and McDonald, C. (eds) (2006) *Analysing Social Policy: A Governmental Approach* (Cheltenham: Edward Elgar).
Martin, C.J. (2004) 'Reinventing Welfare Regimes. Employers and the Implementation of Active Social Policy', *World Politics,* 57(1), 39–69.
Marx, I. (2007) *A New Social Question? On Minimum Income Protection in the Postindustrial Era* (Amsterdam: Amsterdam University Press).
McRae, S. (1989) *Flexible Working Time and Family Life: A Review of Changes* (London: Policy Studies Institute).
Meyer, T. and Bridgen, P. (2008) 'Class, Gender and Chance. The Social Division of Welfare and British Occupational Pensions', *Ageing and Society,* 28(3), 353–81.
Meyer, T., Bridgen, P. and Riedmüller, B. (eds) (2007) *Private Pensions versus Social Inclusion? Non-state Provision for Citizens at Risk in Europe* (Cheltenham, UK and Northampton, US: Edward Elgar).
Ministère de la Santé et des Solidarités (2005) *Les Etablissements de Santé* (Paris: DREES).
Ministerio de Trabajo y Asuntos Sociales (1996) *Anuario de Estadísticas Laborales y de Asuntos Sociales 1995* (Madrid: Ministerio de Trabajo y Asuntos Sociales).
Ministry of Employment (2005) *Flexicurity. Udfordringer for den danske model* (Copenhagen: Ministry of Employment).
Ministry of Employment (2006) *Kulegravning af kontanthjælpsområdet* (Copenhagen: Ministry of Employment).
Ministry of Finance (2003) *Budgetredegørelse 2003* (Copenhagen: Ministry of Finance).
Ministry of Finance (2007a) *Økonomisk redegørelse.* May 2007. (Copenhagen: Ministry of Finance).
Ministry of Finance (2007b) *Budgetredegørelse 2007* (Copenhagen: Ministry of Finance).
Ministry of Health, New Zealand (2004) *Health Expenditure Trends in New Zealand 1990–2002* (Wellington: Ministry of Health).
Ministry of Labour (2000) *Effekter af Aktiveringsindsatsen* (Copenhagen: Ministry of Labour).
Ministry of Labour and Social Affairs (2004a) *National Employment Action Plan 2004–2006* (Prague: Ministry of Labour and Social Affairs).
Ministry of Labour and Social Affairs (2004b) *Joint Inclusion Memorandum* (Prague: Ministry of Labour and Social Affairs).
Ministry of Labour and Social Affairs (2005a) *National Action Plan on Social Inclusion 2004–2006* (Prague: Ministry of Labour and Social Affairs).

Ministry of Labour and Social Affairs (2005b) *Koncepce rodinné politiky* (Praha: Ministerstvo práce a sociální politiky).
Ministry of Labour and Social Affairs (2006) Various data found on: http://www.mpsv.cz.
Mooney, G. (2004) 'The Shifting Relations of Work, Welfare and Personal Lives' In G. Mooney (ed.), *Work: Personal Lives and Social Policy* (Bristol: Policy Press), pp. 145–60.
Morissens, A. and Sainsbury, D. (2005) 'Migrants' Social Rights, Ethnicity and Welfare Regimes', *Journal of Social Policy*, 34(4), 637–60.
Moran, M. (2003) *The British Regulatory State* (Oxford: Oxford University Press).
Mullins, D. and Murie, A. (2006) *Housing Policy in the UK* (Basingstoke: Palgrave Macmillan).
Muncie, J. and Wetherell, M. (1995) 'Family Policy and Political Discourse' In J. Muncie, M. Wetherell, R. Dallos and A. Cochrane (eds), *Understanding the Family* (London: Sage).
Mustard, C., Lavis, J. and Ostry, A. (no date) 'Labour Market Experiences and Health', mimeo.
Myles, J. and Pierson, P. (2001) 'The Comparative Political Economy of Pension Reform' In P. Pierson (ed.), *The New Politics of the Welfare State* (Oxford: Oxford University Press), pp. 305–33.
Naegele, G., Barkholdt, C., de Vroom, B., Andersen, J.G. and Krämer, K. (2003) *A New Organisation of Time over Working Life* (Dublin: European Foundation for the Improvement of Living and Working Conditions).
Natali, D. (2006) 'From Italy to Europe: A Review of Recent Italian Literature on Social Policy', *Journal of European Social Policy*, 16(3), 287–92.
Newman, J. (ed.) (2005) *Remaking Governance: Peoples, Politics and the Public Sphere* (Bristol: Policy Press).
Newman, J. (2006) 'Constituting Trans-national Governance: Spaces, Actors and Vocabularies of Power', Paper presented to 4th ESPANET conference, Bremen, September, 2006.
Neyer, J. and Seeleib-Kaiser, M. (1995) 'Bringing the Economy Back In: Economic Globalization and the Re-commodification of the Workforce', *ZeS-Arbeitspapier*, Nr 16/95 (Bremen: Bremen University).
Nickell, S. and Bell, B. (1995) 'The Collapse in Demand for the Unskilled and Unemployment across the OECD', *Oxford Review of Economic Policy*, 11(1), 40–62.
Nielsen, J.A. and Andersen, J.G. (2006) *Hjemmehjælp mellem myter og virkelighed* (Odense: University Press of Southern Denmark).
Nivola, P.S. (ed.) (1997) *Comparative Disadvantages? Social Regulations and the Global Economy* (Washington, D.C.: Brookings Institution).
Nullmeier, F. (2001) 'Sozialpolitik als marktregulative Politik', *Zeitschrift für Sozialreform*, 42, 645–67.
Oberlander, J. (2003) *The Political Life of Medicare* (Chicago: University of Chicago Press).
Obinger, H. and Starke, P. (2007) 'Are Welfare States Converging?' In I. Dingeldey, H. Rothgang (eds), *Governance of Welfare State Reform. A Cross National and Cross Sectoral Comparison of Policy and Politics* (Cheltenham: Edward Elgar).
O'Brien, M. (2005) 'Shared Caring: Bringing Fathers into the Frame', *EOC Working paper series*, No. 18 (Manchester: EOC).
OECD (1994) *The Reform of Health Care Systems. A Review of Seventeen OECD Countries* (Paris: OECD).

OECD (1999) *Historical Statistics* (Paris: OECD).
OECD (2001) *Balancing Work and Family Life: Helping Parents into Paid Employment* (Paris: OECD).
OECD (2002) *OECD Health Data 2002* (Paris: OECD).
OECD (2003) *Transforming Disability into Ability: Policies to Promote Work and Income Security for Disabled People* (Paris: OECD).
OECD (2004a) 'Special Session of the Education Committee: Pilot Review of the Quality and Equity of Schooling Outcomes in Denmark'. Examiner's report. EDU/EC(2004)4. (Paris: OECD). Also available at http://pub.uvm.dk/2004/oecd/final.pdf.
OECD (2004b) *Proposals for a Taxonomy of Health Insurance* (Paris: OECD).
OECD (2005a) *Extending Opportunities. How Active Social Policy Can Benefit Us All* (Paris: OECD).
OECD (2005b) *Pensions at a Glance, Public Policies across OECD Countries*. 2005 Edition (OECD: Paris).
OECD (2005c) *OECD Reviews of Health Systems: Finland* (Paris: OECD).
OECD (2006a) *Economic Outlook*, no. 79 (Paris: OECD).
OECD (2006b) *OECD Health Data 2006* (Paris: OECD).
OECD (2006c) *Employment Outlook: Boosting Jobs and Incomes* (Paris: OECD).
OECD (2007a) *Economic Outlook*, no. 81 (Paris: OECD).
OECD (2007b) *OECD Social Expenditure Database, 1980–2003* (Paris: OECD).
Offe, C. (1984 [1993]) *Contradictions of the Welfare State*. Edited by John Keane. 5th printing. (Cambridge: MIT Press).
Oliveira, M.D., Magone, J.M. and Pereira, J.A. (2005) 'Nondecision Making and Inertia in Portuguese Health Policy', *Journal of Health Politics, Policy and Law*, 30(1–2), 211–30.
Ongaro, E. (2006) 'The Dynamics of Devolution Processes in Legalistic Countries: Organizational Change in the Italian Public Sector', *Public Administration*, 84(3), 737–70.
Orenstein, M.A. and Haas, M.R. (2003) 'Globalization and the Development of Welfare States in Postcommunist Europe' (Cambridge, MA: Belfer Center for Science and International Affairs, J.F. Kennedy School of Government, Harvard University).
Osawa, M. (2005) 'Comparative Social Policy Systems from a Gender Perspective', *Social Science Japan*, no. 31, March, pp. 9–13.
Osborne, D. and Gaebler, T. (1992) *Reinventing Government. How the Entrepreneurial Spirit is Transforming the Public Sector* (Reading MA: Addison-Wesley).
Österle, A. (forthcoming) 'Austria' In H. Rothgang, M. Cacace, S. Grimmeisen, U. Helmert and C. Wendt (eds), *Financing, Providing, and Regulating Health Care. The Role of the State in Twelve OECD Health Care Systems from 1970 till Today* (Buckingham: Open University Press).
Overbye, E. (2005) 'Dilemmas in Disability Activation and How Scandinavians Try to Live with them' In P. Saunders (ed.), *Welfare to Work in Practice* (Aldershot: Ashgate).
Øvretveit, J. (2003) 'Nordic Privatization and Private Health Care', *International Journal of Health Planning and Management*, 18, 233–46.
Palier, B. (1999) 'Du salaire différé aux charges sociales: les avatars du mode de financement du système français de Sécurité sociale', *EUI Working Paper, EUF 99/11*, (Florence: European University Institute).
Palier, B. and Martin C. (2007) 'From "a Frozen Landscape" to Structural Reforms: The Sequential Transformation of Bismarckian Welfare Systems', *Social Policy and Administration*, 41(6), pp. 535–54.

Papatheodorou, C. and Petmesidou, M. (2006) 'Poverty Profiles and Trends. How do Southern European Countries Compare with Each Other?' In M. Petmesidou and C. Papatheodorou (eds), *Poverty and Social Deprivation in the Mediterranean. Trends, Policies and Welfare Prospects in the New Millennium* (London: Zed Books).

Pateman, C. (1989) 'The Patriarchal Welfare State' In C. Pateman, *The Disorder of Women: Democracy, Deminism and Political Theory* (Cambridge: Polity Press), pp. 179–209.

Pearson, M. and Martin, J.P. (2005) 'Should We Extend the Role of Private Social Expenditure?', *OECD Social, Employment and Migration Working Papers*, No. 23 (Paris: OECD).

Pedersen, K.M. (2005) 'The Public–Private Mix in Scandinavia' In A. Maynard (ed.) *The Public–Private Mix for Health* (Oxford: Radcliffe Publishing), pp. 161–90.

Peng, I. (2002) 'Gender and Welfare State Restructuring in Japan' In C. Aspalter (ed.), *Discovering the Welfare State in East Asia* (Westport, Connecticut and London: Praeger).

Peng, I. (2005) 'The New Politics of the Welfare State in a Developmental Context: Explaining the 1990s Social Care Expansion in Japan' In H.-J. Kwon (ed.), *Transforming the Developmental Welfare State in East Asia* (Basingstoke: Palgrave/UNRISD).

Pennings, F. (1990) *Benefits of Doubt: A Comparative Study of the Unemployment Benefits and Reintegration Opportunities of Great Britain, France, the Federal Republic of Germany and the Netherlands* (The Hague: Springer).

Pensions Commission (2004) *Pensions: Challenges and Choices. The First Report of the Pensions Commission* (London: HMSO).

Pereira da Silva, C.M., Vaz-Paralta, S.S. and Marcos, S. (2006) 'Presentation of the Recent Retirement Reforms in Portugal', *Revue Française des Affaires Sociales*, no. 1, 253–70.

Perrons, D. (2006) 'Squeezed Between Two Agendas: Work and Childcare in the Flexible UK' In J. Lewis (ed.) *Children, Changing Families and Welfare States* (Cheltenham: Edward Elgar), pp. 243–66.

Peters, B.G. (2005) 'I'm OK, You're (Not) OK: The Private Welfare State in the United States', *Social Policy and Administration*, 39(2), 166–80.

Petmesidou, M. (2006a) 'Tracking Social Protection: Origins, Path Peculiarity, Impasses and Prospects' In M. Petmesidou and E. Mossialos (eds), *Social Policy Developments in Greece* (Aldershot: Ashgate).

Petmesidou, M. (2006b) 'Social Care Services: "Catching up" amidst High Fragmentation and Poor Initiatives for Change' In M. Petmesidou and E. Mossialos (eds), *Social Policy Developments in Greece* (Aldershot: Ashgate).

Petmesidou, M. and Mossialos, E. (eds) (2006) *Social Policy Developments in Greece* (Aldershot: Ashgate).

Pfau-Effinger, B. (2006) 'Cultures of Childhood and the Relationship of Care and Employment in European Welfare States' In J. Lewis (ed.) *Children, Changing Families and Welfare States* (Cheltenham: Edward Elgar), pp. 137–53.

Piachaud, D. (1986) 'Disability, Retirement and the Unemployment of Older Men', *Journal of Social Policy*, 15(2), 145–62.

Pierson, P. (1994) *Dismantling the Welfare State* (Cambridge: Cambridge University Press).

Pierson, P. (1996) 'The New Politics of the Welfare State', *World Politics*, 48(2), 143–79.

Pierson, P. (ed.) (2001a) *The New Politics of the Welfare State* (Oxford: Oxford University Press).

Pierson, P. (2001b) 'Coping with Permanent Austerity: Welfare State Restructuring in Affluent Democracies' In P. Pierson (ed.), *The New Politics of the Welfare State* (Oxford: Oxford University Press), pp. 410–56.

Pierson, P. (2004) *Politics in Time. History, Institutions, and Social Analysis* (Princeton: Princeton University Press).

Ploug, N. (2001) 'Det danska ålderspensionssystemet – ful ankung eller vacker svan?' In J. Palme (ed.), *Privata och offentlige pensionsreformer i Norden – slut på folkpensionsmodellen?* (Stockholm: Pensionsforum), pp. 10–32.

Ploug, N. (2004) 'The Danish Employment Miracle: Contents and Impact of Institutional Reform of Labour Market Policies in Denmark in the 1990s', Unpublished manuscript.

Polanyi, K. (2001 [1944]) *The Great Transformation. The Political and Economic Origins of Our Time*. 2nd paperback edition (Boston: Beacon Press).

Pollock, A. (2004) *NHS PLC: The Privatisation of Our Health Care* (London: Verso).

Poovey, M. (1995) *Making a Social Body: British Cultural Formation 1830–1864* (Chicago: University of Chicago Press).

Potůček, M. (1999) *Not Only the Market. The Role of the Market, Government and Civic Sector in the Development of Postcommunist Societies* (Budapest: CEU Press).

Potůček, M. (2004) 'Accession and Social Policy: The Case of the Czech Republic', *Journal of European Social Policy*, 14(3), 253–66.

Potůček, M. (2007) 'Czech National Action Plan on Social Inclusion 2004–2006: Did it Matter?', *Prague Social Science Studies, PPF-024*, (Prague: Faculty of Social Sciences, Charles University).

Powell, M. (1996) 'Granny's Footsteps, Fractures and the Principles of the NHS', *Critical Social Policy*, 16(2), 27–44.

Powell, M. (1997) *Evaluating the National Health Service* (Buckingham: Open University Press).

Powell, M. (1999) *New Labour, New Welfare State?* (Bristol: Policy Press).

Powell, M. (2002) *Evaluating New Labour's Welfare Reforms* (Bristol: Policy Press).

Powell, M. (2003) 'Quasi-markets in British Health Policy: A *longue duree* Perspective', *Social Policy and Administration*, 37(7), 725–41.

Powell, M. (ed.) (2007) *Understanding the Mixed Economy of Welfare* (Bristol: Policy Press).

Powell, M. and Hewitt, M. (2002) *Welfare State and Welfare Change* (Buckingham: Open University Press).

Power, M. (1997) *The Audit Society* (Oxford: Clarendon Press).

PPI (2006) *An Evaluation of the White Paper State Pension Reform Proposals* (London: Pensions Policy Institute), Available online at http://www.pensionspolicyinstitute.org.uk/uploadeddocuments/Nuffield/PPI_evaluation_of_WP_state_pension_reforms_20_July_2006.pdf (accessed October).

Propper, C., Wilson, D. and Burgess, S. (2006) 'Extending Choice in English Health Care: The Implications of the Economic Evidence', *Journal of Social Policy*, 35(4), 537–57.

Quinlan, M., Mayhew, C. and Bohle, P. (2001) 'The Global Expansion of Precarious Employment, Work Disorganization, and the Consequences for Occupational Health', *International Journal of Health Services*, 31(2), 335–414.

Rae, D. (2005) 'How to Reduce Sickness Absences in Sweden: Lessons from International Experience', *OECD Economics Department Working Papers*, No. 442 (Paris: OECD).

Raitano, M. (2007) 'The Italian Pension System and Social Inclusion' In T. Meyer, P. Bridgen and B. Riedmüller (eds), *Private Pensions versus Social Inclusion? Non-state Provision for Citizens at Risk in Europe* (Cheltenham, UK and Northampton, US: Edward Elgar).

Rapoport, R., Bailyn, L., Fletcher, J.K. and Pruitt, B.H. (2002) *Beyond Work–Family Balance: Advancing Gender Equity and Workplace Performance* (Chicester: Wiley).

Rasmussen, M. (2006) 'Work First: Explaining the Drop in Disability Claims in Denmark' In P.A. Kemp, A. Sundén and B. Bakker Tauritz (eds) *Sick Societies? Trends in Disability Benefits in Post-industrial Welfare States* (Geneva: International Social Security Association).

Rasmussen, M., Balkus, R., Wiseman, M., Sunden, A. and Svensson, I. (2006) 'The Disability Benefit Programme and its Alternatives' In P.A. Kemp, A. Sundén and B. Bakker Tauritz (eds) *Sick Societies? Trends in Disability Benefits in Post-industrial Welfare States* (Geneva: International Social Security Association).

Rebick, M. (2005) *The Japanese Employment System: Adapting to a New Economic Environment* (Oxford: Oxford University Press).

Rein, M. and Schmähl, W. (eds) (2004) *Rethinking the Welfare State. The Political Economy of Pension Reform* (Cheltenham: Edward Elgar).

Research Institute for Labour and Social Affairs (2007) *Main Economic and Social Indicators of the Czech Republic 1990–2006* (Prague: Vydal Výzkumný ústav práce a sociálních věcí, v.v.i.). Available at http://www.vupsv.cz/fulltext/BullNo22.pdf

Riedmüller, B. and Willert, M. (2007) 'The German Pension System and Social Inclusion' In T. Meyer, P. Bridgen and B. Riedmüller (eds), *Private Pensions versus Social Inclusion? Non-state Provision for Citizens at Risk in Europe* (Cheltenham, UK and Northampton, US: Edward Elgar).

Roberts, G. (2002) 'Pinning Hopes on Angels: Reflections from an Ageing Japan's Urban Landscape' In R. Goodman (ed.) *Family and Social Policy in Japan: Anthropological Approaches* (Cambridge: Cambridge University Press).

Rodríguez Cabrero, G. (2004) *El Estado del Bienestar en España: debates, desarrollo y retos* (Madrid: Editorial Fundamentos).

Rosenbrock, R. and Gerlinger, T. (2006) *Gesundheitspolitik. Eine systematische Einführung.* 2nd Edition (Bern: Verlag Hans Huber).

Rostgaard, T. (2006) 'Constructing the Care Consumer: Free Choice of Home Care for the Elderly in Denmark', *European Societies*, 8(3), 443–63.

Rothgang, H. (2006) 'Die Regulierung von Gesundheitssystemen in vergleichender Perspektive: Auf dem Weg zur Konvergenz?' In C. Wolf and C. Wendt (eds) *Soziologie der Gesundheit.* Special issue (46/2006) of the *Kölner Zeitschrift für Soziologie und Sozialpsychologie* (Wiesbaden: VS Verlag für Sozialwissenschaften), pp. 298–319.

Rothgang, H., Cacace, M. and Schmid, A. (2006) 'Blurring Regimes' In *Healthcare: Convergence in Financing, Service Provision and Regulation of Healthcare?* Paper presented at the 4th ESPAnet Conference at the University of Bremen, 21–23 September. Stream No. 10: Health Market and Social Policy.

Rothgang, H., Schmid, A. and Wendt, C. (forthcoming) 'The Self-Regulatory German Health Care System Between Growing Competition and State Hierarchy' In H. Rothgang, M. Cacace, S. Grimmeisen, U. Helmert and C. Wendt, *The Changing Role of the State in OECD Health Care Systems. From Heterogeneity to Homogeneity?* (Basingstoke: Palgrave Macmillan).

Rothgang, H., Cacace, M., Grimmeisen, S. and Wendt, C. (2005) 'The Changing Role of the State in Health Care Systems' In S. Leibfried and M. Zürn (eds), *Transformations of the State?* (Cambridge: Cambridge University Press).

Rothstein, B. (1992) 'Labor Market Institutions and Working-Class Strength' In S. Steinmo, K. Thelen and F. Longstreth (eds), *Structuring Politics: Historical Institutionalism in a Comparative Perspective* (Cambridge: Cambridge University Press), pp. 33–56.

Ruane, S. (1997) 'Public–Private Boundaries and the Transformation of the NHS', *Critical Social Policy*, 17(2), 53–78.

Rubery, J. (2002) 'Gender Mainstreaming and Gender Equality in the EU: The Impact of the EU Employment Strategy', *Industrial Relations Journal*, 33(5), 500–22.

Rubery, J., Grimshaw, D., et al. (2003) 'Gender Equality Still on the European Agenda – But for How Long?', *Industrial Relations Journal*, 34(5), pp. 477–97.

Russell, H. and Whelan, C.T. (2003) *Income, Deprivation, Economic Strain and Multiple Disadvantage in the Candidate Countries* (Dublin: Economic and Social Research Institute).

Rys, V. (2001) 'Transition Countries of Central Europe Entering the European Union: Some Social Protection Issues', *International Social Security Review*, 52(2–3), 177–89.

Rzeczpospolita (2005) 'Moje Pieniądze. Różnice są dość duże', *Suplement*.

Samek, M. (2000) 'The Dynamics of Labour Market Reform in Europe' In G. Esping-Andersen and M. Regini (eds), *Why Deregulate Labour Markets?* (Oxford: Oxford University Press), pp. 35–60.

Saraceno, C. (ed.) (2002) *Social Assistance Dynamics in Europe* (Bristol: Policy Press).

Sass, S. (1997) *The Promise of Private Pensions. The First Hundred Years* (Cambridge, MA: Harvard University Press).

Sass, S. (2006) 'Anglo-Saxon Occupational Pensions in International Perspective' In H. Pemberton, P. Thane and N. Whiteside (eds), *Britain's Pension Crisis: History and Policy* (Oxford: Oxford University Press), pp. 191–207.

Schlüter, P. (1982) Inaugural Speech, Danish Parliament, Oct. 5. www.dansketaler.dk

Schmid, A., Cacace, M. and Rothgang, H. (forthcoming) 'Convergence in Health Care Systems: Blurring of Regimes in Germany, Britain, and the United States', *TranState Working Paper*, (Bremen: TranState Research Center).

Schmid, G., Reisset, B. and Bruche, G. (1992) *Unemployment Insurance and Active Labour Market Policy: An International Comparison of Financing Systems* (Detroit: Wayne State University Press).

Schmidt, V.A. (2002) *The Futures of European Capitalism* (Oxford: Oxford University Press).

Schneider, F. (2002) 'The Size and Development of the Shadow Economies of 22 Transition and 21 OECD Countries', *Discussion Paper*, No. 514 (Bonn: Institute of Labour Studies).

Scruggs, L. (2004) 'Generosity Index'. Welfare State Entitlements Data Set: A Comparative Institutional Analysis of Eighteen Welfare States, Version 1.2., updated 4/2/06.

Scruggs, L. and Allan, J. (2006) 'Welfare-state Decommodification in 18 OECD Countries: a Replication and Revision', *Journal of European Social Policy*, 16(1), 55–72.

Seeleib-Kaiser, M. (1995) 'The Development of Social Assistance and Unemployment Insurance in Germany and Japan', *Social Policy and Administration*, 29(3), 269–93.

Seeleib-Kaiser, M. (2001) *Globalisierung und Sozialpolitik* (Frankfurt/M.: Campus).

Seeleib-Kaiser, M. (2002) 'A Dual Transformation of the German Welfare State?', *West European Politics*, 25(4), 25–48.

Seeleib-Kaiser, M. (2006) 'Japan' In T. Fitzpatrick, H.-ju Kwon, N. Manning, J. Midgley and G. Pascall (eds), *International Encyclopedia of Social Policy*. Vol. 2 (London: Routledge).

Seeleib-Kaiser, M. and Fleckenstein, T. (2007) 'Discourse, Learning and Welfare State Change: The Case of German Labour Market Reforms', *Social Policy and Administration*, 41(5), 427–48.

Seeleib-Kaiser, M., van Dyk, S., and Roggenkamp, M. (2008) *Party Politics and Social Welfare: Comparing Christian and Social Democracy in Austria, Germany and the Netherlands* (Cheltenham: Edward Elgar).

Sengoku, M. (2006) *Emerging Eastern European Welfare States: A Variant of the 'European' Welfare Model?* (Available at http://src-h.slav.hokudai.ac.jp/coe21/publish/no2_ses/3-2_Sengoku.pdf).

Shalev, M. (ed.) (1996) *The Privatization of Social Policy. Occupational Welfare and the Welfare State in America, Scandinavia and Japan* (Basingstoke: Macmillan).

Sharma, A. and Gupta, A. (2006) 'Rethinking Theories of the State in an Age of Globalization' In A. Sharma and A. Gupta (eds), *The Anthropology of the State: A Reader* (Oxford: Blackwell Publishing).

Shonfield, A. (1965) *Modern Capitalism: The Changing Balance of Public and Private Power* (Oxford: Oxford University Press).

Siegel, N. (2002) *Baustelle Sozialpolitik*. (Frankfurt/M.: Campus).

Siegel, N. and Jochem, S. (2003) 'Staat und Markt im internationalen Vergleich – Empirische Mosaiksteine einer facettenreichen Arbeitsverschränkung' In R. Czada and R. Zintl (eds) *Politik und Markt*. Sonderheft der PVS 34/2003. (Wiesbaden: Verlag für Sozialwissenschaften), pp. 351–88.

Sigurgeirsdóttir, S. (forthcoming) 'The Icelandic National Health Service: The Trend Towards State Centralisation and Private Provision' In H. Rothgang, M. Cacace, S. Grimmeisen, U. Helmert and C. Wendt (eds) *Financing, Providing, and Regulating Health Care. The Role of the State in Twelve OECD Health Care Systems from 1970 till Today* (Buckingham: Open University Press).

Sinfield, A. (1978) 'Analyses in the Social Division of Welfare', *Journal of Social Policy*, 7(2), 129–56.

Sinfield, A. (2007) 'Tax welfare' In M. Powell (ed.) *Understanding the Mixed Economy of Welfare* (Bristol: Policy Press), pp. 129–48.

Sirovátka, T. (2007a) Efektivita opatření aktivní politiky zaměstnanosti a její podmínky. Unpublished manuscript, (Brno: Masaryk University).

Sirovátka, T. (2007b) 'The Work and Social Assistance Act (WWB) in the Netherlands'. Peer Review, 4–5 June.

Skocpol, T. (1994) 'Is the Time Finally Ripe? Health Insurance Reforms in the 1990s' In J.A. Morone and G.S. Belkin (eds) *The Politics of Health Care Reform – Lessons from the Past, Prospects for the Future* (Durham, NC and London: Duke University Press), pp. 57–76.

Slaughter, A.-M. (2004) *A New World Order* (Princeton, NJ: Princeton University Press).

Slaughter, S. and Rhoades, G. (2004) *Academic Capitalism and the New Economy. Markets, State, and Higher Education* (Baltimore: Johns Hopkins University Press).

Smeaton, D. and Marsh, A. (2006) 'Maternity and Paternity Rights and Benefits: Survey of Parents 2005', *Employment Relations Research Series*, No. 50 (London: Department of Trade and Industry).

Smithies, R. (2005) 'Public and Private Welfare Activity in the United Kingdom, 1979 to 1999', *CASEpaper* 93 (London: LSE).

Smithson, J. and Stokoe, E.H. (2005) 'Discourses of Work–Life Balance: Negotiating "Genderblind" Terms in Organizations', *Gender, Work and Organization*, 12(2), 147–68.

Social Protection Committee (2006) 'Current and Prospective Theoretical Pension Replacement Rates, Report by the Indicators Sub-Group (ISG) of the (SPC) – 19th May 2006'.
Sol, E. and Westerveld, M. (eds) (2005) *Contractualism in Employment Services: A New Form of Welfare Governance* (The Hague: Kluwer).
Spicker, P. (2003) 'Distinguishing Disability and Incapacity', *International Social Security Review*, 56(2), 31–43.
Standing, G. (2001) *Beyond the New Paternalism: Basic Security as Equality* (London: Verso).
Statistics Denmark (2006). *Statistik Tiårsoversigt 2003* (Copenhagen: Statistics Denmark).
Statistics New Zealand (2005) *New Zealand Long Term Data Series*. Health, Table C5.5 (Wellington: Statistics New Zealand).
Statistik Norway (2006) *Spesialisthelsetjenesten. Aktivitet og senger/døgnplasser, etter landsdel og tjenesteområde*. Tabell:04434. Retrieved from: http://statbank.ssb.no.
Statistisches Bundesamt (various issues) *Gesundheitswesen. Grunddaten der Krankenhäuser und Vorsorge- oder Rehabilitationseinrichtungen*. Fachserie 12/ Reihe 6.1. (Wiesbaden: Statistisches Bundesamt).
Stenson, K. (2000) 'Crime Control, Social Policy and Liberalism' In G. Lewis, S. Gewirtz and J. Clarke (eds), *Rethinking Social Policy* (London: Sage/The Open University).
Stepan, A. and Sommersguter-Reichmann, M. (2005) 'Monitoring Political Decision-Making and its Impact in Austria', *Health Economics*, 14, 7–23.
Stewart, J. (2004) *Taking Stock: Scottish Social Welfare after Devolution* (Bristol: Policy Press).
Stewart, J. (2007) 'The Mixed Economy of Welfare in Historical Context' In M. Powell (ed.) *Understanding the Mixed Economy of Welfare* (Bristol: Policy Press), pp. 23–40.
Stigler, G.J. (1987) 'Competition' In J. Eatwell, M. Milgate, and P. Newman (eds), *The New Palgrave: A Dictionary of Economics*. Vol. I (New York: Norton), pp. 531–46.
Stone, D. (2000) 'United States', *Journal of Health Politics, Policy and Law*, 25(5), 953–8.
Stratigaki, M. (2004). 'The Cooption of Gender Concepts in EU Policies: The Case of "Reconciliation of Work and Family"', *Social Politics*, 11(1), 30–56.
Streeck, W. and Thelen, K. (eds) (2005a) *Beyond Continuity. Institutional Change in Advanced Political Economies* (Oxford: Oxford University Press).
Streeck, W. and Thelen, K. (2005b) 'Introduction: Institutional Change in Advanced Political Economies' In W. Streeck and K. Thelen (eds), *Beyond Continuity. Institutional Change in Advanced Political Economies* (Oxford: Oxford University Press), pp. 1–39.
Streeck, W. and Trampusch, C. (2005) 'Economic Reform and the Political Economy of the German Welfare State', *German Politics*, 14(2), 174–95.
Strehl, R. (2003) 'Privatisierungswelle im deutschen Krankenhauswesen?' In M. Arnold, J. Klauber and H. Schellschmidt (eds), *Krankenhaus-Report 2002. Schwerpunkt: Krankenhaus im Wettbewerb* (Stuttgart and New York: Schattauer-Verlag), 113–29.
Swedish Social Insurance Agency (2002) *Social Insurance in Sweden 2002* (Stockholm: Swedish Social Insurance Agency).
Sykes, R. (1998) 'Studying European Social Policy – Issues and Perspectives' In R. Sykes and P. Alcock (eds), *Developments in European Social Policy: Convergence and Diversity* (Bristol: Policy Press).
Szebehely, M. (ed.) (2005) *Äldreomsorgsforsknin i Norden. En kunnskapsöversikt* (Copenhagen: Nordisk Ministerråd).
Tachibanaki, T. (2005) 'Jakusha no Hinkonka ga Kakusa wo Jochō' ('The Rising Tide of Poverty in Japan'), *Ronza*, June, 102–7.

Tavares, L. and Alves, A. (2007) 'The Future of Portuguese Public Administration and a New Agenda for Public Administration Sciences in the 21st Century', *Public Administration*, 84(2), 389–406.
Taylor-Gooby, P. (2002) 'The Silver Age of the Welfare State: Perspectives on Resilience', *Journal of Social Policy*, 31(4), 597–621.
Taylor-Gooby, P. (2004a) *New Risks, New Welfare. The Transformation of the European Welfare State* (Oxford: Oxford University Press).
Taylor-Gooby, P. (2004b) 'New Risks and Social Change' In P. Taylor-Gooby (ed.), *New Risks, New Welfare: The Transformation of the European Welfare State* (Oxford: Oxford University Press).
Taylor-Gooby, P., Larsen, T. and Kananen, J. (2004) 'Market Means and Welfare Ends: The UK Welfare State Experiment', *Journal of Social Policy*, 33(4), 573–92.
Thatcher, M. (1993) *The Downing Street Years* (London: Harper Collins).
Thelen, K. (2003) 'How Institutions Evolve: Insights from Comparative Historical Analysis' In J. Mahoney and D. Rueschemeyer (eds), *Comparative Historical Analysis in the Social Sciences* (Cambridge: Cambridge University Press).
Timmins, N. (2001) *The Five Giants*. 2nd Edition (London: HarperCollins).
Titmuss, R. (1958) 'The Social Division of Welfare: Some Reflections on the Search for Equity' In R. Titmuss *Essays on The Welfare State* (London: George Allen and Unwin), pp. 34–55.
Titmuss, R. (1976) *Essays on the Welfare State*. 3rd Edition (London: George Allen and Unwin).
tns Infratest (2005). Situation und Entwicklung der betrieblichen Altersversorgung in Privatwirtschaft und öffentlichem Dienst 2001 – 2004. Endbericht. München.
Toivonen, T. (2007) 'Is Japanese Family Policy Turning Nordic?' *Barnett Paper in Social Research*, 2007/1. (Oxford: Department of Social Policy and Social Work, University of Oxford).
Topalov, C. (1994) *La naissance du chômeur: 1880–1910* (Paris: Albin Michel).
Torfing, J. (1999) 'Workfare with Welfare: Recent Reforms of the Danish Welfare State', *Journal of European Social Policy*, 9(1), 5–28.
Torfing, J. (2004) *Det stille sporskifte i velfærdsstaten. En diskursteoretisk beslutningsprocesanalyse* (Aarhus: Aarhus University Press).
Torres L. and Pina, V. (2004) 'Reshaping Public Administration: The Spanish Experience Compared to the UK', *Public Administration*, 82(2), 445–64.
Townsend, P. (1979) *Poverty in the United Kingdom. A Survey of Household Resources and Standards of Living* (Harmondsworth: Penguin).
Toynbee, P. and Walker, D. (2005) *Better or Worse? Has Labour Delivered?* (London: Bloomsbury).
Trampusch, C. (2005) 'Institutional Resettlement: The Case of Early Retirement in Germany' In W. Streeck and K. Thelen (eds), *Beyond Continuity: Institutional Change in Advanced Political Economies* (Oxford: Oxford University Press).
Trans, T., Jensen, B. and Gervasini Nielsen, M. (2006) *A Comparison of Welfare Payments to Asylum Seekers, Refugees, and Reunified Families in Selected European Countries and in Canada* (Copenhagen: The Rockwool Foundation Research Unit).
Tuohy, C.H. (1999) *Accidental Logics* (New York: Oxford University Press).
Tuohy, C.H., Colleen, M.F. and Stabile, M. (2004) 'How Does Private Finance Affect Public Health Care Systems? Marshalling the Evidence from OECD Nations', *Journal of Health Politics, Policy and Law*, 29(3), 359–96.
Udliciteringsraadet (2004) *Konkurrenceudsættelse af velfærdsydelser i Sverige* (Copenhagen: Udliciteringsraadet).

Udliciteringsraadet (2005) *Gennemgang af kommunale opgavers udbudshyppighed* (Copenhagen: Udliciteringsraadet).
Udredningsudvalget (1992) *Udredningsudvalget vedr. arbejdsmarkedets strukturproblemer; Rapport om arbejdsmarkedets strukturproblemer*. Del I (Copenhagen: Udredningsudvalget).
UNICEF (2001), 'A Decade of Transition', *Regional Monitoring Report*, No. 8, (Florence: UNICEF Innocenti Research Centre).
Úřad státního dozoru v pojišť'ovnictví a penzijním připojištění (2005) *Výroční zpráva za rok 2004* (Prague: Ministerstvo financí ČR).
US OMB (2006) *Analytical Perspectives, Budget of the United States Government, Fiscal Year 2007* (Washington, DC: GPO).
Vahtera, J., Kivimaki, M., Forma, P., Wikström, J., Halmeenmäki, J., Linna, A. and Pentti, J. (2005) 'Organisational Downsizing as a Predictor of Disability Pension: the 10-town Prospective Cohort Study', *Journal of Epidemiology and Community Health*, vol. 59, 238–42.
Van Berkel, R. (2007) *Making it Personal* (Bristol: Policy Press).
Van de Ven, W.P.M.M. (1996) 'Market-oriented Health Care Reforms: Trends and Future Options', *Social Science & Medicine*, 43(5), 655–66.
Van Kersbergen, K. (1995) *Social Capitalism: A Study of Christian Democracy and the Welfare State* (London: Routledge).
Van Kersbergen, K. (2000) 'The Declining Resistance of Welfare States to Change?' In S. Kuhnle (ed.), *Survival of the European Welfare State* (London: Routledge), pp. 19–36.
Van Oorschot, W. and Boos, K. (2000) 'The Battle against the Numbers: Disability Policies in the Netherlands', *European Journal of Social Security*, 2(4), 343–61.
Van Riel, B., Hemerijck, A. and Visser, J. (2003) 'Is there a Dutch Way to Pension Reform?' In G. Clark and N. Whiteside (eds), *Pension Security in the 21st Century* (Oxford: Oxford University Press), pp. 64–91.
Večerník, J. (2005) 'Proměny a problémy české sociální politiky', *Sociologický časopis/Czech Sociological Review*, 41(5), 863–80.
Visser, J. and Hemerijck, A. (1997) *A Dutch Miracle: Job Growth, Welfare Reform and Corporatism in the Netherlands* (Amsterdam: Amsterdam University Press).
Vogel, E.F. (1980) *Japan as Number One: Lessons for America* (Tokyo: Tuttle).
Walker, R. and Howard, M. (2000) *The Making of a Welfare Class? Benefits Receipt in Britain* (Bristol: Policy Press).
Walters, W. (1996) 'The Demise of Unemployment?', *Politics and Society*, 24(3), 197–219.
Walters, W. (2000) *Unemployment and Government: Genealogies of the Social* (Cambridge: Cambridge University Press).
Warin, J., Joseph Rowntree Foundation., et al. (1999) *Fathers, Work and Family Life* (London: Family Policy Studies Centre for the Joseph Rowntree Foundation).
Watanuki, J. (1986) 'Is there a "Japanese-Type Welfare Society"?', *International Sociology*, 1(3), 259–69.
Webb, P. (2002) 'Time to Share the Burden: Long Term Care Insurance and the Japanese Family', *Japanese Studies*, 22(2), 113–29.
Wedel, J. (2000) *Collision and Collusion: The Strange Case of Western Aid to Eastern Europe* (New York: Palgrave).
Wendt, C., Frisina, L. and Rothgang, H. (forthcoming 2008) 'Healthcare System Types – A Conceptual Framework for Comparison', *TranState Working Paper* (Bremen: TranState Research Center).

Wendt, C., Grimmeisen, S. and Rothgang, H. (2005a) 'Convergence or Divergence of OECD Health Care Systems' In I. Marx (ed.), *International Cooperation in Social Security, How to Cope With Globalisation?* (Antwerpen: Intersentia), pp. 15–45.

Wendt, C., Rothgang, H. and Helmert, U. (2005b) 'The Self-regulatory German Health Care System Between Growing Competition and State Hierarchy', *TranState Working Paper* No. 32 (Bremen: TranState Research Center).

Westerveld, M. and Faber, K. (2005) 'Client Contracting in Social Security in the Netherlands' In E. Sol and M. Westerveld (eds), *Contractualism in Employment Services: A New Form of Welfare Governance* (The Hague: Kluwer).

Whelan, C. and McGinnity, F. (2000) 'Unemployment and Satisfaction: A European Analysis' In D. Gallie and S. Paugam (eds), *Welfare Regimes and the Experience of Unemployment in Europe* (Oxford: Oxford University Press), pp. 286–306.

White, S. (2003) *The Civic Minimum* (Oxford: Oxford University Press).

Whiteside, N. (2003) 'Historical Perspectives and the Politics of Pension Reform' In G. Clark and N. Whiteside (eds), *Pension Security in the 21st Century* (Oxford: Oxford University Press), pp. 21–43.

Whiteside, N. (2006) 'Adapting Private Pensions to Public Purposes: Historical Perspectives on the Politics of Reform', *Journal of European Social Policy* 16(1), 43–54.

WHO (2006) *European Health-for-all Database*. Available at: www.euro.who.int/hfadb

Wierink, M. (2000) 'Pays-Bas: Réforme des structures de la protection sociale et révision de la place des partenaires sociaux', *Chronique Internationale de l'IRES*, no. 64, 26–38.

Wilensky, H.L. (2002) *Rich Democracies. Political Economy, Public Policy, and Performance* (Berkeley: University of California Press).

Williams, F. (2004) *Rethinking Families* (London: Calouste Gulbenkian Foundation).

Williams, F. (2005) 'New Labour's Family Policy' In M. Powell, L. Bauld and K. Clarke (eds) *Analysis and Debate in Social Policy, 2005* (Bristol: Policy Press), pp. 289–302.

Williams, R. (1976) *Keywords: A Vocabulary of Culture and Society* (London: Fontana).

Wilthagen, T., Tros, F. and van Lieshout, H. (2004) 'Towards 'flexicurity'? Balancing Flexibility and Security in EU Member States', *European Journal of Social Security*, 6(2), 113–36.

World Bank (1994) *Averting the Old Age Crisis: Policies to Protect the Old and Promote Growth* (Oxford University Press: Oxford).

Zaidi, A., Marin, B. and Fuchs, M. (2006) *Pension Policy in EU25 and its Possible Impact on Elderly Poverty* (Vienna: European Centre for Social Welfare Policy and Research).

Zweifel, P. (2000) 'Switzerland', *Journal of Health Politics, Policy and Law*, 25(5), 937–44.

索　引

activation, 4, 6–7, 27, 30, 38–9, 41–2, 54, 60–2, 71, 76, 150, 151–4, 157–62, 181, 208, 218
active labour market policy, 27, 81
　see also labour market policy
ageing, 99, 102, 105, 108, 111, 127, 164, 176, 180, 182
Aid to Families with Dependent Children, 200
Angel Plan, 103
assemblages, 198, 201–6, 208, 221
austerity, 4, 9, 35, 41, 61–2, 66, 71, 77, 147, 172

Basic State Pension, 113, 122,
Bismarckian, 92, 93, 111, 112, 155, 159, 213
Brown, Gordon, 21, 27–8
bubble economy, 102
budget deficit, 34, 58, 105

charity, 98, 198
child allowance, 52, 87, 92
child care, 26, 34, 49–50, 52–4, 103, 171, 183, 185–9, 212, 214
choice, 2, 21–3, 26, 29–31, 47–49, 51–54, 63, 73–4, 76, 117, 145, 148, 150, 190, 192–3, 211–2
Christian Democrats, 93
Communist welfare states, 83, 95, 218
conditionality, 6, 27, 30, 36–42, 55, 150, 177, 206, 212, 216,
Conservatives, 20, 22–31, 49, 60, 149, 186
consumer, 47–8, 51, 54, 136, 150
contributions, 7, 28, 40–1, 43–7, 58–9, 62, 65–6, 68, 70, 72, 88–92, 94, 113–17, 121–125, 127–31, 132–3, 145, 149–58, 167, 175, 212, 221
co-payments, 59, 63, 65, 74, 82, 88, 103, 105, 214
cost containment, 34, 47–8, 50, 54, 59, 132, 145, 173, 178, 180–1

decentralization, 48, 56, 58, 63, 65, 92, 102–3, 208
decommodification, 4–5, 168
defined contribution, 43, 45, 65, 114, 118, 221
deindustrialization, 169–71, 180
delivery, 18, 49, 57–60, 71–6, 92, 96, 137, 140, 152, 154, 158, 179, 181, 207
demographic change, 1, 9, 96, 132
devolution, 65, 72–3, 78, 208
disability, 13, 45–6, 55, 67, 90, 159, 161, 164–80, 190, 216
divisions of welfare, 9

early retirement, 38, 41–2, 45–6, 115, 129, 157, 169–70
East Asian Welfare Model, 97
education, 18–9, 21, 24–5, 28–32, 34, 37–9, 47, 53, 57, 75–6, 96–7, 100, 106–8, 166, 179–80, 199–200, 205, 211, 214
Elberfeld system, 98
elderly care, 34, 47, 50–1, 103, 187, 214, 217
employment policy, 27, 56–7, 71, 76, 86, 88, 90, 108, 153, 158–61, 213
　see also labour market policy and European Employment Strategy
employment rate, 176, 216
　see also full employment
employment stabilization, 105
Esping-Andersen, Gøsta, 2, 4–5, 9, 48, 79, 97, 99, 164, 167–8, 171–2, 180, 183
European Monetary Union (EMU), 56, 58, 61, 64
European Union (EU), 39, 57, 60 72, 75–7, 79–80, 84, 87, 93–5, 128–9, 183–4, 213, 218–20
European Commission, 87–9, 184
European Employment Strategy, 71, 76, 87, 183

288

family allowance, 83, 88
family care, 49, 183–5, 191, 193–4, 217
family policy, 25, 52, 94, 103–4, 214
family responsibilities, 7, 13, 82, 92, 94
fathers, 100, 103, 184, 189–94
fertility rate, 1, 93, 99
financing, 9–12, 36, 40, 45, 49–50, 57, 63, 71, 78, 83, 94, 96–7, 103–4, 106–7, 111, 150–2, 157–8, 174, 210, 213–14, 217–21,
   health-care financing, 132–9, 142–3, 146–7
fiscal welfare, 7, 9, 30
   see also taxation
flexibility, 26, 59, 72, 77, 188, 190–1
flexibilization, 57, 60, 62, 76, 213
flexible work, 58, 60, 182, 184–5, 187–92
flexicurity, 36, 40, 42, 57, 59, 213, 217
full employment, 5, 27, 37, 93, 101, 106–7, 113, 167

gender, 45, 63, 97, 102, 124, 172, 191–4, 199
generosity, 5, 10, 65, 73, 156, 173–4
Ghent system, 11, 40, 42, 155–6, 179
Gini coefficient, 84
globalization, 1, 9, 13, 79, 132, 201, 204, 207
Gold Plan, 103

health insurance, 24, 50, 59, 63–4, 74, 88–9, 92, 132, 136, 144
health care, 7, 10, 24, 28–9, 34, 36, 47, 49–50, 57–9, 63–6, 71, 73–4, 80–2, 88, 92, 95, 106, 132–46, 200, 211–19

immigration, 39, 44, 68, 102
implementation, 36, 39, 46, 53, 60, 64, 72, 79, 87–8, 90, 144–5, 161, 179
incapacity benefits, 164–81, 216
inequality, 9, 17, 30, 55, 84, 101, 106, 123, 185, 199
International Monetary Fund (IMF), 64, 80, 91
invalidity pension, 164, 167, 177

Job Seekers Allowance (JSA), 27, 29
joblessness, 151–2

Korpi, Walter, 4, 6, 33, 37, 40

Labour, 20–1, 23–7, 32
labour market pensions, 42–5, 212, 219
labour market policy, 27, 29, 35, 54, 81, 154
Lewis, Jane, 26, 182–3
liberalization, 57, 59, 76, 86, 147–9, 152, 162, 207, 213, 215
Lisbon Strategy, 183
long-term care, 75, 106
low-skilled, 170, 180, 192

Maastricht Treaty, 58, 61
Major, John, 21, 24
managed care, 145
marketization, 10, 18, 48, 51, 106, 208, 221
Marshall, T.H., 1, 7
maternity leave, 93, 188–90, 192
migrant worker, 75, 192, 219
minimum wage, 28, 63
minseiiin, 96
mixed economy of welfare, 1–2, 8, 17–21, 28, 30, 211
mothers, 99, 172, 182–94, 217
multi-pillar pension system, 111–12, 117, 127, 214, 218

National Employment Action Plan, 89
National Health Service (NHS), 10, 18, 21–7, 58–9, 63, 65, 73–4, 92, 130, 133, 143,
New Labour, 17, 21–8, 31–2, 153, 177, 182, 185–6, 188, 192, 211, 216
new public management, 47–8, 53–4

occupational pension *see* pension
   see also labour market pensions
Organization for Economic Cooperation and Development (OECD), 3–4, 6–8, 34, 36, 47, 53, 64, 70, 84, 115, 119–20, 129, 132–9, 141, 146, 164, 168–9, 172–6, 183, 197, 215–88
Offe, Claus, 4
Old Labour, 24
Open Method of Coordination (OMC), 80, 87

outcome, 9–10, 12, 17–18, 28, 33, 35–6, 41, 45–6, 53–5, 71–2, 79, 83, 94, 104, 106, 112, 118–19, 122–5, 129, 148–9, 162, 185, 188, 193–4, 212, 217–19
outsourcing, 48–50, 221

parental leave, 7, 38, 49, 93, 184, 186–90, 192, 213
PASOK, 58–9
pension, 1–2, 4–5, 11–12, 22, 27–30, 34–5, 42–6, 54–5, 56, 58, 61–6, 68, 72–4, 81–2, 88–92, 94, 96, 102, 105–8, 111–30, 157, 167–8, 177, 197–8, 200, 211–15, 217–21
　disability pension, 46, 55, 90, 164
　funded pension, 46, 69, 111
　minimum pension, 45, 60, 68, 114
　occupational pension, 11, 28, 63, 68, 115–17, 123–6, 215, 217
　private pension, 2, 27, 43, 64, 69, 81, 91–2, 111–30, 174, 212–13, 215
　see also labour market pension
philanthropy, 11, 198
post-industrial economies/societies, 119, 164, 167, 169, 171–2, 180, 216
poverty, 1, 9, 23, 37, 39, 41–2, 55, 59, 61, 73, 77, 84, 87, 93, 113, 185, 219–21
　absolute poverty, 84
　child poverty, 26, 84, 182
　poverty among pensioners, 58, 64, 68, 124
　poverty threshold, 114, 220
private domain, 6, 11, 113, 184, 216
private finance initiatives, 22, 26, 61
private insurance, 7, 49, 59, 92, 118, 132–3, 136, 145, 150, 167, 179
private social policy, 1–2, 8–9, 17, 211
privatization, 2, 7, 10, 17–24, 27, 31–2, 40–1, 49–50, 58, 61, 75, 78, 83, 92, 95, 106, 135–6, 139–42, 161, 175, 179, 208, 210–11, 213–15, 219
　informal privatization, 61, 75, 77, 219
public debt, 34, 58
public domain, 11, 13, 111, 125, 216, 221
public sector, 17, 24, 26, 28, 33–4, 44, 47–8, 53, 58, 72, 74, 83, 95, 116–19, 124, 130, 162, 190, 218

public–private mix, 11–13, 61, 91, 112, 181, 210, 213–14, 217, 219, 221
　in health care 132–46
public–private partnership, 21, 27, 208, 211

quasi-market, 18, 24, 40, 47, 78

recalibration, 4, 173, 176–81, 210
recommodification, 4–7, 23, 24, 27, 55, 81, 83, 160, 173, 175–81, 210–13
redistribution, 64, 78, 90, 112, 113–14, 116, 123
retirement, 34, 38, 41–3, 45–6, 58, 60, 63, 68, 90, 111–13, 115–17, 124–30, 157, 169–71, 214
retirement age, 60, 90, 92, 127, 214
retrenchment, 4–6, 33–7, 41, 47, 51, 53–4, 62, 81–2, 87, 124, 126–7, 162, 172, 174–5, 210, 212, 215

safety net, 78, 86, 96–7, 106
social assistance, 35, 37, 39–40, 55, 57–9, 61, 65, 86–7, 90, 114, 152–4, 157–8, 160, 165, 175, 213
social care, 21, 30, 57, 60–1, 72–5, 77, 80, 82–3, 88, 96, 103, 212, 214
social citizenship, 1, 4, 6, 46, 205
Social-Democratic welfare state, 12, 40, 99, 168–9, 172
Social Democrats, 36–8, 42, 49, 88, 90–3, 213
social enterprise, 24, 208
social expenditure, 1, 3–4, 8–9, 33, 66–7, 71, 77, 83, 88, 168, 173, 197
social inclusion, 56, 76, 87–8, 112, 119–28, 215, 219
social insurance contributions, 70, 89, 117, 133, 149, 167, 175, 212
social risks, 2, 9, 11, 13, 40, 72, 83, 112–13, 119, 127, 150, 164, 167, 172, 179
　new social risks, 13, 71, 164, 167, 172
social services, 5, 10, 23, 27, 29, 34, 61, 77, 82–3, 86, 88, 160, 210, 212
sustainability, 6, 54, 62, 68, 75, 112

taxation, 11, 21, 50, 69, 86, 92, 103, 149, 151–2
  tax allowance, 91, 213
  tax benefits, 115, 117
  tax credit, 23, 28–30, 92, 187, 211
  tax policy, 115, 136
  see also fiscal welfare
Thatcher, Margaret, 20–5, 31–2
Titmuss, Richard, 1, 7, 9
Toledo Pact, 62, 68

UN Convention of the Rights of the Child, 100, 103
unemployment, 5–7, 11, 13, 20, 27, 33–42, 44–6, 55, 59, 62, 64, 67, 71, 80–1, 88–9, 94, 96, 101, 102, 104, 107, 120, 147–63, 165, 167–72, 175–6, 178–81, 185, 197–8, 211–17
unemployment insurance, 11, 36, 40–1, 45, 89, 102, 147–63, 168, 176, 179, 213

unemployment protection, 62, 64, 151, 156, 159–60
unemployment benefits, 27, 37–41, 44–6, 89, 101, 105, 147–8, 150–60, 165, 170, 175–6, 178, 180, 212, 215–16
  see also Ghent System
universalism, 35, 51, 53, 218

voluntarism, 11, 112, 117, 125, 127, 219
voucher, 18, 22, 24–5, 30–2, 50, 187

welfare regime, 165, 168–9, 175
welfare system, 10–1, 21, 57, 66, 83, 97–103, 106–8, 111–27, 154, 209, 215, 218, 221
work–life balance, 164, 172, 187–8, 192, 194
World Bank, 2, 45, 80, 91

291

译后记

翻译牛津大学马丁教授编著的《福利国家的变迁：比较视野》这本书源于对社会保障史研究的兴趣，笔者认为不仅要研究中国历史上的社会保障制度及实践，同时也要关注国外社会保障的变迁，唯有博古通今，中西贯通，方能在人类社会保障的历史长河中寻求当代中国社会保障事业发展的路径。在中国人民大学攻读博士学位期间，笔者查阅了中国人民大学图书馆和国家图书馆中大量关于国外社会保障政策变迁研究的图书，对马丁教授编著的这部著作兴趣甚浓，因为这部著作不仅对欧洲福利国家的社会政策发展从历史的视野予以深挖，而且从国际比较的视野分析不同社会福利制度的变迁。

本书在翻译过程中得到导师郑功成教授的多方鼓励和支持，他开阔的学术视野引导着我对社会保障史的探索，他的战略眼光与放眼世界的学术理想勉励我对社会保障理论与政策进行思考，也正是因为郑功成教授身体力行国家责任、社会责任、学术责任，我鼓足勇气开始这本书的翻译。

本书的翻译一波三折。叶冰清、汪涵、华颖、袁军、陈望、梁东铭、张志成、王佳、陈丰元、李慧、文姚丽等分别于 2012 年 6 月完

译后记

成了不同章节的译文初稿，但译文初稿在9月山东济南发生的一场意外中丢失了，此时大家业已毕业，都有各自的工作岗位，我也调回西北政法大学工作。2013年10月至12月怀孕期间，除在邮件中找到部分译文外，其他章节均由我重新翻译，湖南师范大学王艳君等对本书的图表进行校对。丢失书稿是我的责任，在此向曾经为此书付出努力的师弟师妹表示歉意。

由于繁重的教学任务以及自身能力有限，翻译校对工作一直未能如期完成，直到2019年3月在西北政法大学外国语学院马庆林教授、周朝伟教授、樊养才副教授的帮助下才得以最终完成。在翻译校对过程中也多次向中国人民大学仇雨临教授、华东师范大学张继元博士、中国社会科学院华颖助理研究员、对外经贸大学王琬副教授等国内外多位学者请教，在此一并表示感谢。

本书的最终出版离不开中国人民大学出版社徐小玲女士的付出与辛劳，与她多次在翻译字词方面的沟通交流使我感到编辑的严谨与负责。从签订合同到最终出版，中国人民大学出版社副社长郭晓明都给予了帮助和支持，再次深表感谢！

文姚丽

2019年5月22日

当代世界学术名著·政治学系列

现代政治分析（第六版）	［美］罗伯特·A. 达尔 等
论民主（第二版）	［美］罗伯特·A. 达尔
民主及其批评者	［美］罗伯特·A. 达尔
美国宪法的民主批判（第二版）	［美］罗伯特·A. 达尔
复合共和制的政治理论（第三版）	［美］文森特·奥斯特罗姆
使民主运转起来：现代意大利的公民传统	［美］罗伯特·D. 帕特南
民族—国家与暴力	［英］安东尼·吉登斯
现代性与自我认同：晚期现代中的自我与社会	［英］安东尼·吉登斯
社会的构成：结构化理论纲要	［英］安东尼·吉登斯
制度激励与可持续发展	［美］埃莉诺·奥斯特罗姆
第三波：20 世纪后期的民主化浪潮	［美］塞缪尔·P. 亨廷顿
民主政体的崩溃	［美］胡安·林茨
欧洲自由主义的兴起	［英］哈罗德·J. 拉斯基
民主理论的现状	［美］伊恩·夏皮罗
资本主义与社会民主	［美］亚当·普热沃尔斯基
美国注定领导世界？——美国权力性质的变迁	［美］约瑟夫·S. 奈
伟大的社会转型：20 世纪的经济思想与制度变迁	［美］马克·布莱思
遏制民族主义	［美］迈克尔·赫克特
利益集团社会（第 5 版）	［美］杰弗里·M. 贝瑞 等
正义的制度：全民福利国家的道德和政治逻辑	［瑞典］博·罗思坦
政治社会学（第五版）	［美］安东尼·M. 奥勒姆 等
全球秩序与全球治理	［英］安德鲁·赫里尔
福利国家的变迁：比较视野	［英］马丁·瑟勒博-凯泽

Welfare State Transformations: Comparative Perspectives

Edited by Martin Seeleib-Kaiser

Editorial matter and selection © the editors 2008

Individual chapters © the contributors 2008

First published in English by Palgrave Macmillan, a division of Macmillan Publishers Limited under the title Welfare State Transformations: Comparative Perspectives by Martin Seeleib-Kaiser. This edition has been translated and published under licence from Palgrave Macmillan. The authors have asserted their right to be identified as the authors of this Work.

Simplified Chinese translation copyright © 2019 by China Renmin University Press Co., Ltd.

All Rights Reserved.

图书在版编目(CIP)数据

福利国家的变迁：比较视野/（英）马丁·瑟勒博-凯泽编著；文姚丽主译.—北京：中国人民大学出版社，2020.1
（当代世界学术名著·政治学系列）
ISBN 978-7-300-23906-4

Ⅰ.①福… Ⅱ.①马… ②文… Ⅲ.①福利国家-研究 Ⅳ.①D089

中国版本图书馆 CIP 数据核字（2019）第 010263 号

"十二五"国家重点图书出版规划项目
当代世界学术名著·政治学系列
福利国家的变迁
比较视野
[英] 马丁·瑟勒博-凯泽（Martin Seeleib-Kaiser） 编著
文姚丽 主译
Fuli Guojia de Bianqian

出版发行	中国人民大学出版社				
社　　址	北京中关村大街 31 号		邮政编码	100080	
电　　话	010－62511242（总编室）		010－62511770（质管部）		
	010－82501766（邮购部）		010－62514148（门市部）		
	010－62515195（发行公司）		010－62515275（盗版举报）		
网　　址	http://www.crup.com.cn				
经　　销	新华书店				
印　　刷	北京东君印刷有限公司				
规　　格	155 mm×235 mm 16 开本		版　次	2020 年 1 月第 1 版	
印　　张	20		印　次	2020 年 1 月第 1 次印刷	
字　　数	268 000		定　价	68.00 元	

版权所有　侵权必究　　印装差错　负责调换